中國學術思想

研究輯刊

二九編

林慶彰 主編

第 10 冊

康有爲經學考論

周寶銀 著

花木蘭文化事業有限公司

國家圖書館出版品預行編目資料

康有為經學考論／周寶銀 著 — 初版 — 新北市：花木蘭文化
事業有限公司，2019〔民 108〕
目 2+230 面：19×26 公分
（中國學術思想研究輯刊 二九編：第 10 冊）
ISBN 978-986-485-712-8（精裝）
1. 康有為 2. 學術思想 3. 經學
030.8   108001212

ISBN-978-986-485-712-8

9 789864 857128

中國學術思想研究輯刊
二九編 第 十 冊   ISBN：978-986-485-712-8

康有爲經學考論

作　　者　周寶銀
主　　編　林慶彰
總 編 輯　杜潔祥
副總編輯　楊嘉樂
編　　輯　許郁翎、王 筑　美術編輯　陳逸婷
出　　版　花木蘭文化事業有限公司
發 行 人　高小娟
聯絡地址　235 新北市中和區中安街七二號十三樓
　　　　　電話：02-2923-1455／傳眞：02-2923-1452
網　　址　http://www.huamulan.tw 信箱 hml 810518@gmail.com
印　　刷　普羅文化出版廣告事業
封面設計　劉開工作室
初　　版　2019 年 3 月
全書字數　217112 字
定　　價　二九編 15 冊（精裝）新台幣 28,000 元

康有爲經學考論

周寶銀　著

作者簡介

周寶銀，男，1982 年出生，江蘇沭陽人，江蘇護理職業學院基礎教學部副書記、副主任，曲阜師範大學歷史學博士。在《中州學刊》等權威發表學術文章 10 餘篇，在《宿遷日報》等報刊發表評論 30 餘篇，編撰的鄉土教材《記住鄉愁——老家沭陽》爲沭陽縣中小學生課外必讀書目。

提　要

　　康有爲是晚清著名的政治家，是戊戌變法的領導者；同時也是著名經學家，是今文經學的集大成者。康有爲在晚清政治上曾叱咤風雲，其學說對中國近代史產生巨大影響。深厚的家學傳承，加之西學的影響，使其在儒學、經學領域建樹頗豐，且獨具特色。康有爲開啓了近代疑古之風，深深影響了顧頡剛等古史辨派。後人對康有爲的研究以其政治爲主，同時涵蓋文學、經濟、教育等領域，對其經學及其儒家思想則關注較少。本文即對此做系統的研究與細緻的剖析。顯然，康有爲不是一個只求瑣屑考據，不聞政事的儒者。時代日蹙，使他繼承了傳統的經世思想，一以貫之地憂患天下。同時，他在注解儒家經典時擴大視野，引入西學，影射政治，這在中國近代產生重大影響。康有爲其所作爲，爲新儒學的開創奠定了堅實的基礎。康有爲試圖從傳統經典及西學中尋找中國社會的進化資源，指明社會發展的方向。可以說，康有爲在中國近代中國經學史和儒學史上起了不可或缺的作用，對新儒家產生了重要影響。因而，研究康有爲的經學思想是十分必要的。

　　康有爲經學思想不同於以往任何時代的經學，獨具特色而且隨時損益，他所堅持的宗旨都是堅守孔子之「道」來力挽社會儒學大廈於將傾。爲此，康有爲引進西方近代新觀念，重新闡釋儒學，成爲實踐儒學與西學相會通的第一人。本文分七章論述此課題。分別對康有爲的《春秋》學、《孟子微》、《論語注》、《禮》學進行考察，讓康有爲經學思想了然於目，清晰地展現出他對儒學的政治應用，同時展現出其學術思想也經歷了由尊奉古文經到確立今文經學的轉變。

　　文章最後綜合闡釋康有爲經學思想的來源、特徵及歷史地位。家世傳承、西方近代知識、巨變的國情世情都是康有爲經學思想的來源，因而其經學思想特徵也是形式多樣、視野廣闊且一以貫之，而歷來對康有爲的經學思想褒貶不一。筆者希望通過本文的考論，能全面清晰地展現康有爲經學的思想特徵，並從中得到啓示，從而讓更多的學者瞭解康有爲對近代儒學的貢獻，也期本文能對以後康有爲再研究者能有所幫助或啓示。

目次

緒　論

一、選題的緣由與意義

（一）康有為其人及著作

康有為（1858 年～1927 年），原名祖詒，字廣廈，號長素，又號明夷、更甡、西樵山人、遊存叟、天遊化人，晚年別署天遊化人，廣東省南海縣人，人稱康南海。康有為是清代著名的政治家，是戊戌變法的領導者，也是著名經學家，今文經學的集大成者，其學說對中國近代史產生了巨大影響。康有為 1858 年 3 月 19 日（咸豐八年戊午）出生於廣東南海，1927 年 3 月 31 日（民國十六年丁卯）逝世於山東青島。綜觀其一生，可分為青年時期、長興講學、戊戌前後、海外流亡、民國成立五個階段。康有為譽滿天下，謗也如影隨形。他的經學與政治存在必然聯繫，把清代今文經學推到了前所未有的新階段，為近代最具爭議性的人物之一。

1、所處的時代

清王朝從道光二十年（1840 年）第一次鴉片戰爭始，中國所面臨的乃是「數千年未有之變局」，面對的是「數千年未有之強敵」。此後的第二次鴉片戰爭、中法戰爭、甲午中日戰爭到光緒二十六（1900）年庚子之役等歷次戰爭連續敗北。加上此起彼伏的民眾武裝反抗鬥爭，例如咸豐元年至同治三年（1851～1864 年）的太平天國起義，咸豐元年至同治七年（1851～1868 年）的捻軍反清鬥爭，西北回民起義等，對清朝政府的打擊非常大，清朝國勢日趨衰弱。因而皇室權威不斷下降，地方勢力崛起，政治形勢外重內輕格局形

成。由於國門洞開，儒學受到東漸的異質文化西學的挑戰。太平天國領導人以西方基督教爲外衣，掀起反孔反儒的農民戰爭；西方教會辦的《萬國公報》發表一系列批評儒學，貶低孔子的文章。曾國藩在《討粵匪檄》曾感歎：「自唐虞三代以來，歷世聖人，扶持名教，敦敘人倫，君臣父子，上下尊卑，秩然如冠履之不可倒置。粵匪竊外夷之緒，崇天主之教，自其僞君僞相，下逮兵卒賤役，皆以兄弟稱之，謂惟天可稱父，此外凡民之父，皆兄弟也；凡民之母，皆姊也。盡不能自耕以納賦，而謂田皆天王之田；商不能自賈以取息，而謂貨皆天王之貨；士不能誦孔子之經，而別有所謂耶穌之說，《新約》之書；舉中國數千年禮儀人倫，《詩》、《書》典則，一旦掃地蕩盡。此豈獨我大清之變，乃開闢以來名教之奇變。」〔註1〕梁啓超曾說：「海禁既開，所謂西學者逐漸輸入，始則工藝，次則政制。學者若生息於漆室之中，不知室外更何所有，忽穴一牖外窺，則粲然者皆昔所未睹也，還顧室內，則皆沉黑積穢。於是對外求學之欲日熾，對內厭棄之情日烈……於是以極幼稚之西學知識，與清初啓蒙期所謂經世之學相結合，別樹一派，向正統派公然舉叛旗矣。」〔註2〕

面對從未有過的政治、文化挑戰，傳統的宋明理學和乾嘉樸學逐漸沒落，民族危機與社會危機不斷深化，迫使當時士人不得不認眞考慮民族生死存亡的重大問題。在這個歷史大背景下，部分有識之士開始談論世務，譏評時政，沈寂百年之久的經世思想再度活躍起來，各種挽救社會危機的思潮此起彼伏。先進的知識分子一方面從西學中汲取精華，另一方面從古老的經學中尋找變革依據。康有爲在晚清危局中，重新詮釋構建儒學，在經學論著中體現出的思想，衝擊了傳統文化價值觀理念，在中國近代思想史上具有獨特的意義和價值。

2、家世及生平

康有爲出生於官宦世家，康家「始祖建元，南宋時，自南雄珠璣里始遷於南海縣西樵北之銀塘鄉」〔註3〕，其家族地位在 18 世紀以及 19 世紀初期時逐漸上升。第十五代康世堯「爲儒爲吏」。第十七代康文耀，於嘉慶九年（1804

〔註1〕北京師範大學歷史系中國近代史組：《中國近代史資料選編》上冊，北京：中華書局，1977 年，第 141 頁。

〔註2〕梁啓超：《清學學術概論》，《飲冰室合集·專集》（34 集），北京：中華書局，1989 年，第 52 頁。

〔註3〕康有爲：《我史》，北京：中國人民大學出版社，2011 年，第 3 頁。

年）通過鄉試，後來成為極有聲望的教師，前後有生徒千人。康文耀崇尚程朱學派；高祖康祖輝，嘉慶舉人，雖承繼了家學，但他不僅固守程朱學派，亦尊崇陸王學派的劉宗周，後被誥封榮祿大夫、廣西布政使。曾祖康建昌，誥封資政大夫、福建按察使〔註4〕；祖康贊修，道光舉人，陞用連州訓導；父親康達初，提舉銜，江西補用知縣。康有為自述其「自九世祖惟卿公為士人，至於吾為二十一世，凡為士人十三世矣。炳堂公為馮魚山編修老弟子，又與馮潛齋郎中為友，講理學，師道甚尊，成就甚眾。雲衢公受家學，嚴氣正性，行己惠人，德行踧踖，尤篤守呂新吾《呻吟語》、劉念臺《人普》、陳榕門《五種遺歸》之學。連州公傳何樸園員外之學，而潛齋先生三傳弟子，篤行盛德，為官師皆有惠數。欽州賓興館，連州昭忠祠祀焉。知縣公孝德仁厚，從叔祖護廣西巡撫國器討賊於閩，有功於早世。有為生時，知縣公房居憂，授徒於鄉，吾家實以教授世其家。」〔註5〕可見，康有為的先祖和父輩大都崇尚儒學，家學淵源深厚。康有為自小受儒學薰陶，幼承家學，兩位叔父曾教康有為讀書，使康有為5歲時能背幾百首唐詩〔註6〕。丁亞傑先生把康有為的一生分為5個階段〔註7〕。

　　青少年時期（大約在30歲之前）。少年時代，康有為跟隨祖父，以科舉為重，「讀宋元明學案、《朱子語類》」〔註8〕。19歲至22歲，從朱次琦受學，受到巨大影響，得「聖賢大道之緒」〔註9〕。後與張鼎華交流，得知京朝風氣，近時人才及各種新書，以及道、咸、同三朝掌故〔註10〕。22歲至30歲，康有為潛心學問應科舉考試，遊歷香港、上海，涉獵西學，益知「治術之有本，舟車行路，大購西書以歸講求焉」〔註11〕。科舉屢次不第，苦學無所成，繼而潛心道佛之書，專為「救眾生而已……日日以救世為心，刻刻以救世為事，捨身命而為之」〔註12〕，不久中斷，復歸儒學。23歲，著《何氏糾謬》。27歲，創《不裹足會草例》，約「凡入會者，皆不裹足」〔註13〕。28歲，「以幾何著

〔註4〕康有為：《我史》，北京：中國人民大學出版社，2011年，第3頁。
〔註5〕康有為：《我史》，北京：中國人民大學出版社，2011年，第4頁。
〔註6〕康有為：《我史》，北京：中國人民大學出版社，2011年，第5頁。
〔註7〕丁亞傑：《康有為經學述評》，臺北：花木蘭文化出版社，2008年版，第1頁。
〔註8〕康有為：《我史》，北京：中國人民大學出版社，2011年，第15頁。
〔註9〕康有為：《我史》，北京：中國人民大學出版社，2011年，第12頁。
〔註10〕康有為：《我史》，北京：中國人民大學出版社，2011年，第12頁。
〔註11〕康有為：《我史》，北京：中國人民大學出版社，2011年，第14頁。
〔註12〕康有為：《我史》，北京：中國人民大學出版社，2011年，第16頁。
〔註13〕康有為：《我史》，北京：中國人民大學出版社，2011年，第15頁。

《人類公理》」〔註14〕。29 歲，撰《康子內外篇》《教學通義》等書，其時仍爲古文經立場，並未強分今古。

長興講學（大約在 31 歲至 37 歲）。31 歲赴京鄉試不售，遊京師各地。第一次「上萬言書，極言時危，請及時變法」〔註 15〕，可惜，未能達於內宮。32 歲，與廖平在廣州會面。自此之後，康有爲轉向今文經，開始懷疑古文經。33 歲，著《毛詩僞證》《周禮僞證》《爾雅僞證》《說文僞證》等書。34 歲，康有爲講學廣州長興里，先後著《長興學記》《新學僞經考》，指出劉歆僞造古文經，今文經以《春秋公羊傳》爲主，是經學眞傳，孔學大義重在變法改制。梁啓超、陳千秋此年從學於康有爲。36 歲，中鄉試，著《孟子爲公羊學考》《論語爲公羊學考》。次年，入京會試，《新學僞經考》遭毀版，著《桂林答問》《春秋董氏學》及《孔子改制考》。此時，康有爲經學思想大抵奠定。

戊戌前後（大約 38 歲至 41 歲）。38 歲，康有爲再度赴京會試。此時甲午戰敗，中國割遼東、臺灣。康有爲聯合在京舉子聯名上書，未達光緒皇帝。會試結果，中進士，授工部主事。第三次上書，終於被光緒皇帝所見，大受賞識。旋即第四次上書，而未達。爲宣傳維新思想，康有爲在京成立強學會，並在上海設立分會，集結士子，介紹新知。39 歲，康有爲返回萬木草堂講學，著《日本書目志》作介紹西學之用。40 歲，北上北京，第五次上書。41 歲，第六、七次上書，在北京成立保國會，得到光緒皇帝召見，開始百日維新。此年，康有爲著《俄彼得變政記》《日本變政考》以作爲變法參考。不久，政變發生，康有爲外逃。

海外流亡（41 歲至 56 歲）。42 歲，康有爲在加拿大成立保皇會。43 歲，抵新加坡接受英國人保護。44 歲，遊印度，作《春秋筆削大義微言考》、《中庸注》。次年著《孟子微》《大學注》《論語注》《禮運注》，發表《答南北美洲諸華僑論中國只可行立憲不可行革命書》，反對革命。47 歲後，遊歐洲，觀察各國政治文化，撰寫歐美各國遊記。48 歲，作《物質救國論》、51 歲，作《金主幣救國論》均是認爲中國落後歐美的原因是物質而非道德。55 歲，作《中華救國論》《理財救國論》，指責革命會加深中國災難，中國應發展物質建設，改革貨幣制度，以物質和道德作爲中國未來之路的支柱。

〔註14〕 康有爲：《我史》，北京：中國人民大學出版社，2011 年，第 17 頁。
〔註15〕 康有爲：《我史》，北京：中國人民大學出版社，2011 年，第 32 頁。

　　民國成立第二年，康有爲回歸祖國，定居上海。創辦《不忍》雜誌，組織孔教會，期以孔教救國。60 歲，參與張勳復辟失敗。69 歲，在上海辦天遊學院，講論天人哲學，完成最後的學術著作《諸天講》。次年，康有爲病逝於青島。

3、康有爲論著目錄及其整理

　　康有爲本人一生著述浩繁，共計有一千餘萬字，成爲研究其思想及近代社會的重要資料。康門弟子以及其後世研究者對康有爲著述進行了編輯整理，出版了一系列康有爲的研究著作，爲進一步研究康有爲提供了基礎性資料。1976 年，康有爲弟子蔣貴麟編《康南海先生遺著彙刊》（臺北：宏業書局）；1978 年再編《萬木草堂遺稿》《萬木草堂遺稿外編》（臺北：成文出版社），同年輯《康南海先生未刊遺稿》（臺北：文史哲出版社）；1987 年再輯《康南海先生口說》（臺北，臺灣商務印書館）。至此，康有爲學術著作出版大體完備。姜義華、張榮華編校《康有爲全集》（北京：中國人民大學出版社，2007 年版）共 12 冊，收集了康有爲信札、奏摺、教學手稿、文集、函電、經著等，對康有爲思想有了全面的收集和整理。樓宇烈點校的《康有爲學術著作選》（北京：中華書局，1984 年版），包括了康有爲的主要經學著作，諸如《論語注》《孟子微》《中庸注》《禮運注》《春秋董氏學》《諸天講》《康子內外篇》（外六種）《長興學記》《桂學答問》《萬木草堂口說》，爲研究康有爲經學提供了價值盛豐的參考資料。上海市文物保管委員會出版了《康有爲於保皇會》《康有爲戊戌變法前後遺稿》《康有爲選集》《康有爲列國遊記》（上海人民出版社，1986 年版），影印了《康有爲〈大同書〉手稿》（上海：上海人民出版社，1986 年版）等，這些珍貴資料選自康有爲後人所贈，而遺稿中未得的部分手稿和抄件，史料價值極高。湯志鈞編《康有爲政論集》上下冊（北京：中華書局，1981 年版），收錄了康有爲重要論文、詩賦、信函、詩歌、奏摺、序跋、函電等 86 萬字反映其政治、學術、思想等內容。姜義華、吳根樑編校的《康有爲全集》（上海：上海古籍出版社，1987 年版），收錄較多康有爲重要著作，整理成集。這些成果的出現，反映出學術界對康有爲研究的持續關注。

二、選題的研究價值

　　康有爲是中國近現代史上影響最大的人物之一，同時也是一位頗有爭議的人物，對其研究關注者頗多。毛澤東同志曾說：「自從一八四一年鴉片戰爭失敗那時起，先進的中國人，經過千辛萬苦，向西方國家尋找眞理。洪秀全、

康有爲、嚴復和孫中山代表了在中國共產黨出世以前向西方尋找眞理的一派人物。」〔註16〕毛澤東將康有爲列入近代先進中國人的行列，是對康有爲科學的評價和準確的歷史定位。蕭公權也指出，這批注解是「康氏經由研治古經、佛學、西學以及改革與流亡之餘而想重建儒學的一個結果。」〔註17〕因此，認眞研究康有爲對《大學》《中庸》《春秋》《孟子》《論語》等經書的注解，瞭解康有爲對上述經書的理解所折射出的經學及儒學思想，對於擴展康有爲研究領域，推進近代儒學研究有重大學術意義。同時，對於提升當前儒者的社會擔當意識和執著精神，也具有意義。

（一）與孔子相似的人生經歷

孔子所處的春秋時代，天子失權，王官失守，政局動盪不安，各諸侯國當政者爭霸圖存，以強凌弱，以眾暴寡，戰亂頻仍，生靈慘遭塗炭。孔子抱著自己的學說思想仕魯、適齊、赴楚、居衛，以至周遊列國，希望糾正天下不合禮、不合樂、名不正等現象，實現「天下有道」。孔子理想雖遠大高遠，但生不逢時，思想主張難以得到統治者的賞識，結果是「夫子之道至大」而「天下莫能容夫子」，孔子最終還是沒有施展的機會。但這並沒有改變孔子要實現天下有道的理想，他通過教學來造就了一批「士」，希望他們出來弘道。晚年，孔子「修《易》，序《書》，制作《春秋》，以紀帝王之道」。〔註18〕孔子所追求的「道」，皆可落實在「正」上，即通過不斷實現社會各方面的「正」，進而逐步實現「天下有道」。

任何人的思想都不會憑空產生，而是與時代密切關聯。康有爲處於中國遭遇「數千年來未有之大變局，數千年來未有之強敵」之際。喪國辱權的條約和農民起義，動搖了社會文化基礎。特別是太平天國掀起的反孔反儒的狂飆，對儒家文化更是重大的衝擊。經濟競爭和軍事較量的失敗，一度導致了對傳統文明的否定。康有爲因受西學的影響，運用新的眼光看待經學，力圖使儒學經典中的「微言大義」顯現於世，所以在廣州萬木草堂講學，培養維新時務人才；1888年康有爲首次以布衣上書，發動「公車上書」，創辦強學會，領導戊戌變法，成立保皇會。康有爲先後「注有《禮運》、《中庸》、『四書』、

〔註16〕 毛澤東：《論人民民主專政》，《毛澤東選集》（第4卷），北京：人民出版社，1991年，第1469頁。

〔註17〕 蕭公權：《康有爲思想研究》，北京：新星出版社，2005年，第53頁。

〔註18〕 〔東漢〕班固著、趙一生點校：《漢書》，浙江古籍出版社，2000年，第652頁。

《春秋》及《禮記》選，可以宣講，發明升平、太平、大同之義」〔註 19〕。康有爲所追求的是重建儒學體系，援經議政，結束亂世。但終究不用於世，康有爲晚年不改追求通經致用初衷，繼續從事教學，著述。

　　孔子刪定六經，以之教授弟子，後被歷代弟子相傳授，開創了經典服務社會的經世學術。以後，經學不斷與現實結合，應用範圍的擴大使儒學經典對社會政治所具有的現實影響也逐漸擴大。康有爲所處的時代，社會同樣動盪不安，各種思潮此起彼伏。戊戌變法後不久，中國便進入了軍閥混戰的時代。康有爲的經歷，也與孔子有極大相似之處，他積極奔走呼喊，參與現實政治，希望實現自己的政治理想，培養學生從政，著書立說。康有爲的學說雖未行於當世，卻同樣聞名於後世。不論孔子還是康有爲，他們都將「正」作爲「道」實現的內在要求，從未放棄自己的學說主張，堅持糾正社會「失範」，力求恢復社會的和諧與安寧。康有爲對社會「正」的追求，既有執著的堅持，也有灑脫的轉化，表現了「知其不可行而行之」的堅韌精神。康有爲與孔子雖隔數千年，但其經歷與孔子有著驚人的相似之處，不止是所處的時代背景有似孔子，康有爲變法失敗後奔走各國，教學培養維新人才，著書立說以影響後世等，都與孔子有著相似的經歷。

（二）思想獨具特色且隨時損益

　　儒家經典有其自身的限制，不可能容納康有爲龐雜的想法。爲此，康有爲對儒學進行重構，旨在重建一種不同於傳統儒學的新儒學，使孔子、孔學近代化，符合社會變革的時代需要。於是《論語注》《中庸注》《孟子微》《大學注》等成爲其思想的重要載體。梁啓超指出，康有爲爲人做事，頗爲自信，不爲外力所屈，「不肯遷就主義以徇事物，而每鎔事物以佐其主義，常有《六經》皆我注腳，群山皆其僕從之概」〔註 20〕。康有爲這種學術本質就是務實精神，就是不拘一格，爲我所用。康有爲一生的經學著述，皆以尊崇孔子，闡揚光大儒學爲宗旨。爲樹立自己爲正統，他否定和批判後儒之學、流行儒學，標榜「孔教復原」。這使儒學在中西文化思潮日益急劇激蕩的時代中，獲得了新的意義與價值。

〔註 19〕 康有爲：《與陳煥章書》，姜義華、張榮華編校：《康有爲全集》第 9 集，北京：中國人民大學出版社，2007 年，第 337 頁。

〔註 20〕 康有爲著、樓宇烈整理：《康南海自編年譜（外二種）》，北京：中華書局，1992年，第 268 頁。

　　康有爲對儒學的改造，雖融匯古今中外思想，但仍不超出儒家的範圍，其堅持以孔子是最偉大的聖人，高舉孔子和儒學旗幟，堅持要回到原來眞正的儒家，這較之五四後現代新儒家們苦求在儒家的「內聖」之學中開出「新外王」，堪稱簡易而直接。然而，這種對孔子包裝式地改造，實際上起了宣傳西學、西政的作用。錢穆先生指出：「長素尊孔實爲尊西洋」，實際是「以尊西俗爲尊孔」〔註21〕，可謂一語中的。

　　總體而言，康有爲經學論著，其思想特點有三：一是《公羊》學微言大義學術之繼承，二是西方進化論和古代變異思想之援入，三是經世致用精神之不斷強化〔註22〕。康有爲始終堅持以孔子是最偉大的聖人，孔子學說是社會道德最高的標準。以闡揚光大儒學傳統爲宗旨，更自詡自己是直承孔子，否定和批判後儒之學、流行儒學，將新舊、中西文化思想整合利用，並自成體系，使儒學在新時期獲得轉型。或許我們可以感受到，爲達到使經學與自己的政治目的結合，他不乏曲解經典，「不肯遷就主義以徇事物，而每鎔取事物以佐其主義，常有《六經》皆我注腳，群山皆其僕從之概」〔註23〕。經學成爲康有爲表達改革和實現理想的手段，由此，導致的學術不嚴謹，是康有爲爲人詬病的一個因素。但是反過來講，如果不是康有爲用這種不守家法的學術風格，獨特的思想範式的話，那他就不能發動維新變法。

　　值得關注的是，康有爲的經學思想並非一成不變，而是隨著時局的變化不斷損益。從他的經學論著中，可以看出他對儒學的發展與超越。如在其論著中出現議院、憲法、立憲、共和，鐵路、學校；歐美、印度，拿破崙、盧梭等等一系列近代西方人物和事物名詞，貫穿進化論的哲學思想、自由平等博愛的人權思想、議院兩黨的政治思想，把當時士人重新思考儒學的視野擴大到世界。這爲儒學注入了新的活力，加速了儒學的轉型。對近代新儒學在經典選擇和理論構建等方面奠定重要的基礎。所以說，康有爲經學思想在近代中國經學史和中國儒學史佔有極其重要的位置。

（三）化解儒學的時代危機

　　晚清嚴重的政治和社會危機，促發了人們對考據之學的批判，興起了「經

〔註21〕　錢穆：《康有爲學術評述》，《清華大學學報》（自然科學版）1936年第3期。
〔註22〕　李文義：《康有爲經世思想及其特點》，《齊魯學刊》1992年第6期。
〔註23〕　康有爲著、樓宇烈整理：《康南海自編年譜（外二種）》，北京：中華書局，1992年，第268頁。

世之學」。但「經世之學」在當時不足以經世，加之西方各種學術科目應時輸入，人們便是學習「有用之學」。於是，今文經學遂與西學緊密結合，把今文經學推向高峰。所以，晚清的經世之學也是對西學傳播的「引導」。康有為經學，就是康有為對經典之學的理解及運用。事實上，康有為不僅是一位政治家，更是經學大師。他獨特的西學經歷處處閃耀著經世思想光輝。康有為對《禮記》《春秋》《孟子》《詩經》等經書有較多的關注和研究，並依據這些經典建立起一套「通三統」「張三世」為核心的經世致用理論，既有尊孔衛道的強烈意識，又體現出社會進化論的西學思想，大大拓展了經學的空間。實際上，康有為的經學著作之間存在必然聯繫，而這個聯繫是康有為經學思想的主線，就是「一以貫之」地追求社會的「正」。

概而言之，筆者研究發現，康有為把西學經歷導入經學研究，本身的政治經歷波詭雲湧，使其經學著作思想龐雜，不同於以往的任何時代。但康有為經學思想並非無跡可尋。其實，康有為的經學思想存在「一以貫之」的主線，也就是「以西學貫之」來追求社會「正」的目標，既表達了對社會不正的關切，又蘊含著康有希望改造現實的至高追求，追求的方式是不斷變化的，實現的路徑則是多種多樣，既有執著的堅持，也有灑脫的轉化。所以，我們希望通過這一選題的研究，讓康有為對經典的研究、運用與貢獻系統地展現在世人面前，同時希望能通過研究，揭示康有為經學的歷史啓示，總結康有為經學的繼承與創新經驗教訓，深入瞭解康有為，可以理解當時知識分子如何自處，激發當代儒者的社會擔當意識。

三、研究現狀及趨勢

隨著學術界對康有為思想的重視，目前研究康有為的成果可謂層出不窮，異彩紛呈。2007 年 11 月，在青島召開了康有為思想國際研討會，45 位學者參加，提交論文 20 餘篇，在青島行政學院還正式成立了康有為思想文化研究所，推動了康有為研究的熱潮。正因為康有為堅持己見、敢為天下先的性格，才開創了驚世的近代維新事業；後人為對其評價時常嬗變，褒貶起伏。所以，其思想、歷史地位最具學術的爭鳴價值。在中國近代史和經學研究方面，康有為顯然稱得上是一位熱門人物。近年來，康有為研究受到學者的廣泛關注，研究方向集中在康有為政治思想和戊戌變法方面，關於康有為經學的研究則缺乏相應的理論性專著，這留給我們諸多遺憾。

（一）其人、其書研究方興未艾

康有爲爲近代史重要人物，目前，學術界對康有爲思想綜合研究的主要有：李澤厚的《康有爲譚嗣同思想研究》（上海：上海人民出版社，1958 年版），對康有爲思想淵源和經學根基進行詳細地闡釋；唐文明的《康有爲孔教思想申論》（北京：中國人民大學出版社，2012 年版），指出康有爲孔教思想是其經學思想的展開；陸寶千撰《民國初年康有爲之孔教運動》（收入臺灣《近代史研究所集刊》第 12 期，臺北：中央研究院，1985 年版），也從不同角度解讀孔教研究；李三寶的《康子內外篇初步分析——康南海現存最早作品》《經世傳統中的新契機——康有爲早期思想研究之》（收入《近代思想研討會論文集》，臺北：中央研究院，1984 年版）、蘇雲峰的《康有爲主持下的萬木草堂》（收入《近代史研究所集刊》第三期下，臺北：中央研究院，1972 年版）等，對康有爲早期思想進行了探討；徐高元的《戊戌後的康有爲一思想的研究大綱》（收入《近代思想研討會論文集》），對康有爲戊戌之後的思想進行了研究；王樹槐的《康有爲改革貨幣的思想》（收入《近代思想研討會論文集》，臺北，中央研究院，1984 年版），對康有爲的近代貨幣思想進行了討論；林正珍的《舊傳統的新發展——康有爲人性論初探》（收入《亞洲文化》13 期，1989 年），對康有爲人性思想進行了研究。此外，還有汪榮祖的《康章合論》（臺北：聯經出版事業公司，1988 年版），湯志鈞撰《改良與革命的中國情懷——康有爲與章太炎》（香港：香港商務印書館，1990 年版）等。

描繪康有爲時代背景，記載其生平經歷的傳記性文獻和論文不勝枚舉。康有爲曾自定《康南海自編年譜》，至戊戌政變止。其女康文珮於 1958 年續編《康南海年譜續編》；1936 年，趙豐田編《康長素先生年譜稿》（燕京大學《史學年報》第二卷，第一期）；1938 年，楊克己作《民國康長素先生有爲、梁任公先生起超師生合譜》（臺北：臺灣商務印書館，1982 年版）；1988 年，鍾賢培編《康有爲年譜新編》（收入《康有爲思想研究》，廣東高等教育出版社，1988 年版）。梁啓超在辛丑之役後發表《南海康先生傳》（《清議報》第 100 期，1901 年），略述康有爲生平志業。民國時期，張伯楨的《南海康先生傳》（北京：北京滄海叢書社，1932 年版），依據康有爲年譜改編。建國後，大量有關康有爲的傳記著作出版和論文發表。張耀鑫的《康有爲大傳》（武漢：華中科技大學出版社出版，2012 年版），對康有爲青少年時代、維新思想的傳播、政治生平等有較詳細的說明。此外，馬洪林的《康有爲評傳》（南京：南

京大學出版社，2009 年版）、汪榮祖的《康有爲論》（北京：中華書局，2006
年版）、（韓）李春馥的《戊戌時期康有爲議會思想研究》（北京：人民出版社，
2010 年版）、黃晶的《康有爲傳》（北京：北京聯合出版公司，2013 年版）、
董士偉的《康有爲評傳》（北京：百花洲文藝出版社，2015 年版）、何朋《論
康有爲文學》（香港中文大學崇基學院書店，1968 年版）、干春松的《康有爲
與儒學的「新世」》（上海：華東師範大學出版社，2015 年版）、鍾賢培的《康
有爲思想研究》（廣州：廣東高等教育出版社，1988 年版）等都對康有爲進行
了綜合性的研究和評述。國外也有不少學者對康有爲進行關注。（美）蕭公權
的《康有爲思想研究》（北京：中國人民大學出版社，2014 年版），涉及康有
爲的家世與生平、哲學思想、變法藍圖、大同理想。（日）阪出詳伸的《康有
爲傳》，評價了康有爲思想學說和政治生活在中國不可忽視的價值。除了大量
的專著以外，檢索中國知網全文數據庫，研究康有爲的單篇論文超過 60000
篇，其中碩博學位論文達 16735 篇，可謂成果豐碩，方興未艾。

（二）研究成果頗豐

晚清時期，就有學者開始關注康有爲經學思想。康有爲弟子梁啓超在《論
中國學術思想變遷之大勢》中，談到康有爲的學術淵源爲公羊學的今文經學
家，揭示康有爲經學的革新之處及其政治意義〔註 24〕。建國後，涉及康有爲
經學的論著大量刊行，大多以單設章節形式進行闡述，未有專門梳理康有爲
經學的專著。康有爲的經學，主要是其《論語》學、《孟子》學、禮學、《春
秋》學等。有的學者從今文經角度研究康有爲經學。如楊向奎的《康有爲與
今文經學》（《中國哲學史研究》1983 年 01 期），湯志鈞的《重論康有爲與今
古文問題》《康有爲和今文經學》《試論康有爲的新學僞經考》（均收入《康有
爲與戊戌變法》，北京：中華書局，1984 年版），吳康的《晚清今文經學及其
代表康有爲之思想》《晚清今文經學代表康有爲之改制大同思想》《今文學家
康有爲之孔子改制學說提要》（均收入《經學研究論集》，臺北：黎明文化事
業公司，1981 年版）；李想的《康有爲對今文經的利用與改造》，從政治、經
濟、思想及行爲等角度，綜合分析了康有爲對今文經學思想的利用〔註 25〕；
張欣的《康有爲今文經思想與晚清變局》（南開大學博士論文，2014 年 5 月），

〔註 24〕 梁啓超：《論中國學術思想變遷之大勢》，上海：上海古籍出版社，2006 年，
　　　　 第 105 頁。
〔註 25〕 李想：《康有爲對今文經的利用與改造》，四川師範大學碩士論文，2009 年。

指出康有爲今文經學思想是近代知識分子呼籲革除舊制、維新變法的思想資源，是西學衝擊下近代思想轉型的側影，顯露出傳統政治與文化融入近代化過程中的艱難軌跡〔註26〕。有的學者從康有爲《公羊》「三世說」角度看康有爲經學，如吳澤的《康有爲公羊三世說的歷史進化觀點研究》（收入《中華文史論叢》第一輯，北京：中華書局，1962版），許冠三的《康南海的三世進化史觀》（收入《近代中國思想人物論──晚清思想》，臺北：時報文化出版事業公司，1980年版）。還有學者從西學角度看康有爲經學，如張昭軍的《援西入儒──康有爲對傳統儒學的改造與重構》，從西學與儒學在康有爲的思想世界裏相互發明、交互闡釋的角度，說明康有爲的新儒學既不同於舊學又異於西學，而是中國近代新文化的呈現〔註27〕；（臺灣）丁亞傑的《清末民初公羊學研究》（臺北：萬卷樓圖書有限公司，2002年版）認爲康有爲的經世之學著眼點在於「崇今文以談變法」。此外，朱憶天的《康有爲的改革思想與明治日本》（上海：上海人民出版社，2011年版）、常超的《「託古改制」與「三世進化」：康有爲公羊學思想研究》（上海：北京大學出版社，2015年版）等，也涉及康有爲今文經學思想研究。

關於對康有爲《論語學》的研究，總體上認爲康有爲是拓展了儒家的外王學與內聖學，促進了思想的解放，對構建當代新文化也有借鑒意義。肯定康有爲把君主立憲政體塑造成孔子思想，把經典改造成君主立憲政體理論的載體。朱華忠的《清代論語學》，對康有爲注解《論語》目的進行了論述，認爲是「爲君主立憲、變法維新，以及因時進化方面，提供理論上的依據」。同時，《論語注》一書反映了康有爲主張「奢儉與時的經濟思想」〔註28〕。孔祥驊的《論康有爲的〈論語〉學》認爲，康有爲先是對「三世說」進行定義，接著用比附的方法對公羊「三世說」進行改造，進而提出了他的改制新學說；同時認爲康有爲是「先立主見，然後將群經加以曲解，以自成他的一家之言」〔註29〕。唐明貴的《康有爲對〈論語〉和〈孟子〉的創造性解釋》認爲，康有爲注釋《論語》時采用了縱橫雙向選擇法，把古今中外的思想融

〔註26〕 張欣：《康有爲今文經思想與晚清變局》，南開大學博士論文，2014年。

〔註27〕 張昭軍：《援西入儒──康有爲對傳統儒學的改造與重構》，《社會科學輯刊》2005年第1期。

〔註28〕 朱華忠：《清代論語學》，成都：四川出版集團巴蜀書社，2008年，第192、199頁。

〔註29〕 孔祥驊：《論康有爲的〈論語〉學》，《上海交通大學學報》（社會科學版）1999年第4期。

合於一體〔註 30〕，注解內容超越了前代學者。唐明貴的另一篇文章《康有爲對傳統儒家經典的新闡釋》引入西方「進化論」，將《論語》中的「人本主義傳統和近代西方的人道主義學說進行嫁接」〔註 31〕。張錫勤的《論康有爲對儒學的改造》認爲，康有爲利用附會、引申、發揮來闡釋論語，使得「西方近代的一切『良法美意』均在孔學之中」〔註 32〕。柳宏的《康有爲〈論語注〉詮釋特點論析》，指出康有爲將孔子的儒家思想提升爲變法思想，通過詮釋《論語》來表達自己的改制思想，認爲康有爲首先對孔子極盡讚美之詞，認爲孔學被後世曲解，必須正本清源〔註 33〕。此外，還有胡維革、張昭君的《納儒入教——康有爲對傳統儒學的改造與重構》，唐明貴的《康有爲〈論語注〉探微》，馬永康的《〈論語〉注解中的「公羊學」取向——劉逢祿〈論語述何篇〉和康有爲〈論語注〉比較》，江軼、胡悅晗的《「我注六經」與「援西入儒」——康有爲〈論語注〉思想辨析》、鄭擁凱的《康有爲〈論語注〉》等。

　　關於對康有爲對《孟子》學的研究，總體上認爲康有爲是呼應時代的需要，吸納西學，將儒家的理論轉爲近代思想。如趙慶偉的《清代孟學研究》的第四章認爲，康有爲以《春秋》公羊三世說與西方進化論思想詮釋孟學，使得西方民主、平等、自由的政治思想與《孟子》的民本思想相融合，有求變圖存的政治意義〔註 34〕。陳寒鳴在《〈孟子微〉與康有爲對中西政治思想的調融》中認爲：「康有爲通過重新詮釋《孟子》，將儒家傳統「民本」論轉化成爲了近代民主政治思想，並將近代西方的平等觀念引入中國政治範疇。」〔註 35〕朱松美的《創新以經世：康有爲對〈孟子微〉的詮釋》從原典的角度，認爲康有爲引入西學是大膽的理論創新，是適應於時代的，但在理論上有時陷入不能自圓其說的境地〔註 36〕。任劍濤撰《經典解讀中的原創思想負載——從〈孟子字義疏證〉與〈孟子微〉看》，指出康有爲是借助經典，

〔註 30〕唐明貴：《康有爲對〈論語〉和〈孟子〉的創造性解釋》，《陰山學刊》2004年第 1 期。

〔註 31〕唐明貴：《康有爲對傳統儒家經典的新闡釋》，《聊城大學學報》（社會科學版），2008 年第 1 期。

〔註 32〕張錫勤：《論康有爲對儒學的改造》，《哲學研究》2004 年第 5 期。

〔註 33〕柳宏：《康有爲〈論語注〉詮釋特點論析》，《廣東社會科學》2008 年第 6 期。

〔註 34〕趙慶偉：《清代孟學研究》，華中師範大學博士論文，2002 年。

〔註 35〕陳寒鳴：《〈孟子微〉與康有爲對中西政治思想的調融》，《燕山大學學報》（哲學社會科學版）2006 年第 4 期。

〔註 36〕朱松美：《創新以經世：康有爲對〈孟子微〉的詮釋》，《山東師範大學學報》（人文社會科學版）2005 年第 2 期。

伸張新的思想觀念與新的社會變革主張，其解經方式在近代也遭遇理論的悖謬性〔註37〕。黃俊傑撰《從〈孟子微〉看康有爲對中西思想的調融》，從中西學交融角度研究康有爲思想。此外，還有汪學群的《康有爲〈孟子微〉發微》、付瑞瑞的《孟子微》思想研究等等。

關於康有爲禮學的研究。康有爲的禮學思想主要體現在其《大學注》《中庸注》《禮運注》中。總的來說，康有爲將進化論觀點融入禮學，並系統論證了「三統」「三世」說。楊君、田海林的《康有爲早期禮學思想發微》認爲，康有爲早期禮學孕有近代維新變法的政治因子，是康有爲戊戌時期維新變法思想的重要前提和必要準備〔註38〕。田海林、楊君的另一篇文章《試析康有爲「黃金時期」的禮學思想》指出，康有爲黃金時期的禮學，對「禮」的社會本質進行了近代化學理闡釋，純粹是晚清今文經學「家法」，繼承了「以經術緣飾政治」的今文經學傳統，「託古改制」，表現出強烈的政治傾向，成爲康氏維新變法理論體系的重要基礎〔註39〕。解頡理的《〈中庸〉詮釋史研究》第六章《康有爲〈中庸注〉的詮釋思想》指出，康有爲站在西學中源和改良主義的立場，以政治學的角度闡發《中庸》〔註40〕。馬永康《康有爲的〈中庸注〉與孔教》認爲，康有爲詮釋《中庸》就是要建構一個無所不包的孔教，其目的是要走出宋明儒學心性修養的限制，讓儒學積極介入社會政治，並持續地指導現實社會生活〔註41〕。孫建偉的《論康有爲〈中庸注〉立教改制思想》認爲，康有爲樹立孔子無上的權威，以建立孔子、孔教、變法維新之間的關係〔註42〕。劉濤的《以公羊學解〈大學〉——康有爲論朱熹〈大學章句〉》，展現了康有爲從尊崇朱熹到批評朱熹再到以公羊學解釋《大學》〔註43〕。劉濤另一篇文章《顛倒大同與小康——康有爲〈禮運注〉解》指出，康有爲以

〔註37〕 任劍濤：《經典解讀中的原創思想負載——從〈孟子字義疏證〉與〈孟子微〉看》，《中國哲學史》2002 年第 1 期。

〔註38〕 楊君、田海林：《康有爲早期禮學思想發微》，《山東師範大學學報》（人文社會科學版）2004 年第 2 期。

〔註39〕 田海林、楊君：《試析康有爲「黃金時期」的禮學思想》，《東方論壇》2003 年第 5 期。

〔註40〕 解頡理：《〈中庸〉詮釋史研究》，山東大學博士論文，2010 年。

〔註41〕 馬永康：《康有爲的〈中庸注〉與孔教》，《中山大學學報》2014 年第 4 期。

〔註42〕 孫建偉：《論康有爲〈中庸注〉立教改制思想》，《暨南學報》（哲學社會科學版）2014 年第 6 期。

〔註43〕 劉濤：《以公羊學解〈大學〉——康有爲論朱熹〈大學章句〉》，《燕趙學刊》2012 年第 1 期。

經就己意，實則是「六經注我」，他不顧經文之語境，將自己對大同和小康的理解悄悄地竄入《禮運》之中〔註44〕。汪學群《康有爲〈禮運注〉的禮學思想》提出先康有爲「三世」思想，要求社會進化的觀點〔註45〕。此外，還有許冠三的《多元史絡分析法在考證上的作用：有關大同書、禮運注撰述年代的幾層分析》（收入《香港中文大學學報》第三卷，第一期，1975 年 12 月），湯志鈞《康有爲禮運注成書年代考》（收入《戊戌變法史論叢》，臺北：谷風出版社，1986 年版）等。

關於康有爲《春秋》學研究。包括《春秋董氏學》和《春秋筆削大義微言考》的研究，基本上認爲其體現了公羊學思想，參雜了西方社會進化論，表現出對社會的關切。如李宗桂的《康有爲〈春秋董氏學〉雜議》指出，《春秋董氏學》的主體內容是闡發董仲舒的公羊春秋思想，是康有爲戊戌變法的理論基礎〔註46〕。錢益民的《回歸傳統：〈春秋董氏學〉初探》指出，康有爲復興傳統的公羊學說、儒家的倫理觀和法家的權威思想，對抗西方的進化論和民主平等觀〔註47〕。張翔的《康有爲經學思想調整芻議——以〈春秋董氏學〉與〈春秋筆削大義微言考〉的比較爲例》指出，康有爲用「三世說」拓展爲評價時勢的一種尺度，以春秋學解釋當時的世界局勢〔註48〕。李強的《康有爲與蘇輿〈春秋繁露〉研究之比較》，從四個方面對康有爲《春秋董氏學》和蘇輿《春秋繁露義證》進行對比研究，認爲康有爲主張社會循序漸進地向前發展，以君主憲政爲目標，以廣泛民主和絕對平等的社會形態爲最終目標。康有爲的觀點並非一種簡單循環的歷史發展觀，更非一種保守復古的論調〔註49〕。張榮華的《文明本質及其發展的探索與構造——康有爲〈春秋筆削大義微言考〉述論》提出，康有爲對變法失敗的反思，是要重建文明社會〔註50〕。此

〔註44〕劉濤：《顛倒大同與小康——康有爲〈禮運注〉解，《漢語言文學研究》2012年第 2 期。

〔註45〕汪學群：《康有爲〈禮運注〉的禮學思想》，《國際儒學研究》（第二十輯）2012年 12 月 1 日。

〔註46〕李宗桂：《康有爲〈春秋董氏學〉雜議》，《中山大學學報》（社會科學版）2005年第 4 期。

〔註47〕錢益民：《回歸傳統：〈春秋董氏學〉初探》，《學術研究》2002 年第 5 期。

〔註48〕張翔：《康有爲經學思想調整芻議——以〈春秋董氏學〉與〈春秋筆削大義微言考〉的比較爲例》，《中國哲學史》2014 年第 2 期。

〔註49〕李強：《康有爲與蘇輿〈春秋繁露〉研究之比較》，湖南大學博士論文，2013 年。

〔註50〕張榮華：《文明本質及其發展的探索與構造——康有爲〈春秋筆削大義微言考〉述論》，《學術月刊》1994 年第 7 期。

外，還有李凱的《論康有爲的春秋公羊學思想》、劉敏的《〈論語〉與春秋筆削》等。

（三）存在不可忽視的缺憾

不可否認，以上的研究成果從不同角度和層次探討了康有爲的經學思想，其中不乏眞知灼見，爲我們研究康有爲的經學提供了許多啓示。但其中也有不足之處，如有的研究沒有審視康有爲全部的經學著作，即或有之，也是蜻蜓點水。康有爲曾自比爲孔子，相信自己有非凡的德智，故必須帶頭爲人類服務，認爲上天曾給予他一種歷史性的使命，這一點與孔子極爲相似。康有爲一生致力於對儒學的改造，以「聖人」自居，被梁啓超喻爲「孔教之馬丁・路德」〔註51〕。

事實上，康有爲從科舉、辦學、辦法、歐美遊歷、著述，他所堅持的宗旨都是堅持孔子的「道」來力挽社會大廈於將傾。康有爲以信仰與傳統結合，認爲孔子：「告曾子之一貫，就其道言；告子貢之一貫，就其學言。」〔註52〕然而，「聖人開示萬法，大小精粗無所不備，或並行而不悖，或相反而相成，然其用雖萬殊，本實一貫」。〔註53〕康有爲理解的「一以貫之」當是孔子行事、教學的一貫追求，其中蘊含了對孔子的尊崇和「天下有道」的擔當。正因如此，康有爲積極引進西方新觀念，重新闡釋儒學，成爲實踐儒學與西學相會通的第一人。

縱觀學界有關康有爲經學的研究成果，主要集中在以下五個方面：

一是從儒家的道統出發，指責康有爲冒孔子之名，而將孔學喪失殆盡〔註54〕；二是從歌頌暴力革命出發，把康有爲定性爲「改良主義者」，誣陷康有爲是革命的絆腳石、「由好變壞」的典型「封建餘孽」〔註55〕；三是從中西文化交流出發，認爲康有爲是「西體中用」論的先驅，但缺失了「轉換性創造」〔註56〕；四是從康有爲的生平事蹟撰寫；五是康有爲的孔教研究。

〔註51〕 梁啓超：《康南海先生傳》，《飲冰室合集》（6集），北京：中華書局，1989年，第67頁。

〔註52〕 康有爲著，樓宇烈整理：《論語注》，北京，中華書局，1984年，第229頁。

〔註53〕 康有爲著，樓宇烈整理：《論語注》，北京，中華書局，1984年，第51頁。

〔註54〕 梁漱溟：《東西文化及其哲學》（梁漱溟全集・第1卷），濟南：山東人民出版社，1989年，第464頁。

〔註55〕 湯志鈞：《康有爲與戊戌變法》，北京：中華書局，1984年，第63頁。

〔註56〕 李澤厚：《漫說康有爲》，香港《明報月刊》2006年第5期。

　　總之，有關康有爲的經學研究成果雖多，但存在以下不足：分散討論多，系統研究弱；改造討論多，繼承研究弱；同變局聯繫多，與國情（傳統）聯繫弱；未解疑難多，科學解釋弱。還沒有人對其全部經學思想進行深入的挖掘和具體的分析，對其在全部經學中體現出的社會擔當精神也缺乏關注。因此，對康有爲經學進行全面深入的把握，是當前學者必須面對的工作。本文擬在前人研究的基礎上，對康有爲經學進行系統研究剖析，以期推動近代經學和儒學的研究深入發展。

第一章 康有爲的《春秋筆削大義微言考》

第一節 研究背景

　　《春秋》學以《春秋》經與《左傳》《公羊傳》《穀梁傳》三傳爲研究對象，歷來是儒家經學中的研究重鎮。在漢以前，解釋《春秋》的有五家，除《左傳》、《公羊》、《穀梁》外，還有《鄒氏傳》和《夾氏傳》。到漢初，因《鄒氏傳》無人傳承，《夾氏傳》沒有文字記載，於是這兩家悉數失傳。《公羊傳》與《穀梁傳》體例相同，解說《春秋》旨意的方式都是自問自答，便於口傳，因而逐步流傳開來。《公羊傳》闡釋《春秋》微言大義，重在強調尊王攘夷、大一統的思想，與現實政治配合較密切；《穀梁傳》主張貴義而不貴惠，成人之美而不成人之惡，主要以文義闡發《春秋》經文；《左傳》與之迥異，著重從史實方面闡釋《春秋》。清代皮錫瑞的《經學通論》引宋代的《春秋》學家胡安國曾說：「事莫備於《左氏》，例莫明於《公羊》，義莫精於《穀梁》。」〔註1〕又引朱子曰：「《左氏》是史學，《公》《穀》是經學。史學者，記得事卻詳，於道理上便差；經學者，於義理上有功，然記事多誤。」〔註2〕然而，伴隨《春秋》學的沿革，學者對《春秋》的認識在不斷加深，《春秋》學的研究也不斷深化和拓展。從最開始泛言「齊學」「魯學」，逐漸發展到對三傳內容、義理、文辭的細微辨析，產生了大量的《春秋》學者及其著作。

〔註1〕皮錫瑞：《經學通論》，北京：中華書局，19454年，第60頁。
〔註2〕皮錫瑞：《經學通論》，北京：中華書局，19454年，第60頁。

一、最初的《春秋》學

　　《春秋》記載了魯國自隱公到哀公 12 位國君共 242 年的歷史，被孔子作
爲教材教授弟子，從而躋身於儒家經典之一。《春秋》在《漢書‧藝文志》著
錄中稱爲《春秋經》，雖只有一萬六千餘字，卻是我國最早的編年史，承載著
太多的經義。

　　《春秋》記事特點十分簡略，最長的一條只有 45 個字，其他一般不超過
10 字，最少的記事僅 1 個字，如「雨」「螟」；也有二三個的，如「城郫」「宋
滅」「公如齊」等。儘管《春秋》記事如此簡略，歷代對他研究評論的著作多
達數百種，在中國整個歷史上影響甚爲深遠。褒揚的人把它神話，稱「一字
之褒榮於華袞，一字之貶嚴於斧鉞」；批評的人直斥它爲「斷爛朝報」，不過
爲片斷留下來的諸侯各國之間卜告的文字遺留而已，沒有多大實際價值。

　　《春秋》是孔子依據魯國史冊修成。《史記‧孔子世家》言：「至於《春
秋》，筆則筆，削則削，子夏之徒不能贊一辭。弟子受《春秋》，孔子曰：『後
世知丘者以《春秋》，而罪丘者亦以《春秋》。』」〔註 3〕《史記‧十二諸侯年
表第二》也講孔子：「論史記舊聞，興於魯而次《春秋》，上記隱，下至哀之
獲麟，約其文辭，去其煩重。」〔註 4〕孔子用褒貶筆法表達自己的政治觀點及
理想抱負。孟子認爲「孔子成《春秋》而亂臣賊子懼」（《孟子‧滕文公下》）。
孔子對《春秋》的褒貶手法，具有綱紀天下的作用，他要挽狂瀾於既倒，承
擔拯救社會禮崩樂壞、混亂不堪的社會責任，「一以貫之」地使社會恢復到「天
下有道」的狀態。孔子「一以貫之」的「道」，就是先王之道〔註 5〕，即堯、
舜、禹、湯、文、武、周公之道，尤其是文、武、周公之道，爲孔子所格外
推崇。《春秋》也因而具有極大的政治威力，被孔子賦予「微言大義」，主要
爲尊奉王室與寓是非褒貶於其中。孔子之後，歷代儒者便開始了對《春秋》
內涵的挖掘和闡發。

二、《春秋》學的起落

　　孔子之後，其弟子和再傳弟子對《春秋》繼續解說、發揮，逐漸形成了

〔註 3〕　〔漢〕司馬遷：《史記》，北京：中國文史出版社，2003 年，第 353 頁。
〔註 4〕　〔漢〕司馬遷：《史記》，北京：中國文史出版社，2003 年，第 121 頁。
〔註 5〕　黃俊傑：《德川時代日本儒者對孔子「吾道一以貫之」的詮釋——東亞比較思
　　　　想史的視角》，《文史哲》2003 年第 1 期。

最初的《春秋》學。《公羊傳》即以口說相傳，闡發《春秋》「微言大義」。孟子稱孔子作《春秋》是行「天子之事也」（《孟子・滕文公下》），可與大禹、周公一樣功蓋天下。莊子曾提出：「《春秋》經世，先王之志。」（《莊子・齊物論》）經歷楚漢相爭至漢代，國家面臨著大亂之後重建秩序和加強統一的社會問題，因此，闡發《春秋》「微言大義」的《公羊》學，便稱揚孔子「以繩當世」「立天下儀法」「爲後王制法」的主張。漢代學者以《春秋》決獄，以《春秋》說災異，更以《春秋》之義爲政治原則。漢代，《春秋》與時代、政治聯繫更加緊密。《春秋》學凌駕於其他學說之上，被附益了豐富的社會功能、政治功能，在經學中佔據了主導地位，成爲顯學。

魏晉統治者在政治活動中，上自皇帝詔令，下至群臣奏議多引《春秋》經義以爲立論的根據，他們自身也熱衷學習《春秋》經文，還通過規範經文文本引導民眾學習。隋、唐經過南北朝動亂後重新統一，經學也由分立到重新統一，上升爲國家意識形態，對兩漢以來章句之學開始批判直到導致惑經思潮的產生。這時的《春秋》學，也處於承前啓後的歷史地位。顏師古在前人版本的基礎上考定五經，其後孔穎達主持修撰《五經正義》，使唐代經學基本得到了統一。唐中期以後，社會再次出現思想危機，儒家學者們爲挽救皇權、強化中央集權，又重新開始尋孔子《春秋》之旨，希望復振儒學。當時，主要代表人物是啖助、趙匡、陸淳等，他們借《春秋》以針砭時弊，開捨傳求經之新風氣，變專學爲通學，開創了新《春秋》學派。他們的學術觀點對唐代末期和宋代《春秋》學影響深遠，如宋代《春秋》學中的尊王思想，就是在啖、趙、陸等思想基礎上的發展。

北宋學者解讀《春秋》思想，重在闡發義理，打破僵化的章句體，表現出強烈的致用性、與理學的互動關係等特點。從歐陽修、孫復到程頤、胡安國，其《春秋》觀最終指向濟世救民，打開了《春秋》研究的新局面。南宋朱熹雖然強調以史看待《春秋》，但並不否認《春秋》經典地位及所包含的聖人精神。元明時期發揮《春秋》旨義，仍是《春秋》學發展的主線。

清代學者則對宋明學治經宗旨、方法有所反思。在清代前期，《春秋》學依然是程朱理學思想仍占統治地位，但學術界早已不滿程朱理學的僵硬與不務實，崇尚實證的考據之風開始萌生。由於宋學根據依然深後，因而形成了漢宋皆採的局面。道、咸已降，西方的入侵激化了中國社會的種種矛盾，公羊學關注現實的治學宗旨，便又受到歡迎和重視。

三、《春秋筆削大義微言考》的寫作

康有爲生逢晚清內憂外患之衰世，早年就逐步形成強烈的經世意識和救亡精神，受公羊學影響頗深，學術思想也經歷了由尊奉古文經到確立今文經學的轉變。其在西焦山結識京官張鼎華後，便「捨棄考據帖括之學，專意養心。既念民生艱難，天與我聰明才力挽救之，乃哀物悼世，以經營天下爲志，則時時取《周禮》、《王制》、《太平經國書》、《文獻通考》、《經世文編》、《天下郡國利病全書》、《讀史方輿紀要》緯劃之，俯讀仰思，筆記皆經緯宇宙之言」〔註6〕。在 1885 年撰成的《教學通義》中言：「諸經皆出於周公，惟《春秋》獨爲孔子所作，欲窺孔子之學者，必於《春秋》。」〔註7〕他一再聲稱：「六經，以《春秋》爲至貴。」〔註8〕

在康有爲看來，《春秋》不僅僅是儒家六藝，而是孔子之道的關鍵所在，認爲孔子思想全在《春秋》。他論述惟《春秋》獨爲孔子所作，只有《春秋》才可明孔子微言大義，指出：「《春秋》者，孔子感亂賊，酌周禮，據策書，明制作，立王道，筆則筆，削則削，所謂微言大義於是乎在。」〔註9〕康有爲在廣州萬木草堂、廣西桂林、湖南時務學堂講學，授課的主要內容就是《春秋公羊傳》〔註10〕。他堅信：「孔子之道，全在於『六經』，《春秋》爲『六經』之管籥，故孔子之道莫備於《春秋》。」〔註11〕

在編撰體例上，康有爲注重「春秋筆法」本身所產生的功用，採用西方的知識觀念，把對《春秋》「微言大義」的闡釋作爲表達政治理想和改變社會的工具。《春秋筆削大義微言考》分門別類，定《春秋》爲孔子改制而制作，把「春秋筆法」包含的諸種會盟、朝聘、征伐、弒君、避諱等看作「代數符號」「電報之密碼」與「樂譜之音符」，通過代數的運算和置換，運用所謂孔子公理化的原則來進行相關推導，得出一定的「筆法」原則，爲「春秋筆法」

〔註6〕康有爲：《我史》，北京：中國人民大學出版社，2011 年，第 12 頁。

〔註7〕康有爲：《教學通義》，姜義華、張榮華編校：《康有爲全集》第 1 集，北京：中國人民大學出版社，2007 年，第 18 頁。

〔註8〕康有爲：《萬木草堂口說·孔子改制》，姜義華、張榮華編校：《康有爲全集》第 2 集，北京：中國人民大學出版社，2007 年，第 147 頁。

〔註9〕康有爲：《教學通義》，姜義華、張榮華編校：《康有爲全集》第 1 集，北京：中國人民大學出版社，2007 年，第 39 頁。

〔註10〕陳其泰：《清代公羊學》，上海，上海人民出版社，2011 年，第 237 頁。

〔註11〕康有爲：《康南海先生講學記》，姜義華、張榮華編校：《康有爲全集》第 2 集，北京：中國人民大學出版社，2007 年，第 107 頁。

的研究樹立了新的研究模式〔註12〕。康有爲說:「春秋之義不在事,傳孔子《春秋》之義在口說而不在文。……（孔子）因恐無所寄託,乃筆削魯史,改定其年月日時、爵號氏名諸文,或增或刪,或改或削,以爲記號。……使弟子後學得以省識其大義微言之所託。」〔註13〕康有爲又說「《春秋》爲文數萬,其旨數千。孔子竊取其義,託《春秋》改制而立法」,〔註14〕故「不必泥也。」〔註15〕

　　《春秋筆削大義微言考》除《序言》和《發凡》之外,共十一卷,從卷一《隱公》到卷十一《哀公》,作爲《萬木草堂叢書》的一種。全書採用傳注形式,逐段並列三條經文,分別爲不修《春秋》、孔子筆削之稿、已修《春秋》,然後爲孔子筆削之跡。爲增加可信度,康有爲同時摘錄《公羊傳》《穀梁傳》《春秋繁露》《公羊解詁》等相關文獻進行相關佐證,最後才加上自己相關按語闡明觀點。全書共加按語八百四十餘條,內容通貫古今,廣涉中外。

　　康有爲譽《春秋》爲六經之至貴,並寄予厚望,認爲《春秋》是解開六經的金鑰匙。就內容言,康有爲在《春秋筆削大義微言考》中把《春秋》說成是「孔子一王之法」〔註16〕「一經兼數義……義密而旨深也」〔註17〕,認爲孔子是「言近而指遠……言王而不泥於王,言侯國而不泥於國」〔註18〕,宣揚公羊變易學說,緊扣民族危機、亡國滅種的險惡時局,輸入西方進化論、民主思想,推動了晚清社會進程。同時,康有爲匯通《公羊傳》《穀梁傳》,並吸納了董仲舒、何休、劉向等人的經說。總之,在康有爲經典注疏中,此書屬於綜合性的大手筆,成爲康有爲公羊學的集大成之作,是其經典注疏的最高成就。

〔註12〕 肖鋒:《春秋筆法研究述評》,《文學評論》2006 年第 2 期。
〔註13〕 康有爲:《春秋筆削大義微言考》,姜義華、張榮華編校:《康有爲全集》第 6 集,北京:中國人民大學出版社,2007 年,第 44 頁。
〔註14〕 康有爲:《春秋筆削大義微言考》,姜義華、張榮華編校:《康有爲全集》第 6 集,北京:中國人民大學出版社,2007 年,第 310 頁。
〔註15〕 康有爲:《春秋筆削大義微言考》,姜義華、張榮華編校:《康有爲全集》第 6 集,北京:中國人民大學出版社,2007 年,第 220 頁。
〔註16〕 康有爲:《春秋筆削大義微言考》,姜義華、張榮華編校:《康有爲全集》第 6 集,北京:中國人民大學出版社,2007 年,第 19 頁。
〔註17〕 康有爲:《春秋筆削大義微言考》,姜義華、張榮華編校:《康有爲全集》第 6 集,北京:中國人民大學出版社,2007 年,第 21 頁。
〔註18〕 康有爲:《春秋筆削大義微言考》,姜義華、張榮華編校:《康有爲全集》第 6 集,北京:中國人民大學出版社,2007 年,第 14 頁。

第二節　內容解析

在《春秋筆削大義微言考‧自序》中，康有爲說：「《春秋》滅於僞《左》，孔道晦於中國，太平絕於人望。」〔註19〕所以，康有爲的《春秋》學路向是由董仲舒上溯公羊，進而上溯《春秋》，最後是要明孔子之道。「其傳《春秋》改制當新王繼周之義，乃見孔子爲教主之證。尤要者，據亂、升平、太平三世之義，幸賴董、何傳之，口說之未絕，今得一線之僅明者此乎？今治大地升平、太平之世，孔子之道猶能範圍之。若無董、何口說之傳，則布於諸經，率多據亂之義，孔子之道不能通於新世矣。」〔註20〕康有爲以「返古」而「通今」的方式，在古代學術基礎上，加入西學擴大視野。

在康有爲看來，《春秋筆削微言大義考》是「稍備孔子三世之學，庶幾孔子之道不墜」〔註21〕，展現了其強烈的自信心。康有爲將《春秋》分爲三個部分：「一、不修之《春秋》也，只有史文及齊桓、晉文之事，而無義焉，此魯史之原文也。一、孔子已修之《春秋》也，因其文而筆削之，因文以見義焉，此大義之《春秋》也，《公》、《穀》多傳之。一、代數之《春秋》也，但因其文爲微言大義之記號，而與時事絕無關，此微言之《春秋》也，公羊家董、何所傳爲多，而失絕者蓋不知凡幾矣。……若《春秋》所以可尊者，則在微言矣。」〔註22〕康有爲將《春秋》經文分爲「魯史原文」爲第一條，「大義春秋」爲第二條，「微言春秋」爲第三條，其下引何休、《穀梁》、董仲舒來解釋經文意義。

一、採用「代數符號」，推導「筆法」

《春秋筆削大義微言考》對《春秋》詮釋帶有明顯的代數式思考特色，康有爲將《春秋》看作一套代數集，《春秋》所記載的一系列會盟、朝聘、征戰以及各種爵號、氏名，在康氏看來是：「《春秋》之微言，託筆削數字爲記

〔註19〕 康有爲：《春秋筆削大義微言考》，姜義華、張榮華編校：《康有爲全集》第 6 集，北京：中國人民大學出版社，2007 年，第 4 頁。

〔註20〕 康有爲：《春秋筆削大義微言考》，姜義華、張榮華編校：《康有爲全集》第 6 集，北京：中國人民大學出版社，2007 年，第 7 頁。

〔註21〕 康有爲：《答李參籌書》，姜義華、張榮華編校：《康有爲全集》第 11 集，北京：中國人民大學出版社，2007 年，第 244 頁。

〔註22〕 康有爲：《春秋筆削大義微言考》，姜義華、張榮華編校：《康有爲全集》第 6 集，北京：中國人民大學出版社，2007 年，第 13 頁。

號以傳之，專明非常之義，與春秋時事全不相關涉者也。」〔註23〕梁啓超認爲康有爲「定《春秋》爲孔子改制之書，謂文字不過其符號，如電報之密碼，如樂譜之音符，非口授不能明」，突出口傳大義。對《春秋》首句「元年春，王正月」，康有爲解釋道：「『元年春，王正月』，不過如算學四元法之天地人物，代數之甲乙字丑而已，取其簡而易代。」〔註24〕

康有爲認爲孔子的「微言」也是「數字」，指出：「若得微言之旨，則此數字者，皆記號代數之字，得魚而忘筌可也。」〔註25〕「《春秋》爲文數萬，其旨數千。蓋此數千之大義，乃爲孔子之《春秋》，……此數千大義不敢筆之於書，口傳弟子。……如算術之有天元，代數之有甲乙子丑，皆以一字代一式，使弟子後學得以省識其大義微言之所託。」〔註26〕

由此，康有爲進一步將孔子公理化，提出「《春秋》爲千古大律例」〔註27〕，故「《春秋》皆舉影以見實，一切名物，不可泥也；但當博推之，則無乎不在矣。」〔註28〕於是「溝通二《傳》，汰去支離，專摘微言大義之所歸，大悟記號、代數之使用。」〔註29〕

「元」在康有爲思想體系中具有本體論的意義，是萬物之本。在解釋《論語・衛靈公》篇「予一以貫之」時，康有爲提出：「孔子之道，推本與元，顯於仁智，而後發萬物，……無所不在。」〔註30〕接著提出：「人道以仁爲主，……孔子之所深許也。」〔註31〕即「孔子之道本於仁」〔註32〕。他把「元」與「仁」

〔註23〕 康有爲：《春秋筆削大義微言考》，姜義華、張榮華編校：《康有爲全集》第6集，北京：中國人民大學出版社，2007年，第13頁。

〔註24〕 康有爲：《春秋筆削大義微言考》，姜義華、張榮華編校：《康有爲全集》第6集，北京：中國人民大學出版社，2007年，第12頁。

〔註25〕 康有爲：《春秋筆削大義微言考》，姜義華、張榮華編校：《康有爲全集》第6集，北京：中國人民大學出版社，2007年，第12～13頁。

〔註26〕 康有爲：《春秋筆削大義微言考》，姜義華、張榮華編校：《康有爲全集》第6集，北京：中國人民大學出版社，2007年，第44頁。

〔註27〕 康有爲：《春秋筆削大義微言考》，姜義華、張榮華編校：《康有爲全集》第6集，北京：中國人民大學出版社，2007年，第280頁。

〔註28〕 康有爲：《春秋筆削大義微言考》，姜義華、張榮華編校：《康有爲全集》第6集，北京：中國人民大學出版社，2007年，第233頁。

〔註29〕 康有爲：《春秋筆削大義微言考》，姜義華、張榮華編校：《康有爲全集》第6集，北京：中國人民大學出版社，2007年，第45頁。

〔註30〕 康有爲：《論語注》，姜義華、張榮華編校：《康有爲全集》第6集，北京：中國人民大學出版社，2007年，第501頁。

〔註31〕 康有爲：《春秋筆削大義微言考》，姜義華、張榮華編校：《康有爲全集》第6集，北京：中國人民大學出版社，2007年，第186頁。

的思想一致起來，「仁者，元德博愛，人道之備也」〔註33〕，說：「孔子之道，其本在仁，其理在公，其法在文，其體在各明名分，其用在與時進化。夫主乎太平，則人人有自主之權；主乎文明，則事事去野蠻之陋；主乎公，則人人有大同之樂；主乎仁，則物有得所之安；主乎各明權限，則人人不相侵；主乎進化，則變通盡利。」〔註34〕

康有爲「三世」說理論反映出以仁爲本體思想。他說：「每變一世，則愈進於仁；仁必去其抑壓之力，令人人自立而平等，故曰升平。至太平，則人人平等，人人自立，遠近大小若一，仁之至也。此如土耳其、波斯、印度，則日教以西歐之法度，漸去其生民之壓力，而升之於平。而美國之文明已至升平者，亦當日求進化，乃能至太平也。此三世者同時並見，則如苗、瑤、番、黎、非洲黑人爲據亂之亂世，土耳其、波斯、印度、爲據亂之升平，而美國已至據亂之太平，故一世中有三世焉，將來人種既合，地球既一，終有未盡進化之人種；故至太平世，亦有太平之據亂、太平世之太平焉。」〔註35〕認爲「仁」作爲「元」的轉化，把自然、人事、社會進化「一以貫之」，體現爲完美的人道。

二、尊「孔」述「董」，梳理「正統」

在《春秋筆削大義微言考》中，康有爲給予孔子崇高的頭銜，認爲「孔子聖之時者也。若其廣張萬法，不持乎一德，不限乎一國，不成乎一世，蓋浹乎天人矣！」〔註36〕「孔子法堯、舜、文王，於民主法堯、舜，於君主稱文王。」〔註37〕「孔子受天命制作，宜爲王者也，故託於文王。」〔註38〕

〔註32〕康有爲：《春秋筆削大義微言考》，姜義華、張榮華編校：《康有爲全集》第6集，北京：中國人民大學出版社，2007年，第183頁。

〔註33〕康有爲：《論語注》，姜義華、張榮華編校：《康有爲全集》第6集，北京：中國人民大學出版社，2007年，第434頁。

〔註34〕康有爲：《春秋筆削大義微言考》，姜義華、張榮華編校：《康有爲全集》第6集，北京：中國人民大學出版社，2007年，第3頁。

〔註35〕康有爲：《春秋筆削大義微言考》，姜義華、張榮華編校：《康有爲全集》第6集，北京：中國人民大學出版社，2007年，第17頁。

〔註36〕康有爲：《春秋筆削大義微言考》，姜義華、張榮華編校：《康有爲全集》第6集，北京：中國人民大學出版社，2007年，第3頁。

〔註37〕康有爲：《春秋筆削大義微言考》，姜義華、張榮華編校：《康有爲全集》第6集，北京：中國人民大學出版社，2007年，第151頁。

〔註38〕康有爲：《春秋筆削大義微言考》，姜義華、張榮華編校：《康有爲全集》第6集，北京：中國人民大學出版社，2007年，第32頁。

　　康有爲認爲後世的很多制度都來自孔子，如「此孔子重民，發與民共山澤之義也。」〔註39〕「蓋孔子之微言，而爲國家學之宗旨。」〔註40〕「孔子假藉以定名分，後世王侯遂用此制。」〔註41〕「孔子軒城之制，爲制諸侯勿爭亂也。」〔註42〕「孔子以天治人，亦人人平等。」〔註43〕「孔子作《春秋》以改制，立學校貢舉之義，託此經以發明之……此孔子創立之法，而中國行之最早者也。」〔註44〕「蓋未知夏、商、周之制，皆孔子所託三統之制也。貢、助、徹三法，亦皆孔子稅法，分作三種，聽後世度時地行之。」〔註45〕「此則孔子封建、井田之法，但小之耳，終不能外孔子之範圍矣。」〔註46〕應該說，「孔子立一法而益於天下後世如此」〔註47〕，對後世影響也是相當深遠。康有爲說：「孔子之所以立新制，以戒後世。我國人種之盛，冠絕萬國，卷翕地球，皆孔子之功德也。」〔註48〕認爲其影響不僅是中國，也囊括西方社會，他說：「孔子制法，行於萬國矣。」〔註49〕西方很多制度也始於孔子，「今歐美亦同之，其有大罪者，不過囚或流之荒島，其得孔子之意矣。」〔註50〕

〔註39〕康有爲：《春秋筆削大義微言考》，姜義華、張榮華編校：《康有爲全集》第6集，北京：中國人民大學出版社，2007年，第53頁。

〔註40〕康有爲：《春秋筆削大義微言考》，姜義華、張榮華編校：《康有爲全集》第6集，北京：中國人民大學出版社，2007年，第107頁。

〔註41〕康有爲：《春秋筆削大義微言考》，姜義華、張榮華編校：《康有爲全集》第6集，北京：中國人民大學出版社，2007年，第139頁。

〔註42〕康有爲：《春秋筆削大義微言考》，姜義華、張榮華編校：《康有爲全集》第6集，北京：中國人民大學出版社，2007年，第290頁。

〔註43〕康有爲：《春秋筆削大義微言考》，姜義華、張榮華編校：《康有爲全集》第6集，北京：中國人民大學出版社，2007年，第56頁。

〔註44〕康有爲：《春秋筆削大義微言考》，姜義華、張榮華編校：《康有爲全集》第6集，北京：中國人民大學出版社，2007年，第57頁。

〔註45〕康有爲：《春秋筆削大義微言考》，姜義華、張榮華編校：《康有爲全集》第6集，北京：中國人民大學出版社，2007年，第183頁。

〔註46〕康有爲：《春秋筆削大義微言考》，姜義華、張榮華編校：《康有爲全集》第6集，北京：中國人民大學出版社，2007年，第184頁。

〔註47〕康有爲：《春秋筆削大義微言考》，姜義華、張榮華編校：《康有爲全集》第6集，北京：中國人民大學出版社，2007年，第138～139頁。

〔註48〕康有爲：《春秋筆削大義微言考》，姜義華、張榮華編校：《康有爲全集》第6集，北京：中國人民大學出版社，2007年，第254頁。

〔註49〕康有爲：《春秋筆削大義微言考》，姜義華、張榮華編校：《康有爲全集》第6集，北京：中國人民大學出版社，2007年，第41頁。

〔註50〕康有爲：《春秋筆削大義微言考》，姜義華、張榮華編校：《康有爲全集》第6集，北京：中國人民大學出版社，2007年，第166頁。

歐美很多風俗也是得益於孔子制法「立約實爲非常異義，今歐美之俗始行之，孔子已先立之。」〔註51〕但孔子所制之法並非拘泥不變，而是「因時而變」，「孔子爲聖之時……隨時立法，不必泥也。」〔註52〕

康有爲認爲《春秋》有四個版本，「一、魯史原文，『不修之《春秋》』。（孟子所見『魯之《春秋》』、公羊所見『不修《春秋》』是也，今軼。可《公》、《穀》『書不書』推得之）二、孔子筆削，『已修之《春秋》』（世所傳《春秋》一萬六千四十六字者是也），以上二本皆文。三、孔子口說之《春秋》義。（《公》、《穀》傳之。）四、孔子口說之《春秋》微言。（公羊家之董仲舒、何休傳之。）以上二本皆無文，而口說傳授者。」〔註53〕

通過此說，康有爲認爲「微言」和「大義」在先秦都不見於文本，通過弟子代代口說授受，《公羊傳》《穀梁傳》所傳的只是「大義」，董仲舒和何休所傳才是微言，所以，董仲舒成爲康有爲求《春秋》之義的關鍵。他說：「漢世去孔子不遠，用《春秋》之義以撥亂改制，惟董子開之。」〔註54〕「於是中國之治教遂以據亂終。絕流斷港，無由入於升平、太平之域，則不明董、何爲孔子口說之故也。」〔註55〕又說：「《春秋》無通辭之義，《公》《穀》二傳未有明文，唯董子發明之。後儒孫明復、胡安國之流不知此義，以爲《春秋》之旨最嚴華夷之限，於是尊己則曰神明之俗，薄人則曰禽獸之類。苗、瑤、侗、僮族之民，則外視之；邊鄙遼遠之地，則忍而割捨之。嗚呼！背《春秋》之義，以自隘其道。孔教之不廣，生民之塗炭，豈非諸儒之罪耶！若無董子，則華夏之限終莫能破，大同之治終未由至也。」〔註56〕

康有爲認爲劉歆、何休、宋儒是破壞孔子《春秋》大義的罪魁，眞正的孔子之道是通過董子傳之。而「宋孫明復之流，向壁虛造一部《春秋大義》，

〔註51〕康有爲：《春秋筆削大義微言考》，姜義華、張榮華編校：《康有爲全集》第6集，北京：中國人民大學出版社，2007年，第83頁。

〔註52〕康有爲：《春秋筆削大義微言考》，姜義華、張榮華編校：《康有爲全集》第6集，北京：中國人民大學出版社，2007年，第184頁。

〔註53〕康有爲：《春秋筆削大義微言考》，姜義華、張榮華編校：《康有爲全集》第6集，北京：中國人民大學出版社，2007年，第9頁。

〔註54〕康有爲：《春秋筆削大義微言考》，姜義華、張榮華編校：《康有爲全集》第6集，北京：中國人民大學出版社，2007年，第3頁。

〔註55〕康有爲：《春秋筆削大義微言考》，姜義華、張榮華編校：《康有爲全集》第6集，北京：中國人民大學出版社，2007年，第7頁。

〔註56〕康有爲：《春秋筆削大義微言考》，姜義華、張榮華編校：《康有爲全集》第6集，北京：中國人民大學出版社，2007年，第414頁。

但識尊人王而已，則是屠伯武夫以武力定天下，如秦始、隋煬之流，暴民抑壓，亦宜尊守之乎？其悖聖而害道甚矣！」〔註57〕

「何君墨守《公羊》，而攻《穀梁》爲廢疾，蓋猶未明密碼之故，泥守所傳之電碼以爲眞傳，而不知《穀梁》所傳之電碼亦是眞傳也。遂使劉歆、賈逵緣隙奮筆，以《公》《穀》一家而鷸蚌相持，遂致僞《左》爲漁人得利。豈非先師墨守太過，敗績失據哉！」〔註58〕

「董、何傳《公羊》，董難江公，何作《廢疾》，若冰火然。試捨棄所繫之經文，但述大義，則董、何與《穀梁》無不合者，可一一條證之，以明口說之眞。蓋同出於孔門後學，故莫不同條共貫也。故學《春秋》者，當知董、何口說與《穀梁》及劉向學說全合，則於《春秋》四通六闢，無所窒礙矣。」〔註59〕

因而，康有爲形成了堅定的意識，認爲讀《春秋》是最便捷的把握孔門精義的途徑：「求孔子之道，莫如《春秋》。」〔註60〕又稱「董子，群儒首也」〔註61〕。

三、描述「三世」，渴望「升平」

康有爲延續孔子改制議題，將「三世」思想進行闡發。《春秋》「其科旨所指明，在張三世」〔註62〕，而「《春秋》本仁，上本天心，下該人事，故兼據亂、升平、太平三世之制。」〔註63〕康有爲的「三世」說是依賴董仲舒、何休傳承。他說：「據亂、升平、太平三世之義，幸賴董、何傳之。」〔註64〕

〔註57〕 康有爲：《春秋筆削大義微言考》，姜義華、張榮華編校：《康有爲全集》第6集，北京：中國人民大學出版社，2007年，第13頁。

〔註58〕 康有爲：《春秋筆削大義微言考》，姜義華、張榮華編校：《康有爲全集》第6集，北京：中國人民大學出版社，2007年，第6頁。

〔註59〕 康有爲：《春秋筆削大義微言考》，姜義華、張榮華編校：《康有爲全集》第6集，北京：中國人民大學出版社，2007年，第7頁。

〔註60〕 康有爲：《春秋筆削大義微言考》，姜義華、張榮華編校：《康有爲全集》第6集，北京：中國人民大學出版社，2007年，第3頁。

〔註61〕 康有爲：《春秋筆削大義微言考》，姜義華、張榮華編校：《康有爲全集》第6集，北京：中國人民大學出版社，2007年，第3頁。

〔註62〕 康有爲：《春秋筆削大義微言考》，姜義華、張榮華編校：《康有爲全集》第6集，北京：中國人民大學出版社，2007年，第3頁。

〔註63〕 康有爲：《孟子微》，姜義華、張榮華編校：《康有爲全集》第5集，北京：中國人民大學出版社，2007年，第411頁。

〔註64〕 康有爲：《春秋筆削大義微言考》，姜義華、張榮華編校：《康有爲全集》第6集，北京：中國人民大學出版社，2007年，第7頁。

　　孔子思想兼通「三世」說頗多，康有爲「三世」說的一個重要特點就是攝入《禮運》的「大同」「小康」之說，對「三世」說的內涵作了頗具新意的改造：「《春秋》三世之法，與《禮運》小康、大同之義同，眞孔子學之骨髓也。孔子當亂世之時，故爲據亂、小康之制多，於大同太平則曰：丘未之逮也，而有志焉。可見孔子之志，實在大同太平，其據亂、小康之制不得已耳。」〔註65〕故「太平大同世」成爲康有爲公羊學語境的一個標誌提法。「孔子生亂世，雖不得已爲小康之法，而精神所注重在大同，故拳拳於德禮以寓微旨，而於德尤注意。」〔註66〕康有爲不斷對「三世」的描述進行衍疊，終至「無量世」。他說：「三世可重爲九世。……由九世可變通之至八十一世，由八十一世可推至無量數不可思議之世。」〔註67〕康有爲將「三世」說推演爲「三世三重」說，進而延伸爲九世、八十一世乃至無量世，闡明人類社會沿著「三世」演進，逐步向高級的大勢。可以說，康有爲使舊有的公羊「三世」說內涵更加豐富。

（一）制度問題

　　康有爲爲彰明孔子「據亂、升平、太平」有關制度方面，針對每一世都有解說，並認爲孔子改制是爲中國早日施行升平、太平之法。爲此，康有爲廣徵博引，將各項重要制度作爲「三世」之劃分，但因「孔子之道無定，但以仁民爲主，各因其時世以施之，至其窮則又變。」〔註68〕以此彰顯孔子爲不同世立不同之「法」。如：

　　康有爲發揮孔子對古代稅法的設置，他說：「然貢者，據亂世法也。古三皇之治天下，不敢有君民之心，使民如借，軍民少平矣。故助者，升平之法乎？若夫君民上下，各修其職，量力以受祿，分祿以資公，通力合作，是謂大同。故徹者，太平之法乎？」〔註69〕

〔註65〕康有爲：《春秋筆削大義微言考》，姜義華、張榮華編校：《康有爲全集》第6集，北京：中國人民大學出版社，2007年，第18頁。

〔註66〕康有爲：《論語注》，姜義華、張榮華編校：《康有爲全集》第6集，北京：中國人民大學出版社，2007年，第388頁。

〔註67〕康有爲：《春秋筆削大義微言考》，姜義華、張榮華編校：《康有爲全集》第6集，北京：中國人民大學出版社，2007年，第17頁。

〔註68〕康有爲：《春秋筆削大義微言考》，姜義華、張榮華編校：《康有爲全集》第6集，北京：中國人民大學出版社，2007年，第16頁。

〔註69〕康有爲：《春秋筆削大義微言考》，姜義華、張榮華編校：《康有爲全集》第6集，北京：中國人民大學出版社，2007年，第184頁。

「《春秋》之治與時變通，不能泥一義，要在因病發藥；若病除，亦不須藥，又不可泥守舊方矣。」〔註70〕康有爲雖嚮往「太平世」，但認爲：「非其時，不可強行。墨西哥慕美國去纏刑，犯法者日衆，非刑期無刑之義也。」〔註71〕

康有爲認爲物競天擇是自然狀態，亂世之法則。他說：「法制進化，由君主而及民主。文王爲君主之聖，堯、舜爲民主之聖。《春秋》始於據亂立君主，中於升平爲立憲軍民共主，終於太平爲民主。故《春秋》始言文王，終道堯、舜也。」〔註72〕康有爲因而嚮往升平、太平世之義，認爲太平世是社會發展的最高形態，他說：

「升平之世，鐵軌交通，商貨互易。」〔註73〕

「升平之世，萬國交通，亦當爲大會，或爲考德行會、一刑法會、正文章會、重法度會，以競爭於文明也。彌兵會復，必將爲之。」〔註74〕

「太平世則皆爲民主，且平天子之勢矣。」〔註75〕

「至太平之世，則大地種族混合，天下如一，治化大同，無覆文明、野蠻之別矣。」〔註76〕

「太平之世，大國小國皆平等。」〔註77〕

「至太平世，貶天子之世。」〔註78〕

〔註70〕康有爲：《春秋筆削大義微言考》，姜義華、張榮華編校：《康有爲全集》第6集，北京：中國人民大學出版社，2007年，第71頁。

〔註71〕康有爲：《春秋筆削大義微言考》，姜義華、張榮華編校：《康有爲全集》第6集，北京：中國人民大學出版社，2007年，第163頁。

〔註72〕康有爲：《春秋筆削大義微言考》，姜義華、張榮華編校：《康有爲全集》第6集，北京：中國人民大學出版社，2007年，第310頁。

〔註73〕康有爲：《春秋筆削大義微言考》，姜義華、張榮華編校：《康有爲全集》第6集，北京：中國人民大學出版社，2007年，第235頁。

〔註74〕康有爲：《春秋筆削大義微言考》，姜義華、張榮華編校：《康有爲全集》第6集，北京：中國人民大學出版社，2007年，第293頁。

〔註75〕康有爲：《春秋筆削大義微言考》，姜義華、張榮華編校：《康有爲全集》第6集，北京：中國人民大學出版社，2007年，第290頁。

〔註76〕康有爲：《春秋筆削大義微言考》，姜義華、張榮華編校：《康有爲全集》第6集，北京：中國人民大學出版社，2007年，第236頁。

〔註77〕康有爲：《春秋筆削大義微言考》，姜義華、張榮華編校：《康有爲全集》第6集，北京：中國人民大學出版社，2007年，第298頁。

〔註78〕康有爲：《春秋筆削大義微言考》，姜義華、張榮華編校：《康有爲全集》第6集，北京：中國人民大學出版社，2007年，第21頁。

「若堯舜大同太平之法，後之君子，必樂道之。」〔註79〕

「美國之自由，當進以太平；歐洲之政治，當進以升平；非洲之野蠻，當進以據亂。」〔註80〕

「太平之世，大小、遠近若一。大同之治，不獨親其親，子其子，老有所終，壯有所用，鰥寡孤獨廢疾者有養，則仁參天矣。」〔註81〕

以往公羊家們常以古今論三世，然而康有爲認爲，一國範圍，世界範圍各文明進化程度不同，三世可並見。「三世」也可演爲「九世」。如：「中國之中，有苗、瑤、番、黎，爲據亂之據亂；蒙古、西藏、青海，爲爲據亂之升平；內地行省，爲據亂之太平。此又各因其地而施其義法。……進治鳥獸，則爲頌平之據亂，進治昆蟲，則爲頌平之升平；進治草木，則爲頌平之太平。」〔註82〕

（二）男女問題

因康有爲早期的西學經歷，對於日本、歐美思想多有切身體會，對西方政治、社會形態的思想也有透徹瞭解，認爲中國應該進至升平世，男女平等。但是中國「至宋以後，漸少出妻，則夫妻之道愈嚴凝」〔註83〕，又「崇男女之別，以謹種族之傳」〔註84〕。這是行「據亂之道」，對女性完全是一種壓制。對於據亂世女性地位，康有爲說：

「據亂世男尊女卑，夫婦聽命於父母媒妁，本無立約義。」〔註85〕

「據亂世別男女，故立男不親求、女不親許之義。周時舊俗，男女不甚別，婚姻自由，親訂姻好而親求之，與今歐、美同俗。蓋治道循環，太古狉

〔註79〕康有爲：《春秋筆削大義微言考》，姜義華、張榮華編校：《康有爲全集》第6集，北京：中國人民大學出版社，2007年，第310頁。

〔註80〕康有爲：《春秋筆削大義微言考》，姜義華、張榮華編校：《康有爲全集》第6集，北京：中國人民大學出版社，2007年，第310頁。

〔註81〕康有爲：《春秋筆削大義微言考》，姜義華、張榮華編校：《康有爲全集》第6集，北京：中國人民大學出版社，2007年，第389頁。

〔註82〕康有爲：《春秋筆削大義微言考》，姜義華、張榮華編校：《康有爲全集》第6集，北京：中國人民大學出版社，2007年，第310頁。

〔註83〕康有爲：《春秋筆削大義微言考》，姜義華、張榮華編校：《康有爲全集》第6集，北京：中國人民大學出版社，2007年，第88頁。

〔註84〕康有爲：《春秋筆削大義微言考》，姜義華、張榮華編校：《康有爲全集》第6集，北京：中國人民大學出版社，2007年，第65～66頁。

〔註85〕康有爲：《春秋筆削大義微言考》，姜義華、張榮華編校：《康有爲全集》第6集，北京：中國人民大學出版社，2007年，第83頁。

猱，俗與太平近。惟據亂與太平，則如東西極之相反，理勢然也。」〔註86〕

「據亂世之義，以重父子而繁人類，當男女有別，故負教戒。」〔註87〕

由此，康有爲引申出男女社會分工、地位、女權等，作爲「三世」說的重要內容，並將男女有別的規定看作是孔子據亂世之法，認爲達到升平、太平之世，男女平等，女性將不受媒妁之言，自由戀愛，獲得自由。他說：

「推之升平世，人皆有教，女亦有權，又經合婚俗定之後，則女道不妨寬其出入宴饗，如歐西是也。至太平世，則教化純美，人人獨立，可不必爲男女大別，但統之曰人類而已，其出入饗宴從人道同同。」〔註88〕

「升平之世，必一夫一妻相平。然如今歐美之制，仍復妻從夫姓，妻居夫家，以夫爲家，仍未平也。若太平之世，則凡人類只能謂之爲人，不別男女，人人獨立，人人平等，其爲夫婦，如交友然，固無相從，只有合好而已。蓋大道循環，太平世之制，去亂世最遠，而去原人最近；然其制雖相近，而其理實最遠也。」〔註89〕

「升平之世，女學大開，女智大發，國體立憲，人主無責任，既不患椒房、宦寺之竊柄，並不能徇私縱慾以亂國；則英維多利亞可致強盛，而女婦可爲議員而議國事矣。此易世易俗之義，不得以據亂世論也。若至太平世，男女皆至平無別，學識也同，爲長、爲師、爲議國事之員，與據亂世乃反至極端，自然之理也。」〔註90〕

「若升平世男女漸平，各有自主之權，自有離異之事，始則出婦，漸則出夫，今法國歲至千萬。道若循環，至太平，則與亂世遠，男女之事益行自由矣。」〔註91〕

〔註86〕 康有爲：《春秋筆削大義微言考》，姜義華、張榮華編校：《康有爲全集》第6
　　　　集，北京：中國人民大學出版社，2007年，第114頁。
〔註87〕 康有爲：《春秋筆削大義微言考》，姜義華、張榮華編校：《康有爲全集》第6
　　　　集，北京：中國人民大學出版社，2007年，第170頁。
〔註88〕 康有爲：《春秋筆削大義微言考》，姜義華、張榮華編校：《康有爲全集》第6
　　　　集，北京：中國人民大學出版社，2007年，第59頁。
〔註89〕 康有爲：《春秋筆削大義微言考》，姜義華、張榮華編校：《康有爲全集》第6
　　　　集，北京：中國人民大學出版社，2007年，第180頁。
〔註90〕 康有爲：《春秋筆削大義微言考》，姜義華、張榮華編校：《康有爲全集》第6
　　　　集，北京：中國人民大學出版社，2007年，第110頁。
〔註91〕 康有爲：《春秋筆削大義微言考》，姜義華、張榮華編校：《康有爲全集》第6
　　　　集，北京：中國人民大學出版社，2007年，第88頁。

「升平世人類漸至平等，且教化既明，則人類皆可相通，皆可相會矣。至太平世則不論男女，人人獨立自主，更可相會。蓋太平世與太古原人相同，而與據亂世最相反，此實人道循環之理也。……此皆據亂世之義，無論何國，必經此制乃得進化，雖未至於升平，然人道必由之路也。自升平世人視之，則以爲婦女獨苦，而實教化需時，有不得已者也，聖人不過因時出之。若未至升平之世而逾防，則爲淫軼；若既至升平世而強禁，則爲壓抑。」〔註92〕

「若升平之世，則男女漸平，則不以爲嫌矣。至太平世，則女權一切與男子平，且皆謂之人，同爲執事，並無男女之異，更不能以此例繩之。」〔註93〕

「若至升平、太平世，女學漸昌，女權漸出，人人自立，不復待人，則各自親訂姻好。」〔註94〕

「至升平之世則一夫一妻，乃爲平等之正道。……至升平時則夫婦必以立約，必以遠媵妾爲義矣。若太平世則人人獨立，人人平等，男女皆爲天生之人，各聽其相得而立約，則非獨無妾媵之可言，並無夫婦之可言矣。此立約實爲非常異義，今歐美之俗始行之，孔子已先立之。」〔註95〕

「異國如今歐人立女統，多以外孫爲後也。」〔註96〕

而且在康有爲那裡，還認爲歐美的男女平等之義，也是孔子改制而來，是春秋舊俗。他說：「春秋舊俗，男女相悅而定姻，偕行而遊，見如今歐美。」〔註97〕認爲男女平等，構成三世進化論的重要標準。人類社會由據亂至升平、太平，男女關係亦不再相隔，自由往來。進而，康有爲希望在新的歷史進程中，男女地位完成平等。

〔註92〕康有爲：《春秋筆削大義微言考》，姜義華、張榮華編校：《康有爲全集》第6集，北京：中國人民大學出版社，2007年，第65～66頁。

〔註93〕康有爲：《春秋筆削大義微言考》，姜義華、張榮華編校：《康有爲全集》第6集，北京：中國人民大學出版社，2007年，第170頁。

〔註94〕康有爲：《春秋筆削大義微言考》，姜義華、張榮華編校：《康有爲全集》第6集，北京：中國人民大學出版社，2007年，第114頁。

〔註95〕康有爲：《春秋筆削大義微言考》，姜義華、張榮華編校：《康有爲全集》第6集，北京：中國人民大學出版社，2007年，第83頁。

〔註96〕康有爲：《春秋筆削大義微言考》，姜義華、張榮華編校：《康有爲全集》第6集，北京：中國人民大學出版社，2007年，第215頁。

〔註97〕康有爲：《春秋筆削大義微言考》，姜義華、張榮華編校：《康有爲全集》第6集，北京：中國人民大學出版社，2007年，第170頁。

（三）民族觀念

中國自古就有夷夏內外之說，且中國一直以夏自居以變夷：「孔子不許夷狄敗中國、獲中國也。」〔註98〕康有爲在「三世」進化前提下探討民族問題，認爲中國是「蔽於據亂之說而不知太平大同之義」〔註99〕，「後世不通孔子三世之義，泥亂世、升平之文，反割放生爲佛教，宜孔子之道日隘也」〔註100〕。並從多角度對「三世」夷夏進行描述，諸如：

「據亂世爲愛種族之世，升平世爲爭種族合種族之世。太平世則一切大同，種族不分，無種族之言，而義不必立。」〔註101〕

「若太平，則夷狄進爵，天下如一，則舉大地非洲、美、澳同歸大同，一切平等，又無所謂許不許也。」〔註102〕

康有爲根據「據亂世至升平世至太平世」的進化次第，將世界民族發展解讀爲「去種族化」過程。他說：「蓋孔子因於據亂之族制，爲治最重民族，故晉伐鮮虞則以伐同姓而降爲夷狄。……故據亂世爲愛種族之世，升平爲爭種族合種族之世，太平世則一切大同，種族不分，無種族之可言，而義不必立。」〔註103〕

康有爲認爲中國本可以進入太平世，但因劉歆創造僞經，以致中國「守舊不進」，「漢世家行孔學……若推行至隋、唐，應進化至升平之世。至今千載，中國可先大地而太平矣。不幸當秦、漢時，外則老子、韓非所傳刑名法術、君尊臣卑之說，即大行於歷朝。民賊得隱操其術以愚制吾民；內則新莽之時劉歆創造僞經，改《國語》爲《左傳》，以大攻《公》《穀》。……於是三世之說不誦於人間，太平之種永不絕於中國。」由此，〔註104〕中國「昧昧二

〔註98〕康有爲：《春秋筆削大義微言考》，姜義華、張榮華編校：《康有爲全集》第6集，北京：中國人民大學出版社，2007年，第71頁。

〔註99〕康有爲：《孔子改制考》，姜義華、張榮華編校：《康有爲全集》第3集，北京：中國人民大學出版社，2007年，第3頁。

〔註100〕康有爲：《春秋筆削大義微言考》，姜義華、張榮華編校：《康有爲全集》第6集，北京：中國人民大學出版社，2007年，第390頁。

〔註101〕康有爲：《春秋筆削大義微言考》，姜義華、張榮華編校：《康有爲全集》第6集，北京：中國人民大學出版社，2007年，第68頁。

〔註102〕康有爲：《春秋筆削大義微言考》，姜義華、張榮華編校：《康有爲全集》第6集，北京：中國人民大學出版社，2007年，第71頁。

〔註103〕康有爲：《春秋筆削大義微言考》，姜義華、張榮華編校：《康有爲全集》第6集，北京：中國人民大學出版社，2007年，第67～68頁。

〔註104〕康有爲：《春秋筆削大義微言考》，姜義華、張榮華編校：《康有爲全集》第6集，北京：中國人民大學出版社，2007年，第4頁。

千年，瞀焉惟篤守據亂世之法以治天下。……嗚呼！使我大地先開化之中國，五萬萬神明之種族，蒙然茶然，耗矣衰落，守舊不進，等詒野蠻，豈不哀哉！」〔註105〕康有爲眞誠希望通過儒學變通，使中國走向升平、太平之世。

要實現大同，康有爲認爲要破夷夏大防，泯除外夷、諸夏之間的鴻溝。他說：「孔子設三世之義，太平則遠近大小若一，有據亂至升平，夷狄當進之。」〔註106〕認爲只有實現國內民族平等，消除夷夏觀念，才可眞正實現大同。

四、構建「文明」，贊成「進化」

在《春秋筆削大義微言考》中，「文明」先後出現 113 次，凸現擺脫野蠻狀態，隨處可見康有爲對文明的議論。同時，康有爲又認爲只有進入「太平世」，「文明」才可實現：「太平之世，並進文明，遠近大小如一，故夷狄野蠻皆已進化，用文明之爵號。」〔註107〕當「野蠻既全並於文明，則太平而大同矣」〔註108〕。因而，「文明教化乃是公共進化所關，一亂則不可復」〔註109〕。康有爲明確認識到人類在不同的歷史發展階段上會有不同的文明程度表現，因而他用人類社會進步闡發《春秋》中的「張三世」，並引申爲進化理論。他說：「蓋人道進化以文明爲率，而孔子之道尤尚文明。《公羊》先師口說，與《論語》合符，既皆爲今文家之傳，又爲孔子親言，至可信也。」〔註110〕

康有爲建構文明的主要標誌是以孔子爲象徵，注重「人道文明」。如：

「孔子言夷狄，非論其地，非論其人，惟在其德，文明者進之，野蠻者則推之。」〔註111〕

〔註105〕康有爲：《春秋筆削大義微言考》，姜義華、張榮華編校：《康有爲全集》第 6 集，北京：中國人民大學出版社，2007 年，第 4 頁。

〔註106〕康有爲：《春秋筆削大義微言考》，姜義華、張榮華編校：《康有爲全集》第 6 集，北京：中國人民大學出版社，2007 年，第 82 頁。

〔註107〕康有爲：《春秋筆削大義微言考》，姜義華、張榮華編校：《康有爲全集》第 6 集，北京：中國人民大學出版社，2007 年，第 261 頁。

〔註108〕康有爲：《孟子微》，姜義華、張榮華編校：《康有爲全集》第 5 集，北京：中國人民大學出版社，2007 年，第 496 頁。

〔註109〕康有爲：《論語注》，姜義華、張榮華編校：《康有爲全集》第 6 集，北京：中國人民大學出版社，2007 年，第 492 頁。

〔註110〕康有爲：《論語注》，姜義華、張榮華編校：《康有爲全集》第 6 集，北京：中國人民大學出版社，2007 年，第 446 頁。

〔註111〕康有爲：《春秋筆削大義微言考》，姜義華、張榮華編校：《康有爲全集》第 6 集，北京：中國人民大學出版社，2007 年，第 116 頁。

「孔子貴進化而惡退化，以野蠻主文明是退化也，孔子所不許。……中國而能文明也，則可主中國；中國而野蠻也，則亦不可主中國。故孔子至公者也。……野蠻而稍有文明者，則孔子進之。」〔註112〕「已爲文明，則孔子亦從而善之。」〔註113〕

「蓋孔子之貴中國者，貴其禮義也，貴其文明也；不欲無禮義人之犯有禮義人，不欲野蠻人之犯文明人；然後人道益以進化。……孔子不許夷狄敗中國，獲中國也。」〔註114〕

「不知尊先聖法度之罪，貶爲夷狄。凡文明者，必愛文明；先聖法度者，文明之至也。」〔註115〕

「孔子所以重中國者，謂先王禮樂、文章、政治之所存，人道之文明也。」〔註116〕

康有爲對中國文明的探索涉及社會風尚，宗教信仰等。如云：「摩西《舊約》獻羔，亦以人爲祭。此以臨國君主爲祭牲，尤無道；孔子書此惡之，此風乃革。」〔註117〕

「孔子之祭，止乎郊、社、山、川、先祖五祀，餘皆淫祀也。……乃知孔子掃諸淫祀之功也。」〔註118〕

針對中國所遭遇的西方侵略，康有爲還以「文明」爲評價標尺，指出所謂的「文明國」未必文明，將「文明國」與「野蠻國」視爲相對的概念。他說：

〔註112〕康有爲：《春秋筆削大義微言考》，姜義華、張榮華編校：《康有爲全集》第6集，北京：中國人民大學出版社，2007年，第268頁。

〔註113〕康有爲：《春秋筆削大義微言考》，姜義華、張榮華編校：《康有爲全集》第6集，北京：中國人民大學出版社，2007年，第63頁。

〔註114〕康有爲：《春秋筆削大義微言考》，姜義華、張榮華編校：《康有爲全集》第6集，北京：中國人民大學出版社，2007年，第63頁。

〔註115〕康有爲：《春秋筆削大義微言考》，姜義華、張榮華編校：《康有爲全集》第6集，北京：中國人民大學出版社，2007年，第150頁。

〔註116〕康有爲：《春秋筆削大義微言考》，姜義華、張榮華編校：《康有爲全集》第6集，北京：中國人民大學出版社，2007年，第221頁。

〔註117〕康有爲：《春秋筆削大義微言考》，姜義華、張榮華編校：《康有爲全集》第6集，北京：中國人民大學出版社，2007年，第119頁。

〔註118〕康有爲：《春秋筆削大義微言考》，姜義華、張榮華編校：《康有爲全集》第6集，北京：中國人民大學出版社，2007年，第135頁。

「夷狄進於中國則中國之。文明即為中國。野蠻即為夷狄。」〔註119〕

「以文明國滅文明國，雖無道而文明無損也；若文明國從野蠻以滅文明國，則胥天下而為野蠻，而文明掃地、人道退化矣。」〔註120〕

「凡師兵入國，多掠人妻、居人室，此野蠻莫甚之行，而號稱文明之國者多行之。英、美、法、俄、日、意、奧八國之師入順天猶然，俄、法、德最甚，此亦還為野蠻者矣。」〔註121〕

「蓋野蠻為文明之敵，從野蠻則文明滅絕，深可恐懼也。」〔註122〕「孔子言公，純乎公理者也。其行而文明也，則野蠻亦文明之；其復野蠻也，則野蠻之。故文明、野蠻無定地、無定人，惟行是視。凡師兵入國，多掠人妻、居人室，此野蠻莫甚之行，而號稱文明之國者多行之。英、美、德、法、俄、日、意、奧八國之師入順天猶然，俄、法、德最甚，此亦還為野蠻者矣。」〔註123〕

「蓋野蠻為文明之敵，以野蠻擾文明，明當君臣俱治罪也。」〔註124〕

「野蠻多好利，文明多好名；野人多好利，君子多好名。」〔註125〕

既然「文明國」往往有野蠻的行為，「文明」的含義究竟是什麼。康有為在《物質救國論》（1904年）中對「文明」有如下特別的解釋：「故夫文明者，就外形而觀之，非就內心而論之。以吾所遊大地幾遍，風俗之至仁厚者，應以印度為冠焉。……可由是推之，鄙僻之區多道德，而文明之地道德反衰。蓋巧智之人，多外觀而少內德也，比比矣。……如以道德論文明也，則吾斷謂印度之文明，為萬國第一也。……然則所謂富強者，則誠富強矣，若所謂

〔註119〕康有為：《春秋筆削大義微言考》，姜義華、張榮華編校：《康有為全集》第6集，北京：中國人民大學出版社，2007年，第178頁。

〔註120〕康有為：《春秋筆削大義微言考》，姜義華、張榮華編校：《康有為全集》第6集，北京：中國人民大學出版社，2007年，第221頁。

〔註121〕康有為：《春秋筆削大義微言考》，姜義華、張榮華編校：《康有為全集》第6集，北京：中國人民大學出版社，2007年，第283頁。

〔註122〕康有為：《春秋筆削大義微言考》，姜義華、張榮華編校：《康有為全集》第6集，北京：中國人民大學出版社，2007年，第300頁。

〔註123〕康有為：《春秋筆削大義微言考》，姜義華、張榮華編校：《康有為全集》第6集，北京：中國人民大學出版社，2007年，第283頁。

〔註124〕康有為：《春秋筆削大義微言考》，姜義華、張榮華編校：《康有為全集》第6集，北京：中國人民大學出版社，2007年，第129頁。

〔註125〕康有為：《春秋筆削大義微言考》，姜義華、張榮華編校：《康有為全集》第6集，北京：中國人民大學出版社，2007年，第139頁。

道德教化乎，則吾未之知也。是其所謂文明者，人觀其外之物質而文明之耳；若以道德風俗言之，則忠信已澆，德性已漓，何文明之云？故以歐美人與中國相比較，如以物質論文明，則誠勝中國矣。⋯⋯若以道德論之，則謂中國勝於歐美人可也。」〔註126〕

　　爲使孔子升平、太平之理不墜於地，康有爲引入近代西方社會制度，以進化思想來增加社會文明程度的表述。在《春秋筆削大義微言考》結尾部分，他解釋爲：「人間之正道在於文明、平等、自立、仁也、公理，都是撥亂反正之法。」〔註127〕爲發揮《春秋》經世致用，挽救國家興亡，康有爲直接面對社會，託古改制，主張變法圖存，期望改變政治社會，使之達到理想境界。

第三節　思想特點

　　康有爲的「春秋筆法」研究，主要體現在其《春秋筆削大義微言考》中。《春秋筆削大義微言考》完成於1901年，作爲《萬木草堂叢書》的一種，最早刊行於1917年。因「後世不通孔子大道之原，自隘其道，自私爲我，⋯⋯尚託於孔子之道，誣孔子哉！孔子之道衰，自大義不明始也。」〔註128〕於是，康有爲對《春秋》的解讀「重義而不重事文」〔註129〕，重視「大義」而非「大事」。在與現實緊密聯繫的基礎上，表明了康有爲強調對「大義」的充分闡發和挖掘，認爲「孔子於經權常變」〔註130〕，反對依靠文字訓詁繁瑣考證方式來闡釋《春秋》「大義」。康有爲將《春秋》所述史實皆比作「幻影」，孔子「舉影以見實」〔註131〕，把學術與經世、挽救民族危機密切聯繫起來，形成了公羊學發展史上的最後一次高潮。

〔註126〕康有爲：《物質救國論》，姜義華、張榮華編校：《康有爲全集》第8集，北京：中國人民大學出版社，2007年，第66～67頁。

〔註127〕康有爲：《春秋筆削大義微言考》，姜義華、張榮華編校：《康有爲全集》第6集，北京：中國人民大學出版社，2007年，第310頁。

〔註128〕康有爲：《春秋筆削大義微言考》，姜義華、張榮華編校：《康有爲全集》第6集，北京：中國人民大學出版社，2007年，第389頁。

〔註129〕康有爲：《春秋筆削大義微言考》，姜義華、張榮華編校：《康有爲全集》第6集，北京：中國人民大學出版社，2007年，第256頁。

〔註130〕康有爲：《春秋筆削大義微言考》，姜義華、張榮華編校：《康有爲全集》第6集，北京：中國人民大學出版社，2007年，第134頁。

〔註131〕康有爲：《春秋筆削大義微言考》，姜義華、張榮華編校：《康有爲全集》第6集，北京：中國人民大學出版社，2007年，第233頁。

、

一、調和「口傳」諸家

口傳大義是《春秋》「微言大義」重要部分。康有爲說:「《春秋》既改制度,戮當時大人,自不能容於世,故以微文見義,別詳口述,而竹帛不著。」〔註132〕《春秋董氏學》奉董爲口傳孔子大義微言的權威,對《公羊傳》《穀梁傳》和何休注都有所貶抑。但是在《春秋筆削大義微言考》中,康有爲則將董仲舒與《公》《穀》、何及劉向相併列。他說:「漢世去孔子不遠,用《春秋》之義以撥亂改制,惟董子開之。凡漢世學官師師所傳,惟公、穀二家,實皆孔門弟子、後學口說。然則求《春秋》之義於公、穀、董、何及劉向之說,其不謬乎?……據今二家口說所存者,雖撥什一於千百,微言大義,粲然具在,浩然閎深,雖其指數千,不盡可窺。然綜其措歸,亦庶幾得其門而入焉。」〔註133〕接著康有爲認爲,通過《公》、《穀》二家已可得入《春秋》之門,說:「今《公羊》、《穀梁》二傳猶在,則孔子《春秋》之口授大義在《公》《穀》二傳,至可信據矣。故學《春秋》者,當知《公》《穀》爲口傳孔子《春秋》義之書。」〔註134〕由此,董子的地位不再像《春秋董氏學》的那樣高,但仍然重要。

《春秋筆削大義微言考》強調包括董氏學在內的口傳諸家之同,以及在異中有同、同中有異的基礎之上的孔子口說的全貌。康有爲說:「《春秋》一文多含數義,弟子各述所聞,正以互引而備,不必以其互異而攻,此爲讀《春秋》最要法。惜何君尙未悟此,以篤守家法而作《穀梁廢疾》,同室操戈,致來僞《左》之外侮歟!」〔註135〕

康有爲強調,傳承《春秋》口說的諸家各有特點和所長,應互相補充,以整合出一個「孔子口傳」的大局和全貌。他說:「試捨一萬六千四百四十六字之史文,徒摘《公》《穀》之口傳大義,則無一不同,特附史文,時有異同耳。此猶同記要言而各編電報字碼,字碼雖異,而要言無殊也。一部《春秋》之義,可以此通之。……何君墨守《公羊》,而攻《穀梁》爲廢疾;蓋猶未明

〔註132〕康有爲:《教學通義》,姜義華、張榮華編校:《康有爲全集》第1集,北京:中國人民大學出版社,2007年,第39頁。

〔註133〕康有爲:《春秋筆削大義微言考》,姜義華、張榮華編校:《康有爲全集》第6集,北京:中國人民大學出版社,2007年,第3頁。

〔註134〕康有爲:《春秋筆削大義微言考》,姜義華、張榮華編校:《康有爲全集》第6集,北京:中國人民大學出版社,2007年,第5~6頁。

〔註135〕康有爲:《春秋筆削大義微言考》,姜義華、張榮華編校:《康有爲全集》第6集,北京:中國人民大學出版社,2007年,第64頁。

密碼之故，泥守所傳之電碼以為真傳，而不知《穀梁》所傳之電碼亦是真傳也。遂使劉歆、賈逵緣隙奮筆，以《公》、《穀》一家而鷸蚌相持，遂致偽《左》為漁人得利。豈非先師墨守太過，敗績失據哉！今學《春秋》者，第一最要，當知孔子《春秋》義雖為一書，而分條繫於史文中，各家條繫時有異同，其繫事文無關宏旨，惟傳大義同一發明。」〔註136〕

二、開拓世界視野

因康有為對西方文化比較瞭解，他的《春秋》三世說也與西學影響有關，尤其是受到嚴復所譯《天演論》的影響〔註137〕。在《春秋筆削大義微言考》中，康有為往往在注解中引入西方著名歷史人物、歷史事件、社會風俗、制度闡釋自己的觀點。引用歷史人物，如：

「拿破崙不知此義，遂以親征而敗亡，可鑒也。」〔註138〕

「今巴西王廢居葡，拿破崙第三被德人所擒，而葡人、德人待以王禮；南非洲阿國民主到法，而法民主尚以總統禮待之是也。」〔註139〕

「英國民之弒攄理第一，法國民之殺路易十六，於是歐洲大革命逐其王，國民大倡立憲，開國會行之。」〔註140〕

引用歷史事件，如：

「今歐美諸國，數有盟會，自行萬國公法，而不同公法者則外之，彼亦所謂『內諸夏而外夷狄』也。歐美各國，於萬國交際皆考載詳謹，非所謂『外離會書』乎？雖德國諸小國，南美、澳洲諸國，貴人使者往來，亦考載纂詳，非所謂『小國有大夫』乎？非洲諸國王見於英、法、德、法、美之主，近者波國總統居汝牙滅於英而遊於法……」〔註141〕

〔註136〕康有為：《春秋筆削大義微言考》，姜義華、張榮華編校：《康有為全集》第6集，北京：中國人民大學出版社，2007年，第6頁。

〔註137〕曾亦：《共和與君主——康有為晚期政治思想研究》，上海：上海人民出版社，2009年，第132頁。

〔註138〕康有為：《春秋筆削大義微言考》，姜義華、張榮華編校：《康有為全集》第6集，北京：中國人民大學出版社，2007年，第39頁。

〔註139〕康有為：《春秋筆削大義微言考》，姜義華、張榮華編校：《康有為全集》第6集，北京：中國人民大學出版社，2007年，第41頁。

〔註140〕康有為：《春秋筆削大義微言考》，姜義華、張榮華編校：《康有為全集》第6集，北京：中國人民大學出版社，2007年，第164頁。

〔註141〕康有為：《春秋筆削大義微言考》，姜義華、張榮華編校：《康有為全集》第6集，北京：中國人民大學出版社，2007年，第17頁。

「今者開闢草昧之地甚多，若澳、非兩洲，猶能用田獵之制，則聖人之法固甚遠也。今歐美人尚好獵，亦人性然，且曠地多也。」〔註142〕

「德人破法師丹，圍巴黎，法人舉國拒之。而庚子八國圍京，各督撫乃別結和約，安視不救。此經之罪人也。」〔註143〕

「近世若俄攻土耳其而英、法救之，不畏其強，亦可謂義矣。」〔註144〕

引用社會風俗、制度，如：

「希臘、羅馬，皆以世族爲政；至今德、法、英世爵尚甚尊，故民權雖開、民主已立，而世爵尚不能廢，至委曲特立一上議院以待之；印度之刹利，世爲王及官，而首陀永爲賤役；若夫埃及，至今尚世族爲政，而平民無爲官者，更無爲政之想；暹羅亦皆王族，各大臣之子弟分爲官庶，民亦無爲吏者；即日本向來王朝公卿、諸藩封建，皆以世族，皆略與春秋時同。」〔註145〕

「今歐洲諸國，王女亦必適王子，亦人之同情也。」〔註146〕

「非洲各國，多不能舉其名，但舉非洲以統之，不若波斯、突厥之能舉其國，故爲最賤也。至波斯、突厥之舉國，又不若言英、德、法之君臣，或舉其名氏。」〔註147〕

康有爲把西方歷史人物、歷史事件、社會風俗、制度的引入公羊學，說明一切史蹟、事物都不能拘泥，其實都是他進一步發揮了董仲舒、何休即清代公羊家的「託文見義」之法。從而使中西社會發展有了對比參照，增加了康有爲「三世」說的證據，增強了按照康有爲意圖改造的論證力。

〔註142〕康有爲：《春秋筆削大義微言考》，姜義華、張榮華編校：《康有爲全集》第6集，北京：中國人民大學出版社，2007年，第38頁。

〔註143〕康有爲：《春秋筆削大義微言考》，姜義華、張榮華編校：《康有爲全集》第6集，北京：中國人民大學出版社，2007年，第45頁。

〔註144〕康有爲：《春秋筆削大義微言考》，姜義華、張榮華編校：《康有爲全集》第6集，北京：中國人民大學出版社，2007年，第61頁。

〔註145〕康有爲：《春秋筆削大義微言考》，姜義華、張榮華編校：《康有爲全集》第6集，北京：中國人民大學出版社，2007年，第57頁。

〔註146〕康有爲：《春秋筆削大義微言考》，姜義華、張榮華編校：《康有爲全集》第6集，北京：中國人民大學出版社，2007年，第88頁。

〔註147〕康有爲：《春秋筆削大義微言考》，姜義華、張榮華編校：《康有爲全集》第6集，北京：中國人民大學出版社，2007年，第71頁。

三、應用「三世」學說

　　《春秋筆削大義微言考》基於對「三世說」闡釋，康有爲以此解釋當時世界局勢，將「三世說」拓展爲評價時勢的一種尺度，在不同領域分辨了據亂、升平、太平之義。根據現實時勢，康有爲認爲中國應該實行君主立憲制。

　　康有爲強調進化不可躐等而進，需要朝著大同世漸進。如他說：

　　「故《禮運》大同之法，曰『天下爲公，選賢與能』……不能遽行此制。此據亂也，先譏大夫之世；及升平世，刺諸侯之世；至太平之世，貶天子之世；亦以漸而進也。」〔註148〕

　　「明當先正京師，乃正諸夏；諸夏正，乃正夷狄，以漸治之。……世雖升平，未能太平，故未能遠近如一，以進化有漸，不能驟進也。」〔註149〕

　　「三世」之間存在需依次而進、不可隨意逾越的次序：「蓋今日由小康而大同，由君主而民主，正當過渡之世，孔子所謂升平之世也，萬無一躍超飛之理。凡君主專制、立憲、民主三法，必當一一循序行之；若紊其序，則必大亂，法國其已然者矣。」〔註150〕

　　康有爲還將「三世說」作爲道德尺度。如他對王權評價爲：「亂世之法，人王總攬事權；升平之世，人主垂拱無爲；太平之世，一切平等，貶及天子，無王可言。」〔註151〕

　　對官制評價爲：「據亂，先譏大夫之世；升平，刺諸侯之世；太平，貶天子之世。」〔註152〕「貢者，亂世之法；助者，升平之法；徹者，太平之法。」〔註153〕

〔註148〕康有爲：《春秋筆削大義微言考》，姜義華、張榮華編校：《康有爲全集》第6集，北京：中國人民大學出版社，2007年，第21頁。

〔註149〕康有爲：《春秋筆削大義微言考》，姜義華、張榮華編校：《康有爲全集》第6集，北京：中國人民大學出版社，2007年，第205頁。

〔註150〕康有爲：《春秋筆削大義微言考》，姜義華、張榮華編校：《康有爲全集》第6集，北京：中國人民大學出版社，2007年，第314頁。

〔註151〕康有爲：《春秋筆削大義微言考》，姜義華、張榮華編校：《康有爲全集》第6集，北京：中國人民大學出版社，2007年，第15頁。

〔註152〕康有爲：《春秋筆削大義微言考》，姜義華、張榮華編校：《康有爲全集》第6集，北京：中國人民大學出版社，2007年，第21頁。

〔註153〕康有爲：《春秋筆削大義微言考》，姜義華、張榮華編校：《康有爲全集》第6集，北京：中國人民大學出版社，2007年，第183～184頁。

對產業評價爲：「據亂世爲大農之世；升平世爲大工之世；太平世爲大商之世。」〔註154〕

對種族評價爲：「據亂世爲愛種族之世，升平爲爭種族合種族之世，太平則一切大同，種族不分，無種族可言，而義不必立。」〔註155〕

對男女地位評價爲：「據亂世，男女有別，以明婦禮，一夫數妻之制行之最久；升平世，人皆有教，女亦有權，必一夫一妻相平；太平世，則教化純美，人人獨立，可不必爲男女大別。」〔註156〕

康有爲用「三世」說來解釋當時的世界局勢，評價時勢。如他說：

「近者各國行立憲法，以大夫專政，而反爲升平之美政者，以立憲之大夫出自公舉，得選賢與能之義，非世襲而命之君也。」〔註157〕

「夫美之不能遽行無君、均產，猶中國之未可行革命、民主也。歐洲須由立憲君主，乃可漸致立憲民主；中國則由君主專制，必須歷立憲君主，乃可至革命民主也。自夏徂冬者，必歷秋之涼和，乃可由盛暑而至嚴冬，豈有一日能成者哉！」〔註158〕

康有爲極大發揮公羊學議政的特點，推演、闡釋公羊「三世」說，在《春秋筆削大義微言考》中基本沿襲了「小康是升平世」「大同是太平世」提法，與《禮運》的小康、大同思想融合，與西方近代國家學說、民主思想貫通，但依然是以「據亂、升平、太平」三分的原則爲主流，雖有「平世」「亂世」的提及，也只是彰明世道的治亂。由此，康有爲拓展與推演傳統的「三世說」，並應運到「君主立憲」政治學說。正如汪榮祖先生所言：「康有爲對公羊學的發展也許不能稱爲原創性的貢獻，但是他擁抱公羊學詮釋傳統，因其最明《春秋》三世改制之義，足資以改造中國，建築烏托邦之用。」〔註159〕

〔註154〕康有爲：《春秋筆削大義微言考》，姜義華、張榮華編校：《康有爲全集》第6集，北京：中國人民大學出版社，2007年，第37頁。

〔註155〕康有爲：《春秋筆削大義微言考》，姜義華、張榮華編校：《康有爲全集》第6集，北京：中國人民大學出版社，2007年，第67～68頁。

〔註156〕康有爲：《春秋筆削大義微言考》，姜義華、張榮華編校：《康有爲全集》第6集，北京：中國人民大學出版社，2007年，第59、78頁。

〔註157〕康有爲：《春秋筆削大義微言考》，姜義華、張榮華編校：《康有爲全集》第6集，北京：中國人民大學出版社，2007年，第225頁。

〔註158〕康有爲：《春秋筆削大義微言考》，姜義華、張榮華編校：《康有爲全集》第6集，北京：中國人民大學出版社，2007年，第325頁。

〔註159〕汪榮祖：《康有爲論》，北京：中華書局，2006年，第49頁。

第二章　康有爲的《春秋董氏學》

第一節　研究背景

歷代學者對《春秋》經義的研究與發揮，構成了中國《春秋》學的發展歷程，他們在吸收已有思想的基礎上，根據自身所處時代，分別對《春秋》作出了不同的闡釋。漢儒董仲舒所著《春秋繁露》既是一部《春秋》學乃至經學名作，也是康有爲《春秋》學的主要研究對象。董仲舒是漢代公羊春秋學的宗師，公羊春秋學的承傳大多出於董仲舒。對於其《春秋繁露》在經學史上的地位，清儒皮錫瑞評價爲：「漢人之解說春秋者，無有古於是書，而廣大精微，比伏生大傳、韓詩外傳尤爲切要。」〔註1〕《春秋繁露》較早地提出了許多經學史上的著名命題，特點是運用「天人感應」「災異譴告」等理論，來闡釋其政治主張，通過對《春秋》所記載的歷史事件進行解說，來闡述其中所蘊含的政治思想，並「深察名號」，以名號和辭旨來宣揚公羊學中所體現的「微言大義」。可見康有爲《春秋》學研究有其獨特的價值。

一、董仲舒與《春秋繁露》的產生

六經之中，《春秋》經過孔子筆削，文字至爲簡要，後儒認爲「微言而有大義」。因時代背景的局限，受教弟子賢愚的差等，以及再傳三傳的關係，使得《春秋》內涵和旨意形成多家傳授派別，其中最爲著名的是公、穀、左三家，後人習稱《春秋》三傳。

〔註 1〕皮錫瑞：《經學通論》，北京：中華書局，1954 年，第 5 頁。

　　董仲舒，西漢廣川（今河北景縣）人，約公元前 198 年出生，卒於公元前 106 年〔註2〕，西漢著名的公羊學經師，也是著名的思想家。他主要生活於漢武帝時期。這一時期是西漢王朝的鼎盛期，政治上趨於穩定，經濟上日益繁榮。因武帝廣開獻書之路，使大批秘藏的典籍得以再現，大批學者得以入重迴學術領域，文化上也出現了繁榮的局面。董仲舒「少治《春秋》，孝景帝時爲博士」〔註3〕。武帝元光元年（公元前 134 年）的舉孝廉中，董仲舒因獻上自己的「天人三策」，得到武帝欣賞，被任命爲江都王相，步入仕途。董仲舒爲人廉直，因言「災異」之論獲罪，後徙膠西王相而處「危境」，其後「仲舒恐久獲罪，病免」〔註4〕。

　　此後，董仲舒「居家至卒，終不置產業，以修學著書爲事」〔註5〕。武帝看重董仲舒的學術威望與政治經驗，時常「仲舒在家，朝廷如有大議，使使者及廷尉張湯就其家而問之，其對皆有明法」〔註6〕。董仲舒成爲朝廷的政治顧問，諮詢的範圍包括鹽鐵專賣、郊祭大典、對匈奴政策、賑災、司法決獄等重大國事。董仲舒所回覆的意見內容大多是貫穿儒家的學術主張，特別是他提出罷黜百家、獨尊儒術等建議被武帝採納，儒學開始走上獨尊之路。

　　董仲舒的思想體系複雜，內容繁多。少年董仲舒便開始研治《春秋》以及陰陽五行學說，主要體現在他對孔子地位及思想的升格與神話，把孔子提高到「素王」的高度，強調孔子作《春秋》的歷史功績。《春秋》在董仲舒看來並不是單純的史事記錄，而是孔子的一部治國大綱，無所不包，神秘高遠。司馬遷在《太史公自序》談到董仲舒對孔子作《春秋》的認識：

　　「周道衰廢，孔子爲魯司寇，諸侯害之，大夫壅之。孔子知言之不用，道之不行也，是非二百四十二年之中，以爲天下儀表，貶天子，退諸侯，討大夫，以達王事而已矣。子曰：『我欲載之空言，不如見之於行事之深切著明也。』夫《春秋》，上明三王之道，下辨人事之紀，別嫌疑，明是非，定猶豫，善善惡惡，賢賢賤不肖，存亡國，繼絕世，補敝起廢，王道之大者也。」〔註7〕

〔註2〕周桂鈿：《董學探微》，北京，北京師範大學出版社，1989年，第1～9頁。
〔註3〕〔漢〕班固：《漢書》，杭州：浙江古籍出版社，2000年，第792頁。
〔註4〕〔漢〕班固：《漢書》，杭州：浙江古籍出版社，2000年，第802頁。
〔註5〕〔漢〕司馬遷：《史記》，北京：中國文史出版社，2003年，第751頁。
〔註6〕〔漢〕班固：《漢書》，杭州：浙江古籍出版社，2000年，第802頁。
〔註7〕〔漢〕司馬遷：《史記》，北京：中國文史出版社，2003年，第808頁。

孔子抱著自己的學說思想仕魯，適齊，赴楚，居衛，最終還是沒有施展的機會，晚年「修《易》，序《書》，制作《春秋》，以紀帝王之道」〔註8〕。對於治理國家而言，《春秋》是絕對必要的：「有國家者，不可不學《春秋》。不學《春秋》，則無以見前後旁側之危，則不知國之大柄、君之重任也。」〔註9〕《春秋繁露》是董仲舒以解說《春秋》爲宗旨的。《春秋繁露・俞序》曰：「仲尼之作《春秋》也，上探正天端王公之位，萬民之所欲，下明得失，起賢才以待後聖。故引史記理往事，正是非，序王公。史記十二公之間，皆衰世之事，故門人惑。孔子曰：『吾因其行事，而加乎王心焉。以爲見之空言，不如行事博深切明。』」〔註10〕

在董仲舒看來，《春秋》是孔子爲後來繼周的統治者設想的政治藍圖，他說：「《春秋》論十二世之事，人道浹而王道備。」（《春秋繁露・玉杯》）按照這種理解，《春秋》完備地體現著人道和王道，《春秋》的每一條經文，都是孔子精心安排，蘊含著孔子的政治理念，包含著治理國家所需要的一切理論準則。故「《春秋》作新王之事，變周之制……故孔子立新王之道。」〔註11〕正是在「吾因行事，加吾王心焉，假其位號以正人倫」（《春秋繁露・俞序》）的思考下，董仲舒從《春秋》中，解讀出各種「微言大義」以迎合漢代統治者的需要。由於董仲舒對《春秋》地獨特闡釋，在很大程度上改變了孔子思想原貌，也成爲以後讖緯學說氾濫的源頭。

二、歷代對《春秋繁露》研究與認識的沉浮

《春秋繁露》承孔子《春秋》大義，對中國大一統觀念形成，確立穩固的君主制度有不可磨滅的功勞。然而東漢之後，古文經興起，公羊學再也沒有受到經學界的重視，《春秋繁露》一書流傳也因此受限，流傳的版本十分複雜，內容比較凌亂，致使《玉杯》《竹林》《聞舉》等篇幅與《春秋繁露》成爲附屬關係，因而，學術其影響有限。所以，在今天看來，《春秋繁露》本身並不像一部完整體系的著作，內容十分複雜，既有微言大義之探討，也有天人關係之論述，更有祭祀、求雨等儀式之記錄等。

〔註8〕 〔東漢〕班固撰，顏師古注：《漢書》，北京：中華書局，1962年，第1968頁。
〔註9〕 〔漢〕董仲舒：《春秋繁露》，北京：中華書局，1975年，341頁。
〔註10〕 〔漢〕董仲舒：《春秋繁露》，北京：中華書局，1975年，341頁。
〔註11〕 康有爲：《春秋筆削大義微言考》，姜義華、張榮華編校：《康有爲全集》第6集，北京：中國人民大學出版社，2007年，第11頁。

正因爲如此，歷代學者都曾質疑《春秋繁露》的眞僞，其中以宋代爲最，以致「是書久不誦於學官，闕奪百出，如臨絕壑崩崖」〔註 12〕。宋代首先是《崇文總目》對《春秋繁露》發難，認爲：「案此書盡八十二篇，義引宏博，非出近世，然其間篇第亡舛，無以是正，又即用《玉杯》、《竹林》題篇，疑後人取而附著云。」〔註 13〕南宋程大昌除懷疑篇目外，更從內容上進一步否定說：「班固記其說《春秋》凡數十篇，《玉杯》、《繁露》、《清明》、《竹林》各爲之名，似非一書。而今董某進本，通以《繁露》冠書，而《玉杯》、《清明》、《竹林》特各居其篇卷之一，愈益可疑。」〔註 14〕即便是清代的《四庫全書》，也認爲《春秋繁露》「雖頗本《春秋》以立論，而無關經義者多，實《尙書大傳》、《詩外傳》之類。向來立之經解中，非其實也，今也置之於附錄」。〔註 15〕幸運的是，此時學界已逐漸開始關注「董氏學」。今文經學家對董仲舒、何休的學術思想大加闡釋作爲復興今文經學的手段。董氏學重新受到重視，散發光彩，成爲顯學，並帶動著今文經學地位的提升。清人對《春秋繁露》整理和和注釋，較有成效者是盧文弨和凌曙。盧文弨據四庫本重校，間下案釋，是爲報經堂本，被梁啓超認爲是當時最善本〔註 16〕。凌曙的《春秋繁露注》（十七卷）是清代首次以專注本的形式出現，對《春秋繁露》的整理和注釋較有成效。董天工的《春秋繁露箋注》，採用隨文注疏方式對《春秋繁露》文句進行疏通。魏源的《董子春秋發微》七卷專論董仲舒的春秋學，認爲《春秋繁露》就是爲了發揮公羊學的「微言大義」。俞樾從文字、音韻、訓詁的角度來展開對《春秋繁露》的研究，不以挖取書中的「微言大義」爲要務。龔自珍的思想也深受「董氏學」的影響，認爲《春秋》不單單是史書和經典，而是有重要的實用價值，爲此，他寫下了《春秋決事比答問》《春秋決事比問》。在他看來，《春秋》與社會生活密切相關，是圍繞著人類社會的基本價值觀及其評判展開。劉逢錄在《春秋公羊何氏釋例》中稱：「胡毋生雖

〔註 12〕 康有爲：《春秋董氏學》，姜義華、張榮華編校：《康有爲全集》第 2 集，北京：中國人民大學出版社，2007 年，第 307 頁。

〔註 13〕 袁長江編：《董仲舒集》，北京：學苑出版社，2003 年，第 447 頁。

〔註 14〕 袁長江編：《董仲舒集》，北京：學苑出版社，2003 年，第 451 頁。

〔註 15〕 紀昀：《四庫全書總目提要》（第一冊），石家莊：河北人民出版社，2000 年，第 776 頁。

〔註 16〕 梁啓超：《清代學者整理舊學之總成績》，北京：中華書局，1975 年，第 607 頁。

著條例而弟子遂者絕少，故其名不及董生，而其書之顯也不及繁露。」〔註17〕蘇輿的《春秋繁露義證》，認爲「《春秋》爲立義之書，非改制之書」〔註18〕。在蘇輿看來，只有強化舊制度，社會才能安定繁榮。古文經學家劉師培也充分肯定董仲舒在漢代思想和學術上的重要地位，注重從學術角度來重視董仲舒「微言大義」，考察漢儒經學的功用情況。對董仲舒運用「天人感應，災異譴告」的理論來闡釋政治主張，並通過「深察名號」宣揚「微言大義」的解經方法，常州今文經學派多有繼承和發展，特別是莊存與與劉逢祿，這對清代今文經學復興意義不可小覷，對康有爲均有間接的影響和啓發。

三、《春秋董氏學》的寫作

康有爲學術思想較爲複雜，古文經、今文經、程朱理學、陸王新學、佛學都有涉及。康有爲時常張大孔子、《春秋》的價值，加強了對孔子、《春秋》等範疇的闡釋。在《桂學答問》中，康有爲指出：

「諸經皆出於周公，惟《春秋》獨爲孔子之作，欲窺孔子者，必於《春秋》。《春秋》者，孔子感亂賊，酌周禮，據策書，明制作，立王道，筆則筆，削則削，所謂微言大義於是乎在。……且尊孔子爲先王。《淮南子》：殷繼夏，周繼殷，《春秋》繼周，三代之禮不同。直以孔子爲一代矣。故自周、漢之間，無不以《春秋》爲孔子改制之書。」〔註19〕

此時，康有爲雖未擺脫古文經的影響，但已有孔子藉《春秋》改制的思想萌芽，如他說：「《春秋》微言大義，多在《公羊》。」〔註20〕認爲通公羊學即是通《春秋》門徑。康有爲評價董仲舒爲漢世第一純儒，認爲「孔子之文，傳於仲舒」〔註21〕，首並倡「孔子改制，《春秋》當新王」之說〔註22〕。

〔註17〕 劉逢祿：《春秋公羊何氏釋例》，《清經解》第七冊，上海：上海書店，1988年，第370頁。

〔註18〕 蘇輿：《春秋繁露義證》，北京：中華書局，1992年，第112～113頁。

〔註19〕 康有爲：《桂學答問》，姜義華、張榮華編校：《康有爲全集》第2集，北京：中國人民大學出版社，2007年，第18頁。

〔註20〕 康有爲：《教學通義》，姜義華、張榮華編校：《康有爲全集》第1集，北京：中國人民大學出版社，2007年，第18頁。

〔註21〕 康有爲：《春秋董氏學》，姜義華、張榮華編校：《康有爲全集》第2集，北京：中國人民大學出版社，2007年，第307頁。

〔註22〕 康有爲：《桂學答問》，姜義華、張榮華編校：《康有爲全集》第2集，北京：中國人民大學出版社，2007年，第18頁。

　　1890 年，康有爲開始其講學活動，教學主旨是通過對春秋公羊學的講授來宣揚改制思想。因「董氏學」蘊含了孔子改制的精髓，能夠傳承孔子的「微言大義」，得到康有爲的極力推崇。康有爲在自編年譜中說明其《春秋董氏學》的編撰時間，自 1894 年開始，1896 年講學於萬木草堂續著，至 1897 年冬，由康廣仁在上海大同譯書局刻成〔註 23〕。在《春秋董氏學》中他認爲：

　　「道教何從？……統一於《春秋》，惟《公羊》詳素王改制之義，故《春秋》之傳在《公羊》也。」〔註 24〕

　　康有爲對《春秋繁露》的理解，即是要表明學習董子《春秋》學是學習孔子之道的唯一正確道路，董子盡傳孔子的微言大義。他說：

　　「孔子之道在六經，六經統一於《春秋》，《春秋》之義在《公羊》，而「欲學《公羊》者，捨董生安歸？」〔註 25〕

　　「欲通公羊者，讀何休注、董子之《春秋繁露》。」〔註 26〕

　　康有爲認爲《春秋》之微言不著於文字，董仲舒的《春秋繁露》保存了很大一部分公羊先師口口相傳的口說微言，因而藉董仲舒之書能夠更好的掌握公羊學之精髓〔註 27〕。董仲舒以《春秋》義對策，以《春秋》義決獄爲確立諷喻政治、干預政治的良好典範，康有爲借鑒於此，用以表達自己政治訴求。

　　康有爲《春秋董氏學》全書共 17 萬餘字，共八卷，除《自序》外，分別爲《春秋旨第一》《春秋例第二》《春秋禮第三》《春秋口說第四》《春秋改制第五》《春秋微言大義第六》（上下）《傳經表第七》《董子經口說第八》，各卷下共列 187 個小標題（另 12 個附題），加暗語 150 餘條。此書雖標明作者是康有爲，但爲集體所撰，在書中按語提及的有徐勤、王覺任、張伯楨等康門弟子。

　　《春秋董氏學》「打破了清代漢學的專經研究傳統。他以凌曙注本爲原典，撇開從文字音韻入手進行訓詁、考證、辨僞的慣例，直接從事『原典』

〔註 23〕康有爲：《我史》，北京：中國人民大學出版社，2011 年，第 58、66、70 頁。

〔註 24〕康有爲：《春秋董氏學》，姜義華、張榮華編校：《康有爲全集》第 2 集，北京：中國人民大學出版社，2007 年，第 307 頁。

〔註 25〕康有爲：《春秋董氏學》，姜義華、張榮華編校：《康有爲全集》第 2 集，北京：中國人民大學出版社，2007 年，第 307 頁。

〔註 26〕康有爲：《桂學答問》，姜義華、張榮華編校：《康有爲全集》第 2 集，北京：中國人民大學出版社，2007 年，第 18 頁。

〔註 27〕康有爲：《春秋董氏學》，姜義華、張榮華編校：《康有爲全集》第 2 集，北京：中國人民大學出版社，2007 年，第 356～364 頁。

詮釋」〔註 28〕朱維錚先生認爲康有爲在此書的編寫上所採用的方法是「反傳統的」，即「先行歸納，將《繁露》中闡述同類概念的句段摘抄合併，而後從中對概念或術語的含義進行演繹，推導出所中意的結論」〔註 29〕。在《春秋董氏學》中，康有爲力證董仲舒是接替孔子口說，把《春秋緯》中「亂我書者董仲舒」的「亂」解釋爲「理」〔註 30〕，由此得出結論，孔子改制思想是依靠董仲舒進一步發揮，才得以流傳和光大。

第二節　內容解析

《春秋》是記錄當時史事的書籍，更是具有神聖性質的儒家元典。康有爲對「董氏學」的研究有不斷深化過程，在早期講學中，認爲《春秋》是改制之書，大量涉及對董仲舒、《春秋繁露》的認識和評價，其目的是改變當時社會政治，建立一個近代化中國。康有爲在《春秋旨第一》與《春秋例第二》中張大素王改制、三世、王魯等概念的重要性，將之提升爲全書綱領性義例，凸顯改制變法精神，這是《春秋董氏學》學的理論基礎。《春秋董氏學》的出版，標誌著康有爲「董氏學」思想走向成熟。

一、匯通諸子，揚董學之緒

康有爲曾於光緒四年「竊謂言道當如莊、荀，言治當如管、韓」〔註 31〕，以致「日埋故紙堆中，汩其靈明……靜坐養心，……忽見天地萬物，皆我一體，大放光明。自以爲聖人則欣喜而笑；忽思蒼生困苦，則悶然而哭。」〔註 32〕此時，康有爲並未放棄儒學，他說：「大賢如孟、荀，爲孔門龍象，求得孔子立制之本。」〔註 33〕但是，康有爲的視野也擴展到大乘佛學、道學、墨學。光

〔註 28〕　朱維錚：《求索真文明——晚清學術史論》，上海：上海古籍出版社，1996 年，第 195 頁。

〔註 29〕　朱維錚：《求索真文明——晚清學術史論》，上海：上海古籍出版社，1996 年，第 195 頁。

〔註 30〕　康有爲：《春秋董氏學》，姜義華、張榮華編校：《康有爲全集》第 2 集，北京：中國人民大學出版社，2007 年，第 307 頁。

〔註 31〕　康有爲：《我史》，北京：中國人民大學出版社，2011 年，第 11 頁。

〔註 32〕　康有爲：《我史》，北京：中國人民大學出版社，2011 年，第 11 頁。

〔註 33〕　康有爲：《春秋董氏學》，姜義華、張榮華編校：《康有爲全集》第 2 集，北京：中國人民大學出版社，2007 年，第 307 頁。

緒五年，康有為「居白雲洞，專講道、佛之書，養神明，棄渣滓」。〔註34〕還將儒家的「仁」與老子「不仁」、墨子「兼愛」進行對比。如他在《春秋董氏學》中說：

「地載兼愛，以為王術。然則孔子本仁，最重兼愛，不得誚為墨道矣。」〔註35〕

「墨子之教，號稱『尚同』，而必施由，親始；佛教號稱『冤親平等』。眾生同道，而先度者自其父淨飯王、其妻耶輸夫人、其子羅雲。其弟子阿難終日說法，雖備人天，實為諸比丘。不獨漢祖功臣多出豐、沛，光武佐命，皆起南陽。杏壇教化，齊魯尤深，是天理之自然，孔子因其自然而設條理耳。」〔註36〕

「仁既不廣，將啓爭殺之禍，道更不善。墨道施由親始，已有差等。故以天為祖，立差等而行之，實聖人智通神明，仁至義盡也。」〔註37〕

「諸教皆有立教之根本。老子本以天地為不仁，以萬物為芻狗，此老子立教之根本。故列、楊傳清虛之學，則專以自私。申、韓傳刑名之學，則專以殘賊。其根本然也。孔子本天，以天為仁人，受命於天，取仁於天。凡天施、天時、天數、天道、天志，皆歸之於天。故《尸子》謂：『孔子貴仁。孔子立教宗旨在此，雖孟、荀未能發之，賴有董子，而孔子之道始著。』」〔註38〕

「《荀子》：性者，本始質樸也，即天質之樸也。偽者，文理隆盛，即王教之化也。故劉向謂：仲舒作書美荀卿也。然無其質，則王教不能化，乃孟子之說，則辨名雖殊，而要歸則一也。」〔註39〕

「《藝文志》譏后倉以士禮推於天子，不知孔子改制舉其大綱，其餘條目皆任弟子之推補，故孔門後學皆有推補之權。」〔註40〕

〔註34〕康有為：《我史》，北京：中國人民大學出版社，2011年，第12頁。

〔註35〕康有為：《春秋董氏學》，姜義華、張榮華編校：《康有為全集》第2集，北京：中國人民大學出版社，2007年，第402頁。

〔註36〕康有為：《春秋董氏學》，姜義華、張榮華編校：《康有為全集》第2集，北京：中國人民大學出版社，2007年，第312頁。

〔註37〕康有為：《春秋董氏學》，姜義華、張榮華編校：《康有為全集》第2集，北京：中國人民大學出版社，2007年，第375頁。

〔註38〕康有為：《春秋董氏學》，姜義華、張榮華編校：《康有為全集》第2集，北京：中國人民大學出版社，2007年，第375頁。

〔註39〕康有為：《春秋董氏學》，姜義華、張榮華編校：《康有為全集》第2集，北京：中國人民大學出版社，2007年，第386頁。

〔註40〕康有為：《春秋董氏學》，姜義華、張榮華編校：《康有為全集》第2集，北京：中國人民大學出版社，2007年，第329頁。

　　康有爲引用了前人讚揚董仲舒的話後〔註 41〕，又稱董仲舒是「傳師說最詳，其去先秦不遠，然則欲學《公羊》者，捨董生安歸？」〔註 42〕認爲董仲舒比孟子、荀子更爲光輝，《春秋繁露》較《大學》《中庸》也更具眞理。他說：「《繁露》之微言奧義不可得焉。董生道不高於孟、荀，何以得此？」〔註 43〕

　　康有爲認爲通過董仲舒可直承孔子大道，「孔子微言沒，而《春秋》不可通矣。尚賴有董子之說，得以明之。」〔註 44〕「若微董生，安從復窺孔子之大道哉！」〔註 45〕並不因爲董學有老學、西學成分。他說：

　　「董子此義實同老氏，而推陰陽之義應有此。蓋孔子道無不包，老氏則專題此義也。」〔註 46〕

　　「董子之於《春秋》例，亦如歐幾里得之於幾何也。」〔註 47〕

　　康有爲思想深受孔子、孟子和董仲舒等人影響的同時，也吸納了大量的佛學因素，其「主樂哲學深受佛教的浸染」〔註 48〕。他不止一次地說道：「佛學有三世。」〔註 49〕「孔子有三統、三世，儒與佛同。」〔註 50〕梁啓超言：「先

〔註 41〕 康有爲：《春秋董氏學》，姜義華、張榮華編校：《康有爲全集》第 2 集，北京：中國人民大學出版社，2007 年，第 307 頁。太史公曰：漢興，唯董生明於《春秋》，兩漢博士，公羊家嚴彭祖，顏安樂皆其後學。劉向稱董仲舒爲王者之佐，雖伊、呂無以加。即劉歆作僞，力攻《公羊》，亦稱爲群儒首。朱子論三代下人物，獨推董生爲醇儒。

〔註 42〕 康有爲：《春秋董氏學》，姜義華、張榮華編校：《康有爲全集》第 2 集，北京：中國人民大學出版社，2007 年，第 307 頁。

〔註 43〕 康有爲：《春秋董氏學》，姜義華、張榮華編校：《康有爲全集》第 2 集，北京：中國人民大學出版社，2007 年，第 307 頁。

〔註 44〕 康有爲：《春秋董氏學》，姜義華、張榮華編校：《康有爲全集》第 2 集，北京：中國人民大學出版社，2007 年，第 324 頁。

〔註 45〕 康有爲：《春秋董氏學》，姜義華、張榮華編校：《康有爲全集》第 2 集，北京：中國人民大學出版社，2007 年，第 307 頁。

〔註 46〕 康有爲：《春秋董氏學》，姜義華、張榮華編校：《康有爲全集》第 2 集，北京：中國人民大學出版社，2007 年，第 402 頁。

〔註 47〕 康有爲：《春秋董氏學》，姜義華、張榮華編校：《康有爲全集》第 2 集，北京：中國人民大學出版社，2007 年，第 323 頁。

〔註 48〕 魏義霞：《佛學：康有爲哲學思想的主要來源》，《哲學分析》2011 年第 2 期。

〔註 49〕 康有爲：《萬木草堂講義》，姜義華、張榮華編校：《康有爲全集》第 2 集，北京：中國人民大學出版社，2007 年，第 283 頁。

〔註 50〕 康有爲：《萬木草堂講義》，姜義華、張榮華編校：《康有爲全集》第 2 集，北京：中國人民大學出版社，2007 年，第 288 頁。

生於佛教，尤爲受用者也。」〔註51〕康有爲的佛學來自於王陽明的哲學，對佛教的不同派別予以取捨、選擇和內容轉換〔註52〕，最得力於禪宗，而以華嚴宗爲歸宿〔註53〕。在佛、儒相互比附中，指出「佛氏『三藏』但欲除煩惱，孔子『六經』但以除民患」，〔註54〕可見其最終未脫離出儒家範圍。

在《春秋董氏學》中，康有爲還給「孔子披上『素王、聖王、先王、後王、王者』等神聖的外衣，並引用《孟子》《莊子》《荀子》《淮南子》《春秋繁露》《說苑》《論衡》《白虎通義》《漢書》和何注的《公羊傳》《春秋緯》《古微書》等多部文獻來論述，引用條目多達 52 條。」〔註55〕康有爲將諸子學、西學、佛學的思想融入到董氏學解釋中，表明「《春秋》以寓政改制」〔註56〕，建立自己今文經思想體系。

二、突出「三統與三世」，宣揚變革

康有爲在桂林講學、萬木草堂授徒時期，曾提出「改制」是理解孔學的眞義，貫穿《春秋》的要義。考察視野也是建立在何休的「三科九旨」理論基礎之上，以傳統公羊學理論爲基礎，他提出「三統三世，皆孔子絕大之義」〔註57〕。在《春秋董氏學》中，「通三統」是反映聖人改制的思想。「通三統」又被稱爲「存三統」「存三正」「通三王」「通三微」〔註58〕，其表述源於《公羊傳》及漢何休的相關解讀中：「王者受命，必徙居處，改正朔，易服色，殊

〔註51〕 梁啓超：《南海康先生傳》，康有爲：《我史》，北京：中國人民大學出版社，2011 年，第 121 頁。

〔註52〕 魏義霞：《康有爲對佛教的推崇、選擇和內容轉換》，《大理學院學報》2012 年第 7 期。

〔註53〕 梁啓超：《南海康先生傳》，康有爲：《我史》，北京：中國人民大學出版社，2011 年，第 121 頁。

〔註54〕 康有爲：《春秋董氏學》，姜義華、張榮華編校：《康有爲全集》第 2 集，北京：中國人民大學出版社，2007 年，第 408 頁。

〔註55〕 曲洪波：《〈孔子改制考〉中的「董氏學」思想探析》，載《魯東大學學報》（哲學社會科學版）2010 年 01 期。

〔註56〕 康有爲：《春秋董氏學》，姜義華、張榮華編校：《康有爲全集》第 2 集，北京：中國人民大學出版社，2007 年，第 329 頁。

〔註57〕 康有爲：《春秋董氏學》，姜義華、張榮華編校：《康有爲全集》第 2 集，北京：中國人民大學出版社，2007 年，第 370 頁。

〔註58〕 蔣慶：《公羊學引論》，瀋陽：遼寧教育出版社，1995 年，第 295 頁。段熙仲：《春秋公羊學講疏》，南京：南京師範大學出版社，2002 年，第 440～480 頁。

徽號，變犧牲，異器械，明受之於天，不受之於人。夏以斗建寅之月爲正，平旦爲朔，法物現，色尙黑；殷以斗建丑之月爲正，雞鳴爲朔，法物牙，色尙白；周以斗建子之月爲正，夜半爲朔，法物萌，色尙赤。」〔註59〕何休將夏、商、周三個王朝更迭標誌標舉爲「建寅、建丑、建子」三正的差異，從「三正」的改變擴展爲服飾、徽號、犧牲、器械等一切禮制方位的變革，進而將三朝的嬗變詮釋爲「統」的改換。

公羊家們爲了寄寓自己的政治理想，整合、演繹「三統說」，逐步形成較爲系統的理論，貫穿著表彰變革、更新的思想。董仲舒言：「王者必受命而後王。王者必改正朔，易服飾，制禮樂，一統於天下，所以明易姓，非繼人，通以已受之於天也。王者受命而王，制此月以應變，故作科以奉天地，故謂之王正月也。」（《春秋繁露‧三代改制質文》）董仲舒認爲是天或天意決定歷史，王必受命於天，須改換舊王制度。

在《春秋董氏學》中，康有爲繼續演繹「三統說」。《春秋董氏學‧春秋禮第三》涉及「通三統」的內容有：「冠禮之三統、冠禮字子之三統、昏禮之三統、喪禮之三統、刑之三統」〔註60〕。在《春秋董氏學‧春秋改制第五》中，康有爲對「三統」說所蘊含的改制講的更爲徹底，他把孔子創制立義等經說說成史實，認爲隨著夏、商、周的朝代更迭，器物顏色、輿車頂蓋的高低等的變化，都是孔子託之三代的「改制」。康有爲還由「三統說」引申出改制理念，用以詮釋《春秋》，如他說：

「蓋《春秋》之作，在義不在事，故一切皆託，不獨魯爲託，即夏、商、周之三統，亦皆託也。」〔註61〕

「器之黑、白、赤、輿、蓋之尊、卑、鸞之四、二，玉之圓、方、橢、衡，皆三統也。」〔註62〕

「此郊宮明堂之三統也。今之宮室，方衡、卑污、尊用夏統，孔子美之，以古者徭役皆用民力，非若後世顧役。故築三臺、築南門，皆譏『不恤下』。

〔註59〕李學勤主編：《十三經注疏‧春秋公羊傳注疏》，北京：北京大學出版社，1999年，第8頁。

〔註60〕康有爲：《春秋董氏學》，姜義華、張榮華編校：《康有爲全集》第2集，北京：中國人民大學出版社，2007年，第348～349頁。

〔註61〕康有爲：《春秋董氏學》，姜義華、張榮華編校：《康有爲全集》第2集，北京：中國人民大學出版社，2007年，第324頁。

〔註62〕康有爲：《春秋董氏學》，姜義華、張榮華編校：《康有爲全集》第2集，北京：中國人民大學出版社，2007年，第345頁。

故貴卑衡也。若皆出顧役，則雖崇高何傷觀？高嚴員侈、倚靡員橢之形，三十六牖、七十二戶之制，泰西宮室，孔子早爲之預制，寄之三統，以待後世顧役之時用之。」〔註63〕

「樂器有黑、白、赤，鼓之或載、或設、或程、或縣，舞之用錫、用纖施、用羽鑰、用萬，佾之員、方、橢、衡，皆孔子改制，託夏、商、周，以爲三統也。」〔註64〕

「制則或文或質，法則或陰或陽；姓則或子或女，法則或天或地；形則或圓或方或長，統則或白或赤或黑。雖有異同，然皆推算之法，故知出自一手。蓋聖人胸有造化，知天命之無常，慮時事之多變，故欲立三統以待變通。達之百王，推之九復，範圍無外，非聖人之精思睿智，其孰能爲之？」〔註65〕

「《春秋》之制。國朝天青褂，亦是尚黑，蓋也《春秋》制也。樂親《韶舞》，則孔子最尊堯、舜，所謂盡美盡美。後世雖有作者，虞帝其不可及，爲其揖讓而官天下也。此則三統之後，猶爲折衷者。惜其詳說不可見，而今即其略說，已見聖人之範圍。無外由三統推之，四復、五復，九復，窮變通久，至萬千統可也！天下安其所習，蔽於一統，若見聖人三統之運量，如聞鈞天，其有不悲憂眩視者，將別見天地之大矣。」〔註66〕

「孔子作經，將爲施行，故本爲空言，猶必託之實事。若三統之制，更爲周遠。如建子爲正月，白統尚白，則朝服、首服、輿旗皆白，今泰西各國從之。建丑爲正月，俄羅斯、日本從之。明堂之制，三十六牖、七十二戶，高嚴圓侈，或橢圓，或衡、或方。上圓下方，則爲泰西宮室之制。衣長後袿，則泰西律師服之。即以日分或中半，或平明，或雞鳴，今泰西以日午爲日分，亦在範圍之中，不獨建寅之時行之二千年也。」〔註67〕

〔註63〕康有爲：《春秋董氏學》，姜義華、張榮華編校：《康有爲全集》第2集，北京：中國人民大學出版社，2007年，第345頁。

〔註64〕康有爲：《春秋董氏學》，姜義華、張榮華編校：《康有爲全集》第2集，北京：中國人民大學出版社，2007年，第347頁。

〔註65〕康有爲：《春秋董氏學》，姜義華、張榮華編校：《康有爲全集》第2集，北京：中國人民大學出版社，2007年，第369～370頁。

〔註66〕康有爲：《春秋董氏學》，姜義華、張榮華編校：《康有爲全集》第2集，北京：中國人民大學出版社，2007年，第370頁。

〔註67〕康有爲：《春秋董氏學》，姜義華、張榮華編校：《康有爲全集》第2集，北京：中國人民大學出版社，2007年，第370頁。

康有爲認爲，「三統」無窮無盡的循環，不僅實用於夏、商、周三代，也與西方各種習俗相關。西方各國以建子爲正月，「朝服」「首服」和「輿旗」都是白色的，是孔子制定的「白統」；俄羅斯、日本以建丑爲正月，「明堂」所規定的門窗數量、形制，成爲西方的宮室制度；西方律師的服飾特徵等都在孔子「三統」之內。「三統」窮變通久，至萬千統都是可以的。

梁啓超言康有爲不僅「喜言『通三統』，『三統』者，謂夏、商、周三代不同，當隨時因革也」，還「喜言『張三世』，『三世』者，謂據亂世、升平世、太平世，愈改而愈進也。有爲政治上『變法維新』之主張，實本於此」〔註68〕。改制首先指出要變革，「三世」則將此變革落實爲具體的發展模式。在此思想引導下，康有爲在《春秋董氏學》中對傳統公羊三世說注入時代議題，誠如梁啓超又言：「先生獨發明《春秋》『三世』之義，以爲文明世界，在於他日，日進而日盛，蓋中國有創意進化學者，以此爲嚆矢焉。」〔註69〕

「『三世』爲孔子非常大義，託之《春秋》以明之。所傳聞世爲據亂，所聞世託升平，所見世託太平。亂世者，文教未明也。升平者，漸有文教，小康也。太平者，大同之世，遠近大小如一，文教全備也。大義多屬小康，微言多屬太平。爲孔子學，當分二類，乃可得之。此爲《春秋》第一大義。」〔註70〕

「王魯，新周，故宋，黜夏，此非常可怪之論，董子屢發之，與何休同其說，蓋由口口相傳之故。」〔註71〕

「天下之道，文質盡之。然人智日開，日趨於文。三代之前，據亂而作，質也。《春秋》改制，文也。故《春秋》始義法文王，則《春秋》實文統也。但文之中有質，質之中有文，其道遞嬗耳。漢文而晉質，唐文而宋質，明文而國朝質，然皆升平世質家也。至太平世，乃大文耳。後有萬年，可以孔子此道推之。」〔註72〕

〔註68〕　梁啓超：《清代學術概論》，上海：上海古籍出版社，1998年，第79頁。

〔註69〕　梁啓超：《南海康先生傳》，康有爲：《我史》，北京：中國人民大學出版社，2011年，第124頁。

〔註70〕　康有爲：《春秋董氏學》，姜義華、張榮華編校：《康有爲全集》第2集，北京：中國人民大學出版社，2007年，第324頁。

〔註71〕　康有爲：《春秋董氏學》，姜義華、張榮華編校：《康有爲全集》第2集，北京：中國人民大學出版社，2007年，第361頁。

〔註72〕　康有爲：《春秋董氏學》，姜義華、張榮華編校：《康有爲全集》第2集，北京：中國人民大學出版社，2007年，第370～371頁。

康有爲借用「通三統」來深化「三世」主張，「三世」的每一世中皆有「三統」的大義，把「三世」「三統」聯繫起來，理論上承襲了董仲舒、何休以來諷政、干政的思想傾向。如他說：

「孔子創義，皆有三數以待變通。醫者制方，猶能預制數方以待病之變，聖人是大醫王而不能乎？三統、三世皆孔子絕大之義，每一世中皆有三統。此三統者，小康之時，升平之世也。太平之世別有三統，此篇略說，其詳不可得聞也。……惟董子乃盡聞三統，所謂孔子之文傳之仲舒也。」〔註73〕

「『三世』爲孔子非常大義，託之《春秋》以明之。所傳聞世爲據亂，所聞世託升平，所見世託太平。亂世者，文教未明也。升平者，漸有文教，小康也。太平者，大同之世，遠近大小如一，文教全備也。大義多屬小康，微言多屬太平。爲孔子學，當分二類，乃可得之。此爲《春秋》第一大義。」〔註74〕

「每一世中，皆有三統，此三統者，小康之時，升平之世也。太平之世別有三統，此遍略說，其詳不可得聞也。後世禮家聚訟，固有僞古之紛亂，而今學中亦多異同。如子服景伯、子游爭立子、立孫、立弟，《公羊》、《穀梁》爭妾母以子貴、不以子貴，《檀弓》爭葬之別合，曾子、子夏爭殯之東西。孟子、《公羊》爵之三等五等，祿之三品二品，皆今學而不同。後師篤守，必致互攻，豈知皆爲孔子之三統，門人各得其一說，故生互歧。故通三統之義，而經無異義矣。自七十子以來，各尊所聞，難有統一之者，雖孟、荀猶滯於方隅，惟董子乃盡聞三統，所謂孔子之文，傳之仲舒也。」〔註75〕

康有爲「三統」「三世」說始終以《春秋》爲底本展開，闡發爲「改制」「因革」的理念有一以貫之的闡述模式，將人類歷史按照據亂世、升平世和太平世的順序不斷進化的漸進理論、政治變革巧妙地貫穿到社會、政治解讀中。「三統」引出「孔子改制」命題，「三世」則將此變革標舉逐步演進的理想。「三統」「三世」說也成爲解決一切問題的大經大法。康有爲以此解讀各種社會現象，安置各種不同思想，以探索出中國社會良性發展道路。由此，爲今文經學擴寬了領域，建構了獨特的歷史哲學。

〔註73〕 康有爲：《春秋董氏學》，姜義華、張榮華編校：《康有爲全集》第2集，北京：中國人民大學出版社，2007年，第370頁。

〔註74〕 康有爲：《春秋董氏學》，姜義華、張榮華編校：《康有爲全集》第2集，北京：中國人民大學出版社，2007年，第324頁。

〔註75〕 康有爲：《春秋董氏學》，姜義華、張榮華編校：《康有爲全集》第2集，北京：中國人民大學出版社，2007年，第370頁。

三、改造「異內外」，追求「大同」

何休在《春秋公羊經傳解詁·序》云，「王者略依胡毋生《條例》」，而「多得其正」，遂「隱審檢括」《公羊傳》，使其義理「就繩墨」〔註76〕。何休所隱括的事例約有 6 種名目：五始、三科、九旨、七等、六輔、二類〔註77〕，成爲後世學者以今文經學立場研讀《春秋》之門。其中「三科九旨」更是以《公羊傳》解讀《春秋》經的核心義例，是整部何氏《解詁》的大綱〔註78〕。「三科九旨」爲「新周故宋，以《春秋》當新王，此一科三旨也；所見異辭，所聞異辭，所傳聞異辭，二科六旨也；內其國而外諸夏，內諸夏而外夷狄，三科九旨也」〔註79〕，「異外內」即是「三科九旨」裏的第三科。康有爲宗董子，認爲：「仁不仁之大小等差，此條最明。愛及四夷，是太平一統之大道。後世專言攘夷者，未知此也。」〔註80〕康有爲弟子徐勤對「異內外」思想多有闡述。徐勤的解釋，到大同之世，沒有什麼「內」和「外」的差別。如他說：

「此董子發明《春秋》所以立內外例之故。蓋至治著大同，遠近大小若一，而無內外之殊者，理之所必至者也。先近致遠，詳內略外，等差秩然者，勢之所不能驟變者也。蓋聖人只能循夫理而順夫勢而已。《易》曰：『地勢坤。』周子曰：『天下勢而已。』其即此義也」〔註81〕

徐勤的觀點是：對於孔子而言：如果以魯爲參照物，則以諸夏爲「外」；如果以夷狄爲參照物，則以諸夏爲「內」。無論遠近，大國小國，都親如同一家。假如無道德，中國就喪失了成爲諸夏的資格，成爲夷狄；反之，夷狄之國若有道德，就能進化爲諸夏。根據其行爲的不同，「中國」和「夷狄」名號發生「轉移，唯一區分標準是「道德」而不是疆界。他說：

〔註76〕 李學勤主編：《十三經注疏·春秋公羊傳注疏》，北京：北京大學出版社，1999年，第 7 頁。

〔註77〕 李學勤主編：《十三經注疏·春秋公羊傳注疏》，北京：北京大學出版社，1999年，第 5 頁。

〔註78〕 趙伯雄：《〈春秋〉經傳講義》，北京：人民出版社，2012 年，第 157 頁。

〔註79〕 李學勤主編：《十三經注疏·春秋公羊傳注疏》，北京：北京大學出版社，1999年，第 5 頁。

〔註80〕 康有爲：《春秋董氏學》，姜義華、張榮華編校：《康有爲全集》第 2 集，北京：中國人民大學出版社，2007 年，第 405 頁。

〔註81〕 康有爲：《春秋董氏學》，姜義華、張榮華編校：《康有爲全集》第 2 集，北京：中國人民大學出版社，2007 年，第 415 頁。

「引之魯，則謂之外；引之夷狄，則謂之內。內外之分，只就所引言之耳。若將夷狄而引之於諸地、諸天、諸星之世界，則夷狄亦當謂之內，而諸地、諸天、諸星當謂之外矣。內外之限，寧有定名哉？此莊子所謂『自其大者視之，則萬物皆一也』。」〔註82〕

徐勤認爲，中國要時刻警醒恪守道德仁義，不然則會淪爲「夷狄」。他說：

「鍾離之會，雞父之戰，吳有夷狄之行，故並外之；至黃池之行，變而反道，乃爵而不殊。中國、夷狄之名，從變而移如此，若徒以一義繩之，是猶刻舟而求劍，守株而待兔者也，豈足以讀《春秋》者哉！」〔註83〕

「《春秋》之義，唯德是親。中國而不德也，則夷狄之；夷狄而有德也，則中國之。無疆界之分，人我之相。」〔註84〕

「《春秋》內其國而外諸夏，內諸夏而外夷狄。乃忽云遠夷之君，內而不外，則外而變內，是天下無復有內外之殊矣。聖人大同之治，其在斯乎，其在斯乎！」〔註85〕

在《春秋董氏學》中，徐勤的基本觀點與康有爲的君主立憲的政治思想密切相關，目的是說明諸夏與夷狄要一樣，清朝建立者滿族早已接受華夏族的先進文化，不再是夷狄，只有把他們看成諸夏中的一員，與他們共進共退，才能最終實現太平大同社會。因爲，康有爲認爲社會進化不能跳躍，當時中國只有君主立憲才是切合實際的政治制度，是進入大同社會不可逾越的階段。因此，在理論上必須保留君主，方可次第進化至大同。

《孔子改制考·序》提及「大小若一之大一統」〔註86〕，用於描述「三科」之「異內外」「異內外」。依託了「張三世」——衰亂世、升平世、太平世對應於「內其國而外諸夏」「內諸夏而外夷狄」「遠近大小若一」。在此意義上，「異內外」是附屬於「張三世」的，由「三世」的範疇推到出「太平世」，

〔註82〕 康有爲：《春秋董氏學》，姜義華、張榮華編校：《康有爲全集》第2集，北京：
中國人民大學出版社，2007年，第414頁。

〔註83〕 康有爲：《春秋董氏學》，姜義華、張榮華編校：《康有爲全集》第2集，北京：
中國人民大學出版社，2007年，第415頁。

〔註84〕 康有爲：《春秋董氏學》，姜義華、張榮華編校：《康有爲全集》第2集，北京：
中國人民大學出版社，2007年，第416頁。

〔註85〕 康有爲：《春秋董氏學》，姜義華、張榮華編校：《康有爲全集》第2集，北京：
中國人民大學出版社，2007年，第416頁。

〔註86〕 康有爲：《孔子改制考》，《康有爲全集》第3集，北京：中國人民大學出版社，
2007年，第3頁。

其最終指向是「大一統」，某種程度上呼應了康有爲「大同太平世」的理想社會形態。

四、重視「氣體與仁體」，探索「本體」

康有爲以元是最高根本，結合氣的形式存在，氣作爲天地萬物的最高本體。康有爲「根元氣之混侖，推太平之世」〔註87〕，從氣本論思想引申出萬物平等觀念，進而聯繫社會制度的民主、平等。在倫理道德層面，他「《春秋》本仁」〔註88〕，「仁」也具有本體意義。他說：

「孔子之道，運本於元，以統天地，故謂爲萬物本終始天地……屬萬物而貫於一，合諸始而源其大，無臭無聲，至精至奧。」〔註89〕

「元者，君之始年」〔註90〕

「生本於氣，養生莫精於氣，氣莫善於中和。」〔註91〕

「心，有知者也；體，無知者也。物無知而人有知，故人貴於物。知人貴於物，則知心貴於體矣。」〔註92〕

「天地之間，若虛而實。氣之漸人，若水之漸魚。氣之於水，如水之於泥。故無往而不實也。人比蟭螟，碩大極矣，不能見纖小之物。若自至精之物推見，則氣點之聯接極粗。人怒則血赤衝面，聲能辟易人，氣點感動，流通相殽，乃自然之勢。」〔註93〕

「《易》稱『大哉乾元，乃統天』。天地之本，皆運於氣。」〔註94〕

〔註87〕康有爲：《我史》，北京：中國人民大學出版社，2011年，第15頁。

〔註88〕康有爲：《孟子微》，姜義華、張榮華編校：《康有爲全集》第5集，北京：中國人民大學出版社，2007年，第411頁。

〔註89〕康有爲：《春秋董氏學》，姜義華、張榮華編校：《康有爲全集》第2集，北京：中國人民大學出版社，2007年，第372～373頁。

〔註90〕康有爲：《春秋董氏學》，姜義華、張榮華編校：《康有爲全集》第2集，北京：中國人民大學出版社，2007年，第331頁。

〔註91〕康有爲：《春秋董氏學》，姜義華、張榮華編校：《康有爲全集》第2集，北京：中國人民大學出版社，2007年，第410頁。

〔註92〕康有爲：《春秋董氏學》，姜義華、張榮華編校：《康有爲全集》第2集，北京：中國人民大學出版社，2007年，第392頁。

〔註93〕康有爲：《春秋董氏學》，姜義華、張榮華編校：《康有爲全集》第2集，北京：中國人民大學出版社，2007年，第374頁。

〔註94〕康有爲：《春秋董氏學》，姜義華、張榮華編校：《康有爲全集》第2集，北京：中國人民大學出版社，2007年，第372～373頁。

「此動靜互根，陰陽不並出之義。車輪循環，死此生彼，盈此虧彼，物莫外也。」〔註95〕

「孔子原本天道，知物必有兩，故以陰陽括天下之物理，未有能出其外者。」〔註96〕

康有爲以「氣」爲宇宙天地萬物的本體，繼承孟子「養吾浩然之氣」，非常注重養氣的工夫，並由「氣」擴展至「元」「陰陽」等，對哲學裏「性」也十分重視，認爲「性」與氣相通。他說：

「性善，性惡，無善無惡，有善有惡之說皆粗。若言天有陰陽之施，身亦兩有貪仁之性，與《白虎通》同，可謂精微之論也。《易·繫辭》：『一陰一陽之謂道，繼之者善也，成之者性也。』言性善者皆述之。然《易》意陰陽之道，天也。」〔註97〕

「性善之說，孔門固有之。蓋既以爲人副天數，自貴於物，則不能不以性爲善矣。」〔註98〕

「《荀子》：『性者，本始質樸也。』即天質之樸也。」〔註99〕

康有爲認爲「孔子之道，最重仁」〔註100〕，而且對「仁」專門進行論述。康有爲的氣本體論牽涉「仁」，認爲仁在一定程度上也具有本體性，以「仁」爲本體，可以輻射百理。如他說：

「禮、文、讓皆以仁爲體，故孔子本仁。後世漸知禮文，而忘仁質，是逐末而忘本，買櫝而還珠，失孔子之意矣。」〔註101〕

〔註95〕康有爲：《春秋董氏學》，姜義華、張榮華編校：《康有爲全集》第 2 集，北京：中國人民大學出版社，2007 年，第 379 頁。

〔註96〕康有爲：《春秋董氏學》，姜義華、張榮華編校：《康有爲全集》第 2 集，北京：中國人民大學出版社，2007 年，第 374 頁。

〔註97〕康有爲：《春秋董氏學》，姜義華、張榮華編校：《康有爲全集》第 2 集，北京：中國人民大學出版社，2007 年，第 385 頁。

〔註98〕康有爲：《春秋董氏學》，姜義華、張榮華編校：《康有爲全集》第 2 集，北京：中國人民大學出版社，2007 年，第 386～387 頁。

〔註99〕康有爲：《春秋董氏學》，姜義華、張榮華編校：《康有爲全集》第 2 集，北京：中國人民大學出版社，2007 年，第 386 頁。

〔註100〕康有爲：《春秋董氏學》，姜義華、張榮華編校：《康有爲全集》第 2 集，北京：中國人民大學出版社，2007 年，第 390 頁。

〔註101〕康有爲：《春秋董氏學》，姜義華、張榮華編校：《康有爲全集》第 2 集，北京：中國人民大學出版社，2007 年，第 390 頁。

「以仁爲天心，孔子疾時世之不仁，故作《春秋》，明王道重仁而愛人，思患而豫防，反復於仁不仁之間。此《春秋》全書之旨也。」〔註102〕

康有爲始終彰顯人與天的密切關係，對天的頂禮膜拜從未中斷過，他將這一切都說成是孔子的觀點：「孔子本天，以天爲仁，人受命於天，取仁於天，凡天施、天時、天數、天道、天志皆歸之於天。」〔註103〕他在本體哲學領域推崇天，試圖用天來讓人擺脫世間各種關係的羈絆。康有爲之所以講天、推崇天，與他側重從天賦權利的角度理解平等、獨立和自主之權一脈相承，也暴露出其平等、自主和獨立的秘密是「直隸於天」。這明白無誤地道出了康有爲人在地球神往天界的心態，與其自署「天遊化人康有爲」正相印證。

「《中庸》：『仁者，人也。』注：『人也，讀如相人偶之人，以人意相存問之言。』《春秋元命苞》：『仁者，情志好生愛人。故其爲人以仁，其立字二人爲人。』注：『二人，言不專於己。念施與也。』孔門確詁。」〔註104〕

「孔子言義理而不計利害。行一不義，殺一不辜，而得天下，不爲。有能爲君闢土地，戰必克，古之所謂民賊。孔門莫大之義也。」〔註105〕

「聖人之仁，以愛人類爲主。……蓋聖人之仁雖極廣博，而亦有界限也。界限者，義也，不得已而立者也。」〔註106〕

儘管徐勤等弟子參與該書的編撰，並加案語，但內容最終是康有爲本人審定，並不影響康有爲的學術思想。在《春秋董氏學》中，康有爲發展孟子的性善說和西方天賦人權論，認定二者都需要上天的權威來加以伸張。他又提出「氣本論」，主張氣本論，認爲「氣」是宇宙天地的最高本體，主張「性善」，提出「養氣」的修養工夫。進而又發展出他的仁本論。他對氣本和仁本論的鍾愛，正是看中了其中所蘊含的平等精神。由於對「心」的主觀能動性非常重視，故又主張「養心」。康有爲以此來讓人明白自己是「天上人」、「天

〔註102〕康有爲：《春秋董氏學》，姜義華、張榮華編校：《康有爲全集》第2集，北京：中國人民大學出版社，2007年，第310頁。

〔註103〕康有爲：《春秋董氏學》，姜義華、張榮華編校：《康有爲全集》第2集，北京：中國人民大學出版社，2007年，第375頁。

〔註104〕康有爲：《春秋董氏學》，姜義華、張榮華編校：《康有爲全集》第2集，北京：中國人民大學出版社，2007年，第392頁。

〔註105〕康有爲：《春秋董氏學》，姜義華、張榮華編校：《康有爲全集》第2集，北京：中國人民大學出版社，2007年，第390頁。

〔註106〕康有爲：《春秋董氏學》，姜義華、張榮華編校：《康有爲全集》第2集，北京：中國人民大學出版社，2007年，第383頁。

上之人」，進而作「天人」而不作「家人」，作「天民」而不作「國民」，以此擺脫世間的種種羈絆而人人獨立、自主和平等。

第三節　思想特點

康有爲說明《春秋》的改制性質：「孔子之作『六經』雖殊，其道則未嘗不條共貫也。其折衷則在《春秋》，故曰：『志在《春秋》。』《春秋》爲改制之書，包括天人，而禮尤其改制之著者。」〔註107〕《春秋董氏學》以大義引領相應的《春秋繁露》文段，關鍵之處康有爲加按語，視爲「皆孔子明改制之事」〔註108〕。梁啓超說：「疇昔治《公羊》者皆言例，南海則言義。」〔註109〕章太炎曾說：「康有爲以《公羊》應用，則是另一回事，並非研究學問，只不過爲變法運動張目而已。」〔註110〕康有爲在《春秋董氏學》自序中集中表達了他的改制思想，突出公羊學的價值和《春秋》的改制之義，成爲晚清「董氏學」著述中影響最大的著作。具體而言，其《春秋》學的思想特點主要有以下兩點。

一、尊《公羊》，崇董生

康有爲尊奉孔子爲教主，董仲舒爲儒宗，推崇《春秋繁露》，認爲《春秋繁露》一書因沒得到重視，以致「闕奪百出」，學者往往把董仲舒的學說思想看成是域外異境，並不求本義。《春秋董氏學》是康有爲摘錄《春秋繁露》內容及其對儒學經典的引用，而其本身非箋注體。康有爲把《春秋繁露》詞句抽出來，加以重新排列組合，各以大義領之，將其中諸多材料進行重組和裁剪，在關鍵之處加以暗語，以董仲舒爲瞭解孔子的一個途徑，以董仲舒之言來表達自己的主張，把《春秋繁露》論證成改制之書。他說：

〔註107〕康有爲：《春秋董氏學》，姜義華、張榮華編校：《康有爲全集》第2集，北京：中國人民大學出版社，2007年，第330頁。

〔註108〕康有爲：《春秋董氏學》，姜義華、張榮華編校：《康有爲全集》第2集，北京：中國人民大學出版社，2007年，第369頁。

〔註109〕梁啓超：《論中國學術思想變遷之大勢》，上海：上海古籍出版社，2006年，第105頁。

〔註110〕章太炎：《清代學術之系統》，馬勇編：《章太炎講演集》，石家莊：河北人民出版社，2004年，第104頁。

「至於漢世，博士傳『五經』口說，皆孔門大義微言，而董子尤集其大成。……孔子之大道在《春秋》，兩漢之治以《春秋》，自君臣士大夫政事、法律、言議，皆以《公羊》爲法，至今律猶從之。」〔註111〕

「公羊詳素王改制之義，故惟《公羊》能傳《春秋》。」〔註112〕

康有爲得意弟子張伯楨也認爲：「學孔子而不學《春秋》，是欲其入而閉之門也。」〔註113〕

康有爲極力尊崇董仲舒，毫無保留的稱讚，對《春秋繁露》進行神話，強化董仲舒公羊學系統乃至整個儒學地位，認爲董仲舒超過孟子、荀子。

「《春秋》文成數萬，其旨數千，大義烺烺，然僅二百餘，脫略甚矣，安能見孔子數千之大旨哉？又多非常異義可怪之論，意者不足傳信乎！《春秋緯》：孔子曰：亂我書者董仲舒。亂者，理也。」〔註114〕

「因董子以通《公羊》，因《公羊》以通《春秋》，因《春秋》以通六經，而窺孔子之道本」〔註115〕

「孔子之微言沒，而《春秋》不可通矣。尙賴有董子之說得以明之。」〔註116〕

「孔子立教宗旨在此，雖孟、荀未能發之，賴有董子，而孔子之道始著。」〔註117〕

「天地之間，若虛而實。……人氣點感動流通相殽，乃自然之勢。董子此說窮極天人之本，今之化學家豈能外之哉！」〔註118〕

〔註111〕 康有爲：《春秋董氏學》，姜義華、張榮華編校：《康有爲全集》第2集，北京：中國人民大學出版社，2007年，第416頁。

〔註112〕 康有爲：《春秋董氏學》，姜義華、張榮華編校：《康有爲全集》第2集，北京：中國人民大學出版社，2007年，第307頁。

〔註113〕 張伯楨：《南海師承記》，姜義華、張榮華編校：《康有爲全集》第2集，北京：中國人民大學出版社，2007年，第212頁。

〔註114〕 康有爲：《春秋董氏學》，姜義華、張榮華編校：《康有爲全集》第2集，北京：中國人民大學出版社，2007年，第307頁。

〔註115〕 康有爲：《春秋董氏學》，姜義華、張榮華編校：《康有爲全集》第2集，北京：中國人民大學出版社，2007年，第307頁。

〔註116〕 康有爲：《春秋董氏學》，姜義華、張榮華編校：《康有爲全集》第2集，北京：中國人民大學出版社，2007年，第324頁。

〔註117〕 康有爲：《春秋董氏學》，姜義華、張榮華編校：《康有爲全集》第2集，北京：中國人民大學出版社，2007年，第375頁。

〔註118〕 康有爲：《春秋董氏學》，姜義華、張榮華編校：《康有爲全集》第2集，北京：中國人民大學出版社，2007年，第375頁。

「董子爲《春秋》宗，所發新王改制之非常異義及諸微言大義，皆出經文外，又出《公羊》外，然而以孟、荀命世亞聖，猶未傳之，而董子乃知之。」〔註119〕

「言《春秋》以董子爲宗，則學《春秋》例亦以董子爲宗。」〔註120〕

「公羊傳《春秋》託王於魯，……不知董子亦大發之。」〔註121〕

康有爲還將董仲舒與朱熹進行比較，揚董而貶朱。他說：「由元、明以來，五百年治術、言語皆出朱子，蓋朱子爲教主也，自武章終後漢，四百年治術，言議皆出於董子，蓋董子爲教主也。二子之盛，雖孟、荀莫得比隆。朱子生絕學之後，道出嚮壁，尊『四書』而輕『六經』，孔子末法無由一統，僅如西蜀之偏安而已。董子接先秦老師之緒，盡得口說，《公》《穀》之外，兼通『五經』，蓋孔子之大道在是。」〔註122〕

康有爲尊董，闡釋董仲舒的公羊學多有卓見，認爲《春秋》之義，皆賴董子口說傳之，欲明孔子之學，不能捨棄董子，於是稱道董子之書：「《春秋》微言暗絕已久矣，今忽使孔子創教大義如日中天，皆賴此推出。然則此篇爲群書之瑰寶，過於天球河圖億萬無量數矣。」〔註123〕康有爲認爲，西漢時的董仲舒接續了孔子的微言大義，對《春秋》思想的闡述是「《春秋》一書，專明改制」〔註124〕。認爲董子「緣魯以言王義」的論點完全正確，表示了新王必須改制，故曰：「孔子創義，皆以三數，以待變通。」〔註125〕

〔註119〕康有爲：《春秋董氏學》，姜義華、張榮華編校：《康有爲全集》第2集，北京：中國人民大學出版社，2007年，第357頁。

〔註120〕康有爲：《春秋董氏學》，姜義華、張榮華編校：《康有爲全集》第2集，北京：中國人民大學出版社，2007年，第323頁。

〔註121〕康有爲：《春秋董氏學》，姜義華、張榮華編校：《康有爲全集》第2集，北京：中國人民大學出版社，2007年，第367頁。

〔註122〕康有爲：《春秋董氏學》，姜義華、張榮華編校：《康有爲全集》第2集，北京：中國人民大學出版社，2007年，第416頁。

〔註123〕康有爲：《春秋董氏學》，姜義華、張榮華編校：《康有爲全集》第2集，北京：中國人民大學出版社，2007年，第367頁。

〔註124〕康有爲：《春秋董氏學》，姜義華、張榮華編校：《康有爲全集》第2集，北京：中國人民大學出版社，2007年，第365頁。

〔註125〕康有爲：《春秋董氏學》，姜義華、張榮華編校：《康有爲全集》第2集，北京：中國人民大學出版社，2007年，第370頁。

二、吹鼓孔子改制，批判古文經

康有爲批評程朱、陸王之學：「近代大宗師莫如朱、王，然朱學窮理，而問學太多，流爲記誦。王學指本心，而節行易簀，流於獨狂。」〔註126〕又批評清代的考據之學曰：「今之學者，利祿之卑鄙爲內傷，深入膏肓，而考據詞章，則其癰疽痔贅也。」〔註127〕康有爲想創立與時代變局相適應，不「拘常守舊」的新儒學，進而將孔子「改制」與順應「天數」結合起來，突出孔子改制的說服力。如他說：

「《春秋》體天之微，難知難讀，董子明其託之行事，以明其空言，假其位號，以正人倫；因一國以容天下，而後知素王改制，一統天下，《春秋》乃可讀。」〔註128〕

「後學明於《春秋》者，莫如董子、俞序者。」〔註129〕「蓋天不能言，使孔子代發之。故孔子之言，非孔子言也。天之言也。孔子之制與義，非孔子也，天之制與義也。」〔註130〕

「『三正』散見於『六經』。觀此篇所發明，實孔子所定，夏、商、周皆所託也。」〔註131〕

「孔子受命制作，以變衰周之弊，改定新王之制，以垂後世。空言無徵，故託之《春秋》，《春秋》一書，專明改制。」〔註132〕

康有爲和董仲舒一樣，把孔子思想賦予神秘色彩，認爲只有董仲舒和他自己能夠眞正闡釋孔子思想，形成了由孔子至董仲舒至康有爲的改制思想傳承體系。康有爲認爲《春秋》一書將孔子的改制思想完整表現出來了，後人

〔註126〕康有爲：《春秋董氏學》，姜義華、張榮華編校：《康有爲全集》第 2 集，北京：中國人民大學出版社，2007 年，第 367 頁。

〔註127〕康有爲：《與沈刑部子培書》，姜義華、張榮華編校：《康有爲全集》第 1 集，北京：中國人民大學出版社，2007 年，第 238 頁。

〔註128〕康有爲：《春秋董氏學》，姜義華、張榮華編校：《康有爲全集》第 2 集，北京：中國人民大學出版社，2007 年，第 310 頁。

〔註129〕康有爲：《春秋董氏學》，姜義華、張榮華編校：《康有爲全集》第 2 集，北京：中國人民大學出版社，2007 年，第 310 頁。

〔註130〕康有爲：《春秋董氏學》，姜義華、張榮華編校：《康有爲全集》第 2 集，北京：中國人民大學出版社，2007 年，第 365 頁。

〔註131〕康有爲：《春秋董氏學》，姜義華、張榮華編校：《康有爲全集》第 2 集，北京：中國人民大學出版社，2007 年，第 333 頁。

〔註132〕康有爲：《春秋董氏學》，姜義華、張榮華編校：《康有爲全集》第 2 集，北京：中國人民大學出版社，2007 年，第 365 頁。

要領會孔子的思想，重點是做出適應時代特點的解釋、補充和發展。康有為以此證明自己的觀點，推衍、發揮孔子改制思想的合法性。

康有為在《春秋董氏學》一書中，對古文經學，特別是《左傳》給予了徹底的否定，指出：自「偽《左傳》」出，給《春秋》傳「孔子之道」造成莫大的影響，「自偽《左傳》滅《公羊》而《春秋》亡，孔子之道遂亡矣。」〔註133〕進一步批判古文經學家最大弊端是對聖人微言大義的曲解。他說：

「緣魯以言王義。孔子之義，專明王者之義，不過言託於魯，以立文字。即如隱、桓，不過託為王者之遠祖，定、哀為王者之考妣，……自偽《左傳》出，後人乃以事說經，於是周、魯、隱、桓、定、哀、邾、滕，皆用考據求之，癡人說夢，轉增疑惑，知有事而不知有義。〔註134〕

「宋襄之敗，而《春秋》美之。《左氏》乃譏宋襄，何其好惡與聖人相反也？」〔註135〕

不僅對《左傳》，康有為對一切古文經皆持否定態度，認為毛傳《詩經》破壞了孔子通過《詩經》傳達「王魯」之意，古文經學的《禮經》也不可信。如他說：

「《詩》有『三頌』：《周頌》、《魯頌》、《商頌》。孔子寓親周、故宋、王魯之義。不然，魯非王者。何得有頌哉？自偽《毛》出，而古意湮，於是此義不復知，惟太史公《孔子世家》有焉。」〔註136〕

「董子之言郊事至詳明。其義皆以事天，未嘗以事地。其時皆以正月上辛，所謂多至，未嘗以夏至郊止一更。無北郊，況東、西五郊乎？天為百神之大君，故獨尊天，無與比偶者，可證《周禮》之繆偽。」〔註137〕

「凡傳記稱引《詩》、《書》，皆引經文，獨至《春秋》，則漢人所稱皆引《春秋》之義，不引經文，此是古文經學者一非常怪事。而二千年來乃未嘗

〔註133〕康有為：《春秋董氏學》，姜義華、張榮華編校：《康有為全集》第2集，北京：中國人民大學出版社，2007年，第324頁。

〔註134〕康有為：《春秋董氏學》，姜義華、張榮華編校：《康有為全集》第2集，北京：中國人民大學出版社，2007年，第324頁。

〔註135〕康有為：《春秋董氏學》，姜義華、張榮華編校：《康有為全集》第2集，北京：中國人民大學出版社，2007年，第394頁。

〔註136〕康有為：《春秋董氏學》，姜義華、張榮華編校：《康有為全集》第2集，北京：中國人民大學出版社，2007年，第324頁。

〔註137〕康有為：《春秋董氏學》，姜義華、張榮華編校：《康有為全集》第2集，北京：中國人民大學出版社，2007年，第352頁。

留意，閣束傳文，獨抱遺經，豈知遺經者，其文則史，於孔子之義無與。買櫝還珠，而欲求通經，以得孔子大道，豈非南轅而北其轍，入沙漠而不求鄉導，涉大海而不求舟師，其迷罔而思反，固也。」〔註138〕

「自僞《左》出，⋯⋯孔子之微言沒，而《春秋》不可通矣。尙賴有董子之說，得以明之。」〔註139〕

康有爲釋《春秋》獨闢蹊徑，認爲僅僅以考證史實探討，則完全忽視了《春秋》經本旨闡發政治學說的目的，不能達《春秋》之意，通過闡釋董仲舒的《春秋繁露》來推衍公羊學說，闡發孔子「微言大義」，而董仲舒集「孔門大義微言大成」〔註140〕。毋庸置疑，《春秋董氏學》是康有爲直接以「董氏學」構建其理論基礎的經學著作，並將《春秋》中的概念融入西方社會進化思想後引向自己希望表達的議題上去，以此來宣揚改制變法的思想，佐證維新變法的合法性。

〔註138〕康有爲：《春秋董氏學》，姜義華、張榮華編校：《康有爲全集》第 2 集，北京：中國人民大學出版社，2007 年，第 356 頁。

〔註139〕康有爲：《春秋董氏學》，姜義華、張榮華編校：《康有爲全集》第 2 集，北京：中國人民大學出版社，2007 年，第 324 頁。

〔註140〕康有爲：《春秋董氏學》，姜義華、張榮華編校：《康有爲全集》第 2 集，北京：中國人民大學出版社，2007 年，第 416 頁。

第三章　康有爲的《孟子微》

第一節　研究背景

　　孟子（約公元前 371～前 289），名軻，字子輿或子居，戰國中期鄒人，先秦著名思想家。其遠祖爲魯國貴族孟孫氏，後家道衰弱，從魯國遷居鄒國。孟子是繼孔子之後，早期儒家的主要代表者，是孔子後學中最能領會和繼承孔子思想精髓的學者。孟子一生捍衛儒學和孔子，對後世儒學影響極大。孟子一生最服膺孔子，《孟子・公孫丑上》曰：「自生民以來，未有盛於孔子也。」〔註1〕《孟子》一書也常引《論語》，或依孔子學說而立論。《史記・孟子荀卿列傳》記載：「孟軻，騶人也。受業子思之門人。道既通，遊事齊宣王，宣王不能用，適梁，梁惠王不果其言，則見以爲迂遠而闊於事情。當是之時，秦用商君，富國強兵；楚、魏用吳起，戰勝弱敵；齊威王、宣王用孫子、田忌之徒，而諸侯東面朝齊。天下方務於合從連衡，以攻伐爲賢，而孟軻乃述唐、虞、三代之德，是以所如者不合。退而與萬章之徒序《詩》《書》，述仲尼之意，作《孟子》七篇。」〔註2〕孟子的思想主要集中在《孟子》一書中。《孟子》成書以後，孟學也隨之形成。歷代學者或考證孟子的生平事蹟與相關史實，或注疏其章句，或考辨其名物，或闡發其義理，或考訂其版本，或校勘其文字，或輯錄其佚文，或評析其文法。由此，形成了源遠流長、蔚爲大觀的孟學。孟學對後世有很大影響，尤其是對宋明理學影響尤巨。宋代之後，常把孔子思想與孟子思想統稱爲「孔孟之道」。

〔註 1〕楊伯峻：《孟子譯注》，北京：中華書局，2008 年，第 48 頁。
〔註 2〕司馬遷：《史記》，北京：中國文史出版社，2003 年，第 483 頁。

一、最初的孟學

戰國時期，各諸侯國互爭雄長，以強凌弱，以眾暴寡，社會動盪不安。面對不安的社會現實，各學派各自爲說，各立門戶，相互批判。當時楊朱、墨翟的學說非常流行，與儒家學說鼎峙而立，一度是「天下之言，不歸楊則歸墨」(《孟子‧滕文公下》)，農家許行「君民並耕」(《孟子‧滕文公上》) 的主張在社會上也有一定的影響力，儒學受到墨學的挑戰時。孟子一生「乃所願，則學孔子也」(《孟子‧公孫丑上》)，積極承擔起繼承孔子道統的大任，闢楊墨、斥許行，認爲「楊墨之道不息」，則「孔子之道不著」(《孟子‧滕文公下》)。

孟子不僅是繼承孔子的思想，更是創造性地發展了孔子的思想，其文化生命至今仍熠熠放光。《孟子》一書提出的思想觀念，諸如心性學說、仁政思想等，使儒學提高了水準，對中國傳統社會的文化、政治、經濟、道德等都產生深遠的影響。因孟子在儒學中的特殊地位，被後世稱爲亞聖。

最早對孟子進行研究是戰國時代的荀子。荀子對子思、孟子提出尖刻的批判：「略法先王而不知其統，猶然而材劇志大，聞見雜博。案往舊造說，謂之五行，甚僻違而無類，幽隱而無說，閉約而無解。案飾其辭而祗敬之曰：此眞先君子之言也。子思唱之，孟軻和之，世俗之溝猶瞀儒，嚾嚾然不知其所非也，遂受而傳之，以爲仲尼、子游爲茲厚於後世，是則子思、孟軻之罪也。」(《荀子‧非十二子》) 荀子的學生韓非子又提出「儒分爲八」：「世之顯學，儒、墨也。儒之所至，孔丘也；墨之所至，墨翟也。自孔子之死也，有子張之儒，有子思之儒，有顏氏之儒，有孟氏之儒，有漆雕氏之儒，有仲良氏之儒，有孫氏之儒，有樂正氏之儒」(《韓非子‧顯學》) 之說，把孟子之學列爲「八儒」之一。司馬遷在《史記》中，把孟子、荀子合爲一傳，簡略介紹了孟子的生平思想，及其學術遭遇。荀子對孟子思想的研究發其端。其後，歷史上不少學者都曾在對孟子其人及其《孟子》本文及其注疏的研究方面傾注了極大的熱情與精力。

二、孟學的輾轉

漢代，《孟子》曾被置立博士。大儒揚雄充分肯定了孟子對儒學的貢獻，認爲「古者楊、墨塞路，孟子辭而辟之，廓如也」(《法言‧吾子》)。王充從批判視角來研究《孟子》，在其著作《論衡‧刺孟》中，列舉了十五個問題對

孟子進行非難和評擊。兩漢時期，關於《孟子》的注解大量出現，特別是趙岐的《孟子章句》出現後，孟子之學始被彰顯。孟子的地位也誠如趙岐所言：「訖今諸經通義，得引《孟子》以明事，謂之博文。」〔註3〕漢代儒者徵引《孟子》來闡釋經義成爲時尚，這對唐宋間的孟子升格、《孟子》升經運動也產生了深遠的思想史影響〔註4〕。

漢末以來，儒學發生信仰危機，孟學也隨之進入了衰變期，較少出現孟學新著。隋唐時期，在佛教的刺激下，儒生爲了維護儒家道統以與佛教的法統抗爭，孟子又重新受到重視，大量《孟子》注疏湧現。唐代德宗與憲宗年間，韓愈著《原道》指出：「求觀聖人之道，必自孟子始。」〔註5〕列孟子爲先秦儒家唯一繼承孔子道統人物，竭力推崇孟子，把孟子看成是儒家正統派的代表，在歷史上第一次完整地構建了儒家的「道統」說，由此開啓了一項遙尊孟子而復興絕學的宏偉事業。

宋代孟子學說越來越爲統治階級重視。北宋神宗年間，《孟子》一書首次被列爲科舉考試科目之中，孟子也被追封爲「鄒國公」，被批准配享孔廟，《孟子》一書也被升格爲儒家經典。關於孟學的著作也蔚爲大觀，各種書目著錄有 100 多種，流傳至今的也有 20 多種。《孟子》一書在此時代上升到經書的位置，列「十三經」之一。此時期孟學總的特點是採取注疏、傳說、考辨三種研究方式，闡發「義理」〔註6〕。其研究成果首推孫奭的《孟子音義》，其後，程頤、程顥二程對於孟學的推尊和詮釋，孟學在宋代地位的提升和思想的推廣起到了重要的推動作用。最終，程頤的四傳弟子朱熹把《孟子》《論語》《大學》《中庸》合爲「四書」，地位在「五經」之上，在儒學史上完成了儒家道統體系的重新建構。

元、明時期，《孟子》著述數量依然可觀，但囿於朱熹《集注》，步朱熹後塵者爲多，創新上既不及漢唐，更不及兩宋。明代考證方面出現諸如《四書人物考》《別本四書名物考》《四書考》《四書經學考》等著作，均未能精當。

清代的《孟子》研究日趨精細，孟學涵蓋義理、考據、辭章諸方面，內容豐富，形式多樣，可供總結和借鑒之處不少。乾嘉之際，《孟子》的輯佚、

〔註3〕焦循：《孟子正義》卷一，北京：中華書局，1987 年，第 17 頁。
〔註4〕楊海文：《孟子與漢代思想史的散點透視》，《齊魯學刊》1998 年第 3 期。
〔註5〕〔唐〕韓愈著，錢仲聯、馬茂元校點：《韓愈全集》，上海：上海古籍出版社，1997 年，第 212 頁。
〔註6〕劉斌：《歷代〈孟子〉研究概觀》，《齊魯學刊》1987 年第 2 期。

校勘工作達到更是達到鼎盛，取得不少超越前人的成就，戴震的《孟子字義疏證》、崔述的《孟子事實錄》成爲時代佳作。此後，焦循的《孟子正義》（三十卷）充分吸收前人研究成果，更是一部薈萃百家之說的力作。

縱觀孟學研究的歷程來看，歷代思想家或注疏家於疏通孟學之際，畸輕畸重各有所長，高峰低谷交替，特色迥異。如漢代趙岐、宋代王安石等側重其「外王」面，就社會政治發揮較多；朱熹、王陽明、戴震等側重哲學問題，對知識與道德發揮較多。總體看《孟子》研究，戰國時期偏重於思想辯駁，漢代偏重於明名物訓詁，唐代偏重於音義注釋，宋元明注重義理闡發，清代則偏重於考據〔註7〕。

三、《孟子微》的寫作

戊戌政變後，光緒皇帝被囚，六君子被捕殺，清政府開始通緝康有爲，在外國友人的幫助下，康有爲逃外海外，先後遊歷了日本、印度、加拿大、英國等，清光緒二十七年（1901）康有爲在印度期間，《孟子微》一書著成。當康有爲聽到辛丑條約簽訂的消息，深憾自己身在異國，未能爲國出力，悲極涕零，轉而將精力轉入著述之中。康有爲認定孟子深得孔子思想的微言大義，故而對孟子推崇備至，而歷代《孟子》注疏皆未能探得孟學之眞義。所以，康有爲撰寫《孟子微》，目的仍是闡釋孔孟思想的「微言大義」。他表述自己的看法：「孔子不可知，欲知孔子者，莫若假途於孟子。蓋孟子之言孔道，如尋水之有支派脈絡也，如伐樹之有干枝葉卉也，其本末至名，條例至詳。通乎孟子，其於孔子之道得門而入，可次第升堂而入室也。……不揣愚謬，探原分條，引而申之，表其微言大義。」〔註8〕康有爲以爲歷代《孟子》注釋者皆未能探得孟學眞義，故需以儒家文化爲本位的基礎上，演繹孟子大旨，西學予以輔證，表孟子「微言大義」。《孟子微》出，學者便「可知孟子大道之全。孔學之要，入聖之門」〔註9〕。

〔註7〕趙慶偉：《孟學的演進及其時代特色》，《中南民族大學學報》（人文社會科學版）2006 年第 5 期。

〔註8〕康有爲：《孟子微》，姜義華、張榮華編校：《康有爲全集》第 5 集，北京：中國人民大學出版社，2007 年，第 413 頁。

〔註9〕康有爲：《孟子微》，姜義華、張榮華編校：《康有爲全集》第 5 集，北京：中國人民大學出版社，2007 年，第 413 頁。

　　《孟子微》撰寫於西方列強入侵，中國民族危機日益加深之際。時代危機決定了「康有為以解讀《孟子》來解釋當下的社會需求，可以作為解讀經典者個人將經典思想與當下社會運動狀況聯繫起來的典型個案」〔註10〕。康有為「自幼深受孔學薰陶，先入為主。朱九江漢宋兼融之家法，遂成為其全部思想之主幹。其後旁覽西書，雖多掇探，不過資以補充印證其所建造之孔學系統，非果捨己從人，欲逃儒以歸於西學。」〔註11〕

　　康有為通過中西對比發現，《孟子》思想可容納西方近代民主、自由、平等等觀念，於是通過《孟子微》融通新舊，融合中西。黃俊傑先生肯定了康有為在中西文化交接時所扮演的「調和」角色，認為康有為「努力以孟學中原有的觀念或制度如民本、均平、井田等作為融通中外的契機。《孟子微》展現康有為在傳統中所獲得的智慧，全書引入近代西方的自由、民主、平等以及社會達爾文主義、重商思想，確為孟學傳統別開新面」〔註12〕。康有為以注解傳統經典的方式，廣征西學加以補充印證，宣傳維新觀念，使孟學「微言大義」獲得時代意義。也就是說，康有為在形勢日蹙情況下闡發孟子思想，實欲拯救社會。

　　康有為《孟子微》喚起民族意識，體現出當時改革弊政的要求，其學說在比較在中西文化過程中，開啟了儒學近代化，對以後新儒家中西學術貫通具有借鑒意義。透過《孟子微》，我們便可以看到儒家經典詮釋是怎樣促進中西思想融合，為近代中國服務。

第二節　內容解析

　　康有為《孟子微》把《孟子》七篇內容打散，採取以類相從的體例，重新作編排，不「循七篇之舊」〔註13〕，以「探原分條，引而伸之，表其微言

〔註10〕任劍濤：《經典解中的原創思想負載——從〈孟子字義疏證〉與〈孟子微〉看》，《中國哲學史》，2002年第1期。

〔註11〕蕭公權：《中國政治思想史》，《中國現代學術經典・蕭公權卷》，石家莊：河北教育出版社，1999年，第579～580頁。

〔註12〕黃俊傑：《從〈孟子微〉看康有為對中西思想的調融》，轉引自林慶彰主編，洪鎰昌著：《康有為〈孟子微〉研究》，臺北：花木蘭文化出版社，2009年，第1頁。

〔註13〕康有為：《孟子微》，姜義華、張榮華編校：《康有為全集》第5集，北京：中國人民大學出版社，2007年，第412頁。

大義」〔註14〕。《孟子微》全書共分八卷，十八篇，卷首有康有爲於是年冬至日寫就的序言，具體可分爲卷一包括爲《總論》，卷二包括《性命》、《心身》兩篇；卷三包括《仁義》《禮智》《孝悌》《仁不仁》及《王霸》四篇；卷四包括《仁政》《同民》兩篇；卷五包括《政制》《外交》及《戰》三篇；卷六爲《貴恥》篇；卷七包括《師友》《辨說》與《論古》三篇；卷八爲《辟異》篇。康有爲《孟子微》在引《孟子》原文後面加上自己解讀，爲《孟子》賦予新的時代內涵。誠如任劍濤先生從經典詮釋學角度指出，康有爲預想到用經典來解釋社會政治問題，必然遭遇規則的自我約束條件下規則的矛盾問題，而顯示出的一種「解釋先見」，這樣孟子思想中「稱堯舜」的社會政治內容就不彰自顯了〔註15〕。當康有爲將《孟子》原有的思想主題做分割之後，就站在政治、經濟、社會的立場上詮釋孟子了。

一、述古論今，比附政治

戊戌變法失敗後，康有爲逃往海外，危機意識使康有爲時刻比較中西方社會政治現實。流亡印度期間撰寫《孟子微》，對中國社會、政治、經濟等現實問題非常關注，提出許多經世乃至救世的思想。任劍濤先生指出：「由於他（康有爲）捨棄了對於解釋者來講有較大限制的思想性主題，轉向關注限制較小的社會政治主題，從而最大限度地拉大了解釋空間。」〔註16〕

（一）闡發「民本」，引入「民主」

孟子思想寓有相當濃厚的民本色彩，強調政權轉移的根源應以民意爲依歸〔註17〕。康有爲闡釋孟子「民本」思想，落腳點都是國民，國君是人民的「公僕」。面對變法失敗，政治危機加劇，康有爲重申孟子貴民重民之主張，並賦予新義。將「民貴君輕」的觀念加以發揚，並且從理論上加以分析，引入近代民主制度。

〔註14〕 康有爲：《孟子微》，姜義華、張榮華編校：《康有爲全集》第5集，北京：中國人民大學出版社，2007年，第412頁。

〔註15〕 任劍濤：《經典解中的原創思想負載——從〈孟子字義疏證〉與〈孟子微〉看》，《中國哲學史》，2002年第1期。

〔註16〕 任劍濤：《經典解中的原創思想負載——從〈孟子字義疏證〉與〈孟子微〉看》，《中國哲學史》，2002年第1期。

〔註17〕 黃俊傑：《孟學思想史論》，臺北：東大圖書公司，1991年，第180頁。

在「民爲貴，社稷次之，君爲輕」章，康有爲注曰：「此孟子立民主之制、太平法也。蓋國之爲國，聚民而成之，天生民而利樂之，民聚則謀公共安全之事，故一切禮樂政法皆以爲民也。但民事眾多，不能人人自爲，公共之事必公舉人任之。所謂君者，代眾民任此公共保全安樂之事，爲眾民之所公舉，即爲眾民之所公用。民者如店肆之東人；君者乃聘雇之司理人耳。民爲主而君爲客，民爲主而君爲僕，故民貴而君賤，易明也。眾民所歸，乃舉爲民主，如美、法之總統。然總統得任群官，群官得任庶僚，所謂「得乎丘民爲天子，得乎天子爲諸侯，得乎諸侯爲大夫」也。今法、美、瑞士及南美各國皆行之，近於大同之世，天下爲公、選賢與能也。孟子已早發明之。」〔註18〕

在「湯放桀，武王伐紂」章，康有爲注曰：「民者，天所生也；國者，民共立也。民各營其私也，必當有人代執其公事，如一公司之有千萬分，不能不舉一司理人以代理焉。君者，國民之代理人也。代理人以仁養民，以義護民，眾人歸心，乃謂之君。所謂天下歸往，謂之王則可。常爲司理，如有侵吞，已當斥逐，況於殘虐爲民賊乎？億兆怒之，無助之者，是謂一夫。」〔註19〕

在「敢問不見諸侯，何義也」章，康有爲注曰：「民曰庶人，蓋同與天生，君與民皆人也，其道平等。」〔註20〕

在「今王與民同樂」章，康有爲注曰：「獨樂不如與人樂，少樂不如眾樂，實是人情。故非地球太平大同，人人獨立平等，民智大開，盡除人患而致人樂，不能致眾樂也。孟子一通仁說，推波助瀾，逢源左右，觸處融碎。今泰西茶會動至數千人，賽會燃燈至數百萬人，其餘一切會皆千數百人，皆得眾樂之義。孟子爲平等大同之學，人己平等，各得其樂，固不肯如暴君民賊，凌虐天下，以奉一己之體，而但縱一人之欲；亦不肯爲佛氏之絕欲、墨子之尚儉，至生不歌、死無服，裘葛以爲衣、跌矯以爲服，使民憂、使民悲也。宋賢自朱子染於釋氏無欲之說，專以克己，禁一切哥樂之事，其道太觳，近於墨氏。使民情不歡，民氣不昌，非孔子道也。」〔註21〕

〔註18〕 康有爲：《孟子微》，姜義華、張榮華編校：《康有爲全集》第5集，北京：中國人民大學出版社，2007年，第421頁

〔註19〕 康有爲：《孟子微》，姜義華、張榮華編校：《康有爲全集》第5集，北京：中國人民大學出版社，2007年，第465頁。

〔註20〕 康有爲：《孟子微》，姜義華、張榮華編校：《康有爲全集》第5集，北京：中國人民大學出版社，2007年，第477頁。

〔註21〕 康有爲：《孟子微》，姜義華、張榮華編校：《康有爲全集》第5集，北京：中國人民大學出版社，2007年，第462頁。

在「萬物皆備於我矣」章，康有爲注曰：「人人獨立，人人平等，人人自主，人人不相侵犯，人人交相親愛，此爲人類之公理，而進化之至平者乎！此章，孟子指人證聖之法、太平之方，內聖外王之道盡於是矣，學者宜盡心焉！」〔註22〕

在「所謂有故國者，非謂有喬木之謂也」章，康有爲注曰：「此孟子特明升平、授民權、開議院之制。蓋今之立憲體，君民共主法也。今英、德、奧、意、葡、比、荷、日本皆行之。左右者，行政官及元老顧問者也；諸大夫，上議院也。一切政法以下議院爲與民共之，以國者國人公共之物，當與民公任之也。孔子之爲《洪範》曰：「謀及卿士，謀及庶人」是也。堯之師錫眾曰：「盤庚之命，眾至庭。」皆是民權共政之體，孔子創立，而孟子述之。」〔註23〕

在「舜爲天子，皋陶爲士，瞽瞍殺人，則如之何」章，康有爲注曰：「此明司法之獨立，而法律各有權限，不得避貴也。各國律皆有議貴之條，此據亂世法也。若平世法，則犯罪皆同。美國總統有罪，亦可告法司而拘之，義同於此，近升平法也。」〔註24〕

《孟子》思想本身就隱含有平等之義，在以往傳統局限下，都未能落實到政治思想領域。康有爲接觸到西方民主思想後，《孟子》開始融入西學，《孟子微》汲取時代所需要的民主精神，提出「授民權、開議院」的政治基礎，把西方「茶會，賽會燃燈會」說成是「與民同樂」；把「司法獨立」看成是「王子犯法與庶民同罪」，行政不得干預司法，以保證司法公正性與權威性。康有爲以王子犯法與庶民同罪是傳統儒家固有理念，把現今西方的司法獨立與孟子重民思想相契合；把孟子所謂「用人」「去人」「殺人」要聽從國人的意見，以順應民意，合乎民心的理念，引申到近代憲政制度，闡述近代社會中的議會制、君主立憲制。

（二）提倡民主，結合「三世」

康有爲在吸取近代西方的憲政學說的基礎上，把君主、君民共主、民主與《春秋》公羊三世之說，即據亂世、升平世、太平世結合起來，主張君主

〔註22〕 康有爲：《孟子微》，姜義華、張榮華編校：《康有爲全集》第5集，北京：中國人民大學出版社，2007年，第422頁。

〔註23〕 康有爲：《孟子微》，姜義華、張榮華編校：《康有爲全集》第5集，北京：中國人民大學出版社，2007年，第421頁。

〔註24〕 康有爲：《孟子微》，姜義華、張榮華編校：《康有爲全集》第5集，北京：中國人民大學出版社，2007年，第464～465頁。

和人民是平等的，對憲政條件下的君民共主體制作了詳盡的闡釋。同時，把西方近代進化論貫穿在其中，彰顯「生存競爭」「優勝劣汰」等進化觀點。

在「夫道一而已矣」章，康有爲注曰：「孔子立三世，有據亂、有升平、有太平。家天下者，莫如文王，……撥亂升平之君主也；公天下者，莫如堯舜，選賢能以禪讓，太平大同之君主也。」〔註25〕

在「天與賢，則與賢，天與子，則與子」章，康有爲注曰：「此明君民共主之義。民思賢主，則立其子，如法國再立罅禮拿破崙第三也。或民主，或君主，皆因民情所推戴，而爲天命所歸依，不能強也。亂世、升平世、太平世，皆有時命運遇，不能強致，大義則專爲國民。若其因時選革，或民主，或君主，或君民共主，迭爲變遷，皆必有之義，而不能少者也。即如今大地中，三法並存，大約據亂世尙君主，升平世尙君民共主，太平世尙民主矣。此孟子遍論三世立主之義。其法雖不同，而其因世得宜，則一也。」〔註26〕

在「禹、稷當平世，三過其門而不入」章，康有爲注曰：「孟子傳《春秋》公羊學，故有平世、亂世之義，又能知平世、亂世之道各異。然聖賢處之，各因其時，各有其宜，實無可如何。蓋亂世各親其親、各私其國，只同閉關自守；平世四海兄弟、萬物同體，故宜饑溺爲懷。不概亂世主於別，平世主於同。亂世近於私，平世近於公；亂世近於塞，平世近於通，此其大別也。孔子豈不欲即至平世哉？而時有未可治，難躐級也。如父母之待嬰兒，方當保抱攜持，不能遽待以成人之禮；如師長之訓童蒙，方用夏楚收威，不能遽待以成學之規。故獨立自由之風、平等自主之義、立憲民主之法，孔子懷之，待之平世，而未能遽爲亂世發也。以亂世民智未開，必當代君主治之、家長育之。否則團體不固、民生難成。未至平世之時，而遽欲去君主，是爭亂相尋，至國種夷滅而已。猶嬰兒無慈母，則棄擲難以成人；蒙學無嚴師，則遊戲不能成學。故君主之權、綱統之役、男女之別、名分之限，皆爲亂世法而言之。至於平世，則人人平等有權、人人饑溺救世，豈復有閉門、思不出位之防哉！若孔子生當平世，文明大進，民智日開，則不必立綱紀、限名分，必令人人平等獨立，人人有權自主，人人饑溺救人，去其塞、除其私、放其別，而用通、同、公三者，所謂易地則皆然，故曰『禮時爲大』……《春秋》

〔註25〕康有爲：《孟子微》，姜義華、張榮華編校：《康有爲全集》第5集，北京：中國人民大學出版社，2007年，第413頁。

〔註26〕康有爲：《孟子微》，姜義華、張榮華編校：《康有爲全集》第5集，北京：中國人民大學出版社，2007年，第447頁。

三世，亦可分而爲二。孔子託堯、舜爲民主大同之世，故以禹、稷爲平世，以禹、湯、文、武、周公爲小康君主之世，故以顏子爲亂世者，通其意，不必泥也。」〔註27〕

在「春秋無義戰」章，康有爲注曰：「孔子先發大夫不世之義，故亂世去大夫，升平去諸侯，太平去天子，此進化次第之理。今法、德、意、西班牙、日本各國，亦由暫削封建而歸於一，亦定於一之義也。」〔註28〕

在「得志行乎中國，若合符節，先聖後聖」章，康有爲注曰：「舜爲太平世民主之聖，文王爲撥亂世君主之聖，皆推不忍之性以爲仁政，得人道之至以爲人矩者。孔子祖述憲章，以爲後世法程。其生自東西夷，不必其爲中國也；其相去千餘歲，不必同時也。雖跡不同，而與民同樂之意則同。孟子所稱仁心仁政，皆法舜、文王，故此總稱之。後世有華盛頓，其人雖生不必中國，而苟合符舜、文，固聖人所心許也。」〔註29〕

在「至於禹而德衰」章，康有爲注曰：「或民主，或君主，皆因民情所推戴，而爲天命所歸依，不能強也。亂世、升平世、太平世，皆有時命運遇，不能強致，大義則專爲國民。若其因時選革，或民主，或君主，或君民共主，迭爲變遷，皆必有之義，而不能少者也。即如今大地中，三法並存，大約據亂世尚君主，升平世尚君民共主，太平世尚民主矣。」〔註30〕

康有爲認爲中國要由「據亂世」進入「升平世」，必須改「君主專制」爲「君主立憲」，繼而「由君主而君民共主而民主」，再「由專制而立憲而共和」。因而，康有爲又將「三世」進行細分，「三世」中「一世之中有三世，故可推爲九世，又可推爲八十一世，以致無窮。」〔註31〕

康有爲十分服膺孟子的觀點，以「孟、荀尤以巨儒爲二大宗」〔註32〕，

〔註27〕 康有爲：《孟子微》，姜義華、張榮華編校：《康有爲全集》第 5 集，北京：中國人民大學出版社，2007 年，第 421～422 頁。

〔註28〕 康有爲：《孟子微》，姜義華、張榮華編校：《康有爲全集》第 5 集，北京：中國人民大學出版社，2007 年，第 450 頁。

〔註29〕 康有爲：《孟子微》，姜義華、張榮華編校：《康有爲全集》第 5 集，北京：中國人民大學出版社，2007 年，第 417 頁。

〔註30〕 康有爲：《孟子微》，姜義華、張榮華編校：《康有爲全集》第 5 集，北京：中國人民大學出版社，2007 年，第 464 頁。

〔註31〕 康有爲：《孟子微》，姜義華、張榮華編校：《康有爲全集》第 5 集，北京：中國人民大學出版社，2007 年，第 416 頁。

〔註32〕 康有爲：《孟子微》，姜義華、張榮華編校：《康有爲全集》第 5 集，北京：中國人民大學出版社，2007 年，第 411 頁。

強調孟子所傳是公羊之學，利用孟子的「仁政」思想，借鑒近代西方的政治、法律、經濟等學說，融匯君主、君民共主、民主與據亂世、升平世、太平世等《公羊》「三世」說，倡導平政，天下人平等，提倡近代政治制度。在康有爲看來，英、德、奧、意、葡、比、荷、日本等國皆實行君民共主，全體國民共同參與政治，體國爲國人所有，將美國華盛頓所行之政與舜、文王仁政附會。舉華盛頓以與舜和西周文王相提並論，以證近代西方的民主思想與孟子學說足以相印證。現將康有爲在《孟子微》中提及的政治制度與理念所對應的「三世」列表如下。

	據亂世	升平世	太平世
政 治	家天下	家天下	公天下
	文王	文王	堯、舜、華盛頓
	封建諸侯	授民權、開議院	民主政治
	去大夫	去諸侯	去天子
	重刑		
	尙君主	君民共主	民主政治
	議貴之條	犯罪皆同	
	以力服人		以德服人

二、談古敘今，比附經濟

孟子時代以農業立國，所以《孟子》中所講經濟活動，都是指農業活動而言。而當時中國需要的是發展工商業，所以，康有爲認爲清政府不應該偏重農業，強調發展工商業的重要性，中國經濟的中心應該是工商業。康有爲在《上清帝第三書》中，對光緒皇帝說：「不揣狂愚，竊爲皇上籌自強之策，計萬世之安，非變通舊法，無以爲治。變之法，富國爲先。」〔註33〕在逃亡海外過程中，更對歐美發展工商業而實現民眾富庶的印象深刻。

（一）富民在於重商

《孟子微》書中，康有爲在吸取近代西方的憲政學說基礎上，對憲法政治條件下的君民共主體制作了詳盡地闡釋。同時，康有爲引入西方重商思想、近代經濟思想解釋孟子思想中關於經濟利益公平分配，追求均平，富民等。

〔註33〕康有爲：《上清帝第三書》，姜義華、張榮華編校：《康有爲全集》第 2 集，北京：中國人民大學出版社，2007 年，第 69 頁。

在「伯夷辟紂，居北海之濱」章，康有爲注曰：「蓋均無貧、安無傾，近美國大倡均貧富產業之說，百年後必行孔子均義，此爲太平之基哉！」〔註34〕

在「子產聽鄭國之政」章，康有爲注曰：「孟子明平政之義，天生人平等，故孔子患不均，《大學》言平天下，不言治世，蓋以平爲第一要義耳。平政者，行人人平等之政，如井田，其一端也。」〔註35〕

在「易其田疇，薄其稅賦，民可使富也」章，康有爲注曰：「此言富民民自仁，即富而教之義。倉廩實而後知禮節，衣食足而後知廉恥也，此乃定理。觀今歐美風俗，富者動捨財數千百萬，爲一學堂醫院，或養狂病老年之人。吾遊其間，整潔壯麗，飲食衣物，坐起操作，優游皆有法度，國無乞丐，皆由民富致然。吾國人眾而奇貧，飢寒切膚，不顧廉恥，良由上無仁政，又不公權，富民無術而使之然。易田疇，薄稅賦，實時用禮，此古者以農立國之法，今則兼公賈百計，要其大旨，不外富民。孟子言，使有菽栗如水火，民無不仁。今美國歲出金銀工技無數，其俗之美而驟進然哉。」〔註36〕

在「市廛而不徵，法而不廛」章，康有爲注曰：「孟子一生心術全在於民，其言政法，全在悅民，尊賢使能。市廛而不徵，法而不廛，關譏而不徵，耕助而不稅，廛無夫里之布，五者皆孔子仁政。蓋當時治市，既須治法，又有廛稅，又有貨徵，又每夫每裏頭會箕斂，稅極繁苛，故孟子日以薄稅斂爲言也。孔子一切削除，市則或稅廛，耕則但求助，仁之至矣。天下古今無比之者，士農工商旅安得不悅？觀今各國人皆爭遷往美國，歲增十萬人，英、德極禁之不可得，所謂悅而緣歸之，宜其爲天下強也。」〔註37〕

可見，康有爲以《大學》引出經濟上的平均。在現實商業活動中，康有爲主張工商利益平均和薄稅制度，爲了避免弱者在競爭中被淘汰，重商應該在於「薄稅」，「薄稅」可以「聚民」。在探明《孟子》中所見的貢法後，康有爲又列舉歐、美諸國之貢法與中國進行比較，並稱：「中國稅於民極薄，然不

〔註34〕 康有爲：《孟子微》，姜義華、張榮華編校：《康有爲全集》第5集，北京：中國人民大學出版社，2007年，第420頁。

〔註35〕 康有爲：《孟子微》，姜義華、張榮華編校：《康有爲全集》第5集，北京：中國人民大學出版社，2007年，第472頁。

〔註36〕 康有爲：《孟子微》，姜義華、張榮華編校：《康有爲全集》第5集，北京：中國人民大學出版社，2007年，第458頁。

〔註37〕 康有爲：《孟子微》，姜義華、張榮華編校：《康有爲全集》第5集，北京：中國人民大學出版社，2007年，第459頁。

足以立國、養兵、興學、勸業、修道、衛生、恤貧。」〔註38〕於是中國的「薄
稅斂甚矣，皆孟子垂訓之功也。」〔註39〕

（二）強國在於重工

康有爲主張重商富民發展經濟的同時，又把工業作爲社會發展的原動
力，工商並重，才可國富民強。因此，康有爲推崇美國歐美的「大公司」，在
他看來，美國的工業發達，經濟富裕，「大公司」是關鍵。也是「太平世」應
有之義。

在「五霸者，三王之罪人也」章，康有爲注曰：「古者地荒，以農立國，
故專言農事。今則當增工商矣。此皆撥亂之論，今近升平世，亦少異。補不
足，助不給，尊賢養老，則平世不能外者矣。」〔註40〕

在「桀紂之失天下也，失其民也」章，康有爲注曰：「民之欲富而惡貧，
則爲開其利源，厚其生計，如農工商礦、機器製造之門是也。民之欲樂而惡
勞，則休息、燕饗、歌舞、遊會是也。民之欲安而惡險，則警察保衛於舟車
道路是也。民之欲通而惡塞，則學校、報紙、電機是也。凡一切便民者皆聚
之。故博物院、草木禽魚之囿、賽珍之會，凡遠方萬國之物，古今快意奇意
之事，皆置之於都邑以樂之。」〔註41〕

在「有爲神農之言者許行，自楚之滕」章，康有爲注曰：「機器既昌，一
針一線之微工，分百數十業，而一人所成物無數，其精亦無數，況一衣乎？……
歐洲各國之人多遷於美國，德、英欲極禁而不可得，亦可見滕文公得民之盛
矣。」〔註42〕

在「周室班爵祿也，如之何」章，康有爲注曰：「近平世，大工大商大農，
各公司規模之大，條理之詳，體制之備，與封建之一國無異。……今大製造
廠，及大商貨店，及大農所耕之地，用人多至萬數，德國克虜伯炮工人，則

〔註38〕 康有爲：《孟子微》，姜義華、張榮華編校：《康有爲全集》第5集，北京：中
　　　　國人民大學出版社，2007年，第454頁。

〔註39〕 康有爲：《孟子微》，姜義華、張榮華編校：《康有爲全集》第5集，北京：中
　　　　國人民大學出版社，2007年，第458頁。

〔註40〕 康有爲：《孟子微》，姜義華、張榮華編校：《康有爲全集》第5集，北京：中
　　　　國人民大學出版社，2007年，第453頁。

〔註41〕 康有爲：《孟子微》，姜義華、張榮華編校：《康有爲全集》第5集，北京：中
　　　　國人民大學出版社，2007年，第448頁。

〔註42〕 康有爲：《孟子微》，姜義華、張榮華編校：《康有爲全集》第5集，北京：中
　　　　國人民大學出版社，2007年，第496頁。

至十二萬，塞敦花廠用人則至六萬矣。今百里大國口分不過十六萬，小國則二萬四萬耳，與克虜伯炮廠何異？故一廠之總辦，即君也。幫辦，即卿也。分理，即大夫也。執事諸工，即士也。其等差亦自然之理。既有此大力，故議院必列席焉，此亦諸侯入仕王朝之比矣。……故亂世封建曰國，平世封建曰公司。亂世之封建以兵力，平世之封建以財力。亂世之封建在據地，平世之封建在聚人。有過大公司，皆小民所託以食，孔子封建井田之意，故不能廢也。今僅萌芽耳，積久則舉大地盡歸大公司，而成一新封建之世。……然至天下爲公時，則一切皆成大公司，但屬於公耳。」〔註43〕

在「孟子曰：伯夷辟紂，居北海之濱」章，康有爲注曰：「據亂世人少，專事於農田；升平世人繁，兼於工商，然均平之義，則無論農工商而必行者也。井田什一而籍者，亦孔子先懸農者一影耳。……若以工商大公司爲一封建，則督辦公司事即君公士夫，而各工夥即其民也。人執一業，量以授薪，於公司之中，飲食什器衣服備矣。休沐遊之，立學教之，選取升之，力役共之，非一農田之小封建哉？歐美之大農及大製造大商，參與議院，引於宴會，則以諸侯入爲天子大夫矣。備於禮樂，故孔子井田之制，施之據亂世而準，推之太平世而準者也。」〔註44〕

可見，康有爲根據自己遊歷歐美期間所看到的西方公司組織，認爲這是致富的根源所在。經濟富裕之後，學校、醫院、養老院、精神病院等設施就會相應有富人捐資興建，整個社會就會政治穩定，經濟發達，道德水平高尚。當然，這些依然根源於孔孟之道。

（三）農為根本，義利並重

康有爲一再推崇孔子井田制度的均平精神，認爲歐美的大公司制度是秉承了孔子井田均平精神的原則，由均平的經濟生產，進而建立起富庶的經濟形態。這種均平精神，在社會進化下將具有代表性，也體現相應的權利。

在「伯夷辟紂，居北海之濱」章，康有爲注曰：「不忍之政在仁民，井田是也，孔子之道，內外本末並舉，……一夫失所，若納於陷，思所以安樂平均之。故創井田之制，令人人得百畝之地而耕之，……田產平均，人人無甚

〔註43〕 康有爲：《孟子微》，姜義華、張榮華編校：《康有爲全集》第5集，北京：中國人民大學出版社，2007年，第469～470頁。

〔註44〕 康有爲：《孟子微》，姜義華、張榮華編校：《康有爲全集》第5集，北京：中國人民大學出版社，2007年，第420頁。

富貧，升平之制也。……古者大地未通，有土生財，以農立國，故造平法莫
先農田。」〔註45〕

在「齊桓、晉文之事可得聞乎」章，康有爲注曰：「孔子不獨子其子，視
民如子，乃創置產授田之制。……此孟子告騰文公、齊宣王、梁惠王無他經
綸，不出井田之一策。誠以平世之義，不忍之政，無以國此者也。」〔註46〕

在《孟子微》中，康有爲引用《易》《書》《大學》等，說明「利」的
重要，將「利」說成是一種「仁義」的表現，利人利己的精神，揭示「仁
義」並非「利」的對立物，相反，二者具有兼容性、一致性，是三世進化
的精義。

在「宋牼將之楚，孟子遇於石丘」章，康有爲注曰：「《易》言曰『乾，
元亨利貞』，爲四德，又曰：『利見大人』，『利涉大川』，『乾始以美利利天下』，
『利國前民』。《書》言：『黎明尚亦有利哉』，《大學》言：『小人樂其樂而利
其利』何嘗不言利？但《易》所謂利者，義之和也。《書》《大學》所謂利者，
仁以安仁，是即仁義也。仁爲人利，即能我利，義得人和，即得人利。但如
此，謂之仁義，不謂之利矣。得其和者，人己之界甚平，無侵無越之謂，所
謂不患貧而患不均也，《春秋》所謂名分。子貢曰：『不欲人之加諸我，吾亦
欲無加諸人』，義之和也。如此，則利可也。」〔註47〕

可見，康有爲肯定孟子的「不忍之心」，從人性平等推出人格平等，進而
倡導仁政，反對不仁之政，導出在政治、法律、經濟上各項制度的建立以確
保仁政的實施，而在講「利」的同時，重「義」的觀點始終貫穿於其中。

康有爲著《孟子微》時，距戊戌變法失敗已 13 年，遊歷歐美 11 國，對
西方經濟制度已經有了初步的瞭解，認爲西方富人捐款數千百萬給學校、醫
院、養老院、精神病院等，整個社會政治穩定，經濟發達，道德水平高尚等，
一切皆由國富所致。在康有爲「三世」理論中，不同「世」，所行的經濟制度
也不一樣，現將康有爲在《孟子微》中所提到的經濟制度對應的「三世」列
表如下。

〔註45〕康有爲：《孟子微》，姜義華、張榮華編校：《康有爲全集》第 5 集，北京：中
國人民大學出版社，2007 年，第 420 頁。

〔註46〕康有爲：《孟子微》，姜義華、張榮華編校：《康有爲全集》第 5 集，北京：中
國人民大學出版社，2007 年，第 457 頁。

〔註47〕康有爲：《孟子微》，姜義華、張榮華編校：《康有爲全集》第 5 集，北京：中
國人民大學出版社，2007 年，第 469～470 頁。

	據亂世	升平世	太平世
經　濟	人少，專於農田	人繁，兼於工商	一切皆成爲大公司
		田產平均，人人無甚富貧	均無貧，安無傾
	貢	助	徹

三、借古諷今，比附制度

　　康有爲在撰《孟子微》時，清廷因義和團盲目排外而遭致八國聯軍入侵，國內、國際壓力日重，形勢危如累卵。《辛丑條約》的簽訂，大量自主權益的喪失，使中國陷入了前所未有的困境。故康有爲在社會制度方面，提出具體改良主張和措施，處處充滿強烈的經世致用思想。

（一）關注社會福利

　　因感受到西方社會福利制度的完善，康有爲對社會福利制度進行了關注，借用西方現有「養老、育嬰、慈幼、恤孤、恤寡、恤廢疾院」等設立社會福利設施，利用《孟子》中的仁政、愛民之義，主張重視照顧弱勢群體。

　　在「齊桓、晉文之事之事可得聞乎」章，康有爲注曰：「老吾老以及人之老，幼吾幼以及人之幼，孔子老安少懷之道，己立立人也。」〔註48〕

　　在「人皆毀我明堂。毀諸？已乎」章，康有爲注曰：「施鰥寡孤獨，乃大同之政，人人不獨親其親也。此爲養老、育嬰、慈幼、恤孤、恤寡、恤廢疾院之始。富人捐助，或國立之，要使民皆有養而已。」〔註49〕

　　在「伯夷辟紂，居北海之濱」章，康有爲注曰：「此明養老之義。……孔子立養老之禮，此蓋太平之制也。」〔註50〕

　　可見，康有爲既注重中國傳統的社會道德，又贊同西方的平等觀念。康有爲對西方進化論深有瞭解，擔心社會發展會導致人類會導致弱肉強食的局面。所以，必須採取措施加以調解，要「使民皆有養」。

〔註48〕康有爲：《孟子微》，姜義華、張榮華編校：《康有爲全集》第 5 集，北京：中國人民大學出版社，2007 年，第 456 頁。

〔註49〕康有爲：《孟子微》，姜義華、張榮華編校：《康有爲全集》第 5 集，北京：中國人民大學出版社，2007 年，第 461 頁。

〔註50〕康有爲：《孟子微》，姜義華、張榮華編校：《康有爲全集》第 5 集，北京：中國人民大學出版社，2007 年，第 466 頁。

（二）注重民眾休閒

康有爲還重視民眾的休閒，認爲經濟富裕之後，生活品質必然提升，西方國家業已實行的「公學校、公圖書館、公博物館、公音樂院」等將成爲民眾生活不可或缺，在中國可採用「富人捐助，或國立之」等方式實現。

在「齊宣王見孟子於學宮」章，康有爲注：「今歐美各國，每日必以下午休息，夜間行樂，七日則有休息日，商旅不行，慶典大節，則有休息日，有所行幸。復多爲歡會，以聚樂休息之。至士農工商，航海開山，尋地開河，及有奇藝異器，足以便國民者，國家皆有補助金，以資其成功。」〔註51〕

在「文王之囿方七十里」章，康有爲注曰：「今各國都邑皆有公囿，聚天下鳥獸草木，識其種別，恣民遊觀，以紓民氣，……公學校、公圖書館、公博物館、公音樂院，皆與民同者。凡一切藝業觀遊，足以開見聞，悅神思，便民用者，皆有公地以與民同，此乃孟子之意。孟子之學全在擴充，學者得其與同民之義，固可隨時擴充而極其樂也。」〔註52〕

在「人皆毀我明堂」章，康有爲注曰：「無論如何好貨好色多欲，苟能推恩同民，則可矣。今歐美人主不廢遊樂，蓋政律分明，立憲同之，故人主遊樂無礙也。」〔註53〕

可見，康有爲以「仁政不必泥古，也不限於一端」，把自己瞭解的西方休閒方式引入孟學，倡導人己平等，各得其樂。「聚民所欲，去民所惡」是經濟富裕之後國家的必然措施。

（三）提倡正常欲望

康有爲主張「男女平等」，提倡自由戀愛，不反對民眾的正常「欲望」，但是這些是要建立在有「恥心」的基礎上。

在「古之君子仕乎」章，康有爲注曰：「東西男女，頗近平等。太平時，人各自立，則有不待媒妁之言者，而未始不告父母族戚。若鑽穴逾牆，則固大地所共恥也。」〔註54〕

〔註51〕 康有爲：《孟子微》，姜義華、張榮華編校：《康有爲全集》第5集，北京：中國人民大學出版社，2007年，第463頁。

〔註52〕 康有爲：《孟子微》，姜義華、張榮華編校：《康有爲全集》第5集，北京：中國人民大學出版社，2007年，第461頁。

〔註53〕 康有爲：《孟子微》，姜義華、張榮華編校：《康有爲全集》第5集，北京：中國人民大學出版社，2007年，第461頁。

〔註54〕 康有爲：《孟子微》，姜義華、張榮華編校：《康有爲全集》第5集，北京：中國人民大學出版社，2007年，第465頁。

在「莊暴見孟子」章，康有爲注曰：「人身本有好貨、好色、好樂之欲，聖人不禁，但欲其推以同人。蓋孔孟之學在仁，故推之而彌廣。……不若因一切人情所有者，暢之以樂，節之以禮，既樂民氣，反得平中。」〔註55〕

在「民不可以無恥，無恥之恥，無恥矣」章，康有爲注曰：「風俗之美，在養民知恥。……若淫者，人欲所固有，有恥心，則可終身守節矣。利者，人欲所同然，有恥心，則可使路不拾遺矣。」〔註56〕

可見，康有爲早年就曾創《不裹足會草案》，令入會者皆不裹足〔註57〕。他把婦女的解放也看成是平等社會的應有之義，過度扼殺「欲望」只能導致偏激，但是「欲望」也需要約束。

四、融古合今，比附道德

追求利潤是經商的原則，康有爲不反對人們逐利。但是，逐利不能脫離道德約束。康有爲融合古今中外道德思想，承認人有先驗道德的同時，更強調道德是後天教化的結果。在他看來：「仁義禮智即懿德也，惟人入於形色體魄之中，則爲體魄所拘。投於聲色臭味之中，則爲物交所蔽。薰於生生世世業識之內，則爲習氣所鎔。故性不能盡善，而各隨其明簡輕清重濁以發之。要其秉彝所含終不能沒，苟能養之，終可以人人盡善。」〔註58〕教化可以使人內在的善質轉化爲善的德行。

在「性猶杞柳也，義猶杯棬」章，康有爲注曰：「然則告子、荀子、董子與孟子，實無絲毫之不合。特辨名有殊，而要歸則一也。乃若其情，可以爲善，即董子所謂善質，夫董子曰善質，既不能去善之名，又何爭於孟子哉！至王教之化，《大學》所謂『止於至善』。物有等差，善亦有等差也。孟子以善質爲善，亦可行也。杞柳爲括棬之說，孟子亦不能折之。但在順而擴充，不在逆而戕賊耳。……告子之說，在不識仁義，故孟子以爲禍仁義。若其言性，仍非大誤，但譬況不若性禾善米之更精耳。」〔註59〕

〔註55〕康有爲：《孟子微》，姜義華、張榮華編校：《康有爲全集》第5集，北京：中國人民大學出版社，2007年，第462頁。

〔註56〕康有爲：《孟子微》，姜義華、張榮華編校：《康有爲全集》第5集，北京：中國人民大學出版社，2007年，第474頁。

〔註57〕康有爲：《我史》，北京：中國人民大學出版社，2011年，第15頁。

〔註58〕康有爲：《孟子微》，姜義華、張榮華編校：《康有爲全集》第5集，北京：中國人民大學出版社，2007年，第426～427頁。

〔註59〕康有爲：《孟子微》，姜義華、張榮華編校：《康有爲全集》第5集，北京：中國人民大學出版社，2007年，第431頁。

在「人之所以異於禽獸幾希」章，康有爲注曰：「此孟子明人禽之界，即在仁義與不仁義之分，進化退化，相去幾希。」〔註60〕

在「白圭曰丹之治水也愈於禹」章，康有爲注曰：「白圭之才能，以築堤治水，曾爲白渠，名於時，故以自負。是亦近於今里息勃斯之流者，特自稱過於禹。豈知國士之所爲，僅私其國，而聖人之所爲，乃爲天下。當國界分明之時，眾論如飲狂泉，群盲共室，但知私其國，不知天下爲公；至國界既平時，即覺其私愚可笑。」〔註61〕

在承續傳統的先驗道德的同時，「南海聖人」也極爲注重道德的後天性，繼承和弘揚中國傳統道德觀中的合理因素，沿著孔子的「見利而思義」，孟子的「利心不可懷」的思路，認爲「今按聖人之言中本無性善名，而有『善人吾不得見之矣』。使萬民之性皆已能善，善人者何爲不見也？觀孔子言此之意，以爲善難當甚。而孟子以爲萬民性皆能當，過矣。聖人之性，不可以名性。斗臂之性，又不可以名性。名性，中民之性。……性待漸於教訓，而後能爲善。善，教誨之所然也，非質樸之所能至也，故不謂性。」〔註62〕康有爲合理界定利益邊界，消弭和矯正不當逐利行爲，使其更趨向於社會整體的公共利益。

第三節 思想特點

從《孟子微》書名上可以看出，康有爲在試圖發揮《孟子》一書的微言大義。形式上，康有爲用經典注解切入自己的見解，表述自己對社會變遷的理解。他撰《孟子微》時，清廷已內憂外患日亟，民族危機日趨深重，引發一系列社會現實問題。而康有爲因戊戌變法失敗而亡命國外 13 年，遍歷 11 國。此時，康有爲對孟子思想的認識、闡釋和評價，言語盡係經世濟民，極力加入西方思潮，調和中西，反映出他立足於變動的近代中國，融會貫通儒學與西學的努力，力圖彰顯《孟子》中的「微言大義」，以發揮孟子的人性、仁政，闡發其改革變法思想。

〔註60〕康有爲：《孟子微》，姜義華、張榮華編校：《康有爲全集》第 5 集，北京：中國人民大學出版社，2007 年，第 425 頁。
〔註61〕康有爲：《孟子微》，姜義華、張榮華編校：《康有爲全集》第 5 集，北京：中國人民大學出版社，2007 年，第 493 頁。
〔註62〕康有爲：《孟子微》，姜義華、張榮華編校：《康有爲全集》第 5 集，北京：中國人民大學出版社，2007 年，第 427 頁。

一、神化孔子思想

在《孟子微》中，康有爲秉承公羊學傳統，提倡孔子「素王改制」說法，把歷代公羊家思想中的孔子「素王改制」思想加以推衍，把孔子提升到神的位置。既爲神的孔子自然是超越常人的。他說：「天地所以爲大，而孔子所以神聖也。」〔註63〕因此，孔子的思想也是完美無瑕。

（一）給孔子加上高貴頭銜

爲證明孔子的出生是神性的，康有爲將孔子神話。神話孔子出生之後，康有爲進一步將孔子思想宗教化，給孔子加上教主、教王頭銜，還引用《荀子》《莊子》等書的記載，加以證明。

在「盛德之士，君不得而臣，父不得而子」章，康有爲注曰：「孔子蒼帝降精，此明天所降，生爲聖人，非父母所能。」〔註64〕

在「人皆有不忍人之心」章，康有爲注曰：「孔子爲教主，稱『素王』。《春秋》作，新王受命。孟子曰：『《春秋》天子之事。』《莊子》曰：『《春秋》經世，先王之志。』凡孟子、荀子，孔門後學所稱先王，皆孔子也。……蓋天下歸往謂之王，今天下所歸往者莫如孔子。……既天下歸往孔子，安得不爲王乎？」〔註65〕

在「人之所以異於禽獸者幾希」章，康有爲注曰：「《春秋》一書爲孔子素王改制之書。而傳說所傳《春秋》之義，乃爲孔子親裁之微言大義，可決矣！」〔註66〕

在「君子之不耕而食，何也」章，康有爲注曰：「先王，孔子也。孔子爲春秋新王。莊子曰：『《春秋》經世，先王之志。』荀子曰：『孔子仁智且不蔽，故治術可以爲先王也』可證。」〔註67〕

〔註63〕康有爲：《孟子微》，姜義華、張榮華編校：《康有爲全集》第5集，北京：中國人民大學出版社，2007年，第411頁。

〔註64〕康有爲：《孟子微》，姜義華、張榮華編校：《康有爲全集》第5集，北京：中國人民大學出版社，2007年，第444頁。

〔註65〕康有爲：《孟子微》，姜義華、張榮華編校：《康有爲全集》第5集，北京：中國人民大學出版社，2007年，第414頁。

〔註66〕康有爲：《孟子微》，姜義華、張榮華編校：《康有爲全集》第5集，北京：中國人民大學出版社，2007年，第425頁。

〔註67〕康有爲：《孟子微》，姜義華、張榮華編校：《康有爲全集》第5集，北京：中國人民大學出版社，2007年，第503頁。

在「以力假仁者霸，霸必有大國」等章，康有爲注曰：「故春秋以孔子爲新王，所謂善教以德行仁，爲後世之教王也。教王爲民所愛，天下心服，入其教者，遷善而不知，遇化存神，東西南北，無思不服，同流天地，非孔子孰當之？」〔註68〕

可見，康有爲把孔子從出生到思想神話，奉孔子爲「教主」「素王」「聖王」，就是爲了表明孔子學說是爲後世立制度，孔子之道又是「日以進化爲義，以文明爲主」〔註69〕，不拘泥。所以，是無限適用。

（二）給孔子思想無窮適用

康有爲認爲孔子是不出世的聖人，「稱孔子以『神明聖王』，至宜也」〔註70〕。孔子之道囊括萬有。孔子創教是爲人爲生民，因而，孔子的教義可以無窮適用。康有爲說：「大醫王藥籠中何藥不具？其開方也，但求病證，非其全體也。病變則方又變矣，無其病又不能授以藥也。豈有傳獨步單方，而可爲聖醫乎？」〔註71〕針對不同的問題形態，孔子提出不同的因應辦法。

在「大人者，言不必行，行不必果」章，康有爲注曰：「慈母之撫兒啼，多方以誘之，不限一術，要之能止兒啼而已。大人之治生民，多方以濟之，不限一道，要於能樂利群生而已。……至若處事，宜當變故，權宜濟難，其道固多。」〔註72〕

在「伯夷，非其君，不事」章，康有爲注曰：「此明孔子自有正道，諸教主雖有至德，究不可從也。蓋凡教主皆有絕人之詣，但協於人道，不得其正。惟孔子乃得人道之正，而可從而。」〔註73〕

〔註68〕康有爲：《孟子微》，姜義華、張榮華編校：《康有爲全集》第5集，北京：中國人民大學出版社，2007年，第452頁。

〔註69〕康有爲：《春秋筆削大義微言考》，姜義華、張榮華編校：《康有爲全集》第6集，北京：中國人民大學出版社，2007年，第11頁。

〔註70〕康有爲：《孟子微》，姜義華、張榮華編校：《康有爲全集》第5集，北京：中國人民大學出版社，2007年，第484頁。

〔註71〕康有爲：《孟子微》，姜義華、張榮華編校：《康有爲全集》第5集，北京：中國人民大學出版社，2007年，第412頁。

〔註72〕康有爲：《孟子微》，姜義華、張榮華編校：《康有爲全集》第5集，北京：中國人民大學出版社，2007年，第483頁。

〔註73〕康有爲：《孟子微》，姜義華、張榮華編校：《康有爲全集》第5集，北京：中國人民大學出版社，2007年，第492頁。

在「古之君子何如則仕」章，康有爲注曰：「運有隆污，遇有否泰，不持一議以待人，故立三者以爲經權常變之用。……蓋萬里甚博，故孔子皆設三以待之。」〔註74〕

在「伯夷，目不視惡色，耳不聽惡聲」章，康有爲注曰：「若孔子，則大化舒卷，與天同之，千百化身，無所不可。裘葛皆具，視冬夏而衣之；冰碳還備，因寒暑而用之。時無常，量無止，道無大小精粗，六通四闢，無所不在，故謂之集大成。不名一德，不限一器，無所不在，肫肫其仁，淵淵其淵，博博淵泉而時出之，此所以爲聖之不可測，而爲神也。」〔註75〕

康有爲把進化思想也「託古」給孔子，強調維新是「孔子之要義」，他說：「孔子道主進化，不主泥古，道主維新，不主守舊，時時進化，故時時維新。《大學》第一義在新民，皆孔子之要義也。……蓋凡物舊則滯，新則通；舊則板，新則活；舊則鏽，新則光；舊則腐，新則鮮。伊尹曰：『用其新，去其陳，病乃不存。』天下不論何事何物，無不貴新者。孟子言新子之國，蓋孔門非常大義，可行於萬世者也。」〔註76〕

二、提升孟子地位

在康有爲看來，孟子是「深得孔子春秋之學而神明之」〔註77〕，「無事不法堯、舜」〔註78〕，孟子之道都是來自孔子之道。康有爲自然地把孟子地位提高到曾子之上，提出了「孟子傳《公羊》」，「信孟子者知孔子」〔註79〕。

（一）孟子繼孔子之道

康有爲從不同以往的學術視角對孟子、荀子進行比較，認爲：「荀卿傳

〔註74〕康有爲：《孟子微》，姜義華、張榮華編校：《康有爲全集》第5集，北京：中國人民大學出版社，2007年，第475頁。

〔註75〕康有爲：《孟子微》，姜義華、張榮華編校：《康有爲全集》第5集，北京：中國人民大學出版社，2007年，第491頁。

〔註76〕康有爲：《孟子微》，姜義華、張榮華編校：《康有爲全集》第5集，北京：中國人民大學出版社，2007年，第455頁。

〔註77〕康有爲：《孟子微》，姜義華、張榮華編校：《康有爲全集》第5集，北京：中國人民大學出版社，2007年，第411頁。

〔註78〕康有爲：《孟子微》，姜義華、張榮華編校：《康有爲全集》第5集，北京：中國人民大學出版社，2007年，第492頁。

〔註79〕康有爲：《孟子微》，姜義華、張榮華編校：《康有爲全集》第5集，北京：中國人民大學出版社，2007年，第413頁。

《禮》，孟子傳《詩》《書》及《春秋》。」〔註80〕孟子思想出於孔子，是眞正繼承了孔子的衣缽，而且繼續和發展了孔子之道。

在「夫子加齊之卿相」章，康有爲注曰：「孟子之道，一切出於孔子」〔註81〕，在「居下位而不獲於上」章，康有爲注曰：「『子思言道，以誠爲本』，此傳子思之說者也。誠即善性，二者固異而同，此孔子至道傳授之眞也。」〔註82〕

在「君子之於物也，愛而佛仁」章，康有爲注曰：「孔子之仁，亦推於諸星諸天而無窮。孟子先發親親、仁民、愛物三等之凡例於此。」〔註83〕

在「象日以殺舜爲事」章，康有爲注曰：「孔子以生爲道，以仁爲道，……孟子傳之。」〔註84〕

在「道則高矣，美矣」章，康有爲注曰：「孟子之道，不在防守禮法之嚴，而在擴充善性之本，其道已極直捷，人人固有，人人可學，人人能逮。」〔註85〕

在「人之所以異於禽獸幾希」章，康有爲注曰：「孟子學孔子之道，嘗傳《春秋》學，故知孔子之大義微言。然則，求孔子之道，當於《春秋》。而考孟子之道，亦出於《春秋》矣。」〔註86〕

在「所謂故國者，非謂有喬木之謂也」章，康有爲注曰：「民權共和之體，孔子創立，而孟子述之。」〔註87〕

在「齊桓、晉文之事可得聞乎」章，康有爲注曰：「孔子之道在於恕，故下手全在有不忍之心而推之，孟子反覆證演，皆發推恩之義。」〔註88〕

〔註80〕康有爲：《孟子微》，姜義華、張榮華編校：《康有爲全集》第5集，北京：中國人民大學出版社，2007年，第411頁。

〔註81〕康有爲：《孟子微》，姜義華、張榮華編校：《康有爲全集》第5集，北京：中國人民大學出版社，2007年，第425頁。

〔註82〕康有爲：《孟子微》，姜義華、張榮華編校：《康有爲全集》第5集，北京：中國人民大學出版社，2007年，第481頁。

〔註83〕康有爲：《孟子微》，姜義華、張榮華編校：《康有爲全集》第5集，北京：中國人民大學出版社，2007年，第416頁。

〔註84〕康有爲：《孟子微》，姜義華、張榮華編校：《康有爲全集》第5集，北京：中國人民大學出版社，2007年，第444頁。

〔註85〕康有爲：《孟子微》，姜義華、張榮華編校：《康有爲全集》第5集，北京：中國人民大學出版社，2007年，第484頁。

〔註86〕康有爲：《孟子微》，姜義華、張榮華編校：《康有爲全集》第5集，北京：中國人民大學出版社，2007年，第425頁。

〔註87〕康有爲：《孟子微》，姜義華、張榮華編校：《康有爲全集》第5集，北京：中國人民大學出版社，2007年，第421頁。

〔註88〕康有爲：《孟子微》，姜義華、張榮華編校：《康有爲全集》第5集，北京：中國人民大學出版社，2007年，第457頁。

康有爲對孟子十分推崇，爲了提升孟子的地位，康有爲不惜貶低曾子、子夏，而彰顯子思。他說：「曾、夏皆傳粗學，子思能傳心學。」〔註89〕「孟子受業子思之門人，有《史記》可考。子思受業曾子，無可據。子思作《中庸》，精深博大，非曾子可比，惟孟子確得子思之學。」〔註90〕稱孟子是「得孔子大道之本者也」，以至稱之爲「孔門之龍樹、保羅」〔註91〕。不僅如此，孟子還繼承並發展了孔子的經權思想，運籌帷幄，實現行權反經靈活變通〔註92〕。

（二）孟子地位高於同門

康有爲不但認爲孟子在孔門中高於曾子，其地位還高於荀子。通過對於孟子和荀子之學不同的比較，康有爲把握了兩者思想異同，「讀《孟子》，可分養心、厲節、經世、尊孔、論性五門求之。讀《荀子》，可分辯性、勸學（荀言性本惡，故貴學以變化之。）崇禮、經國、尊師法、辟異學數門求之。」〔註93〕在康有爲看來，荀子同曾子一樣，忽略了孔子的大道，以致首先導致僞經流佈，遂使中國長期停滯於小康之世界，而太平之世至今仍未得以實現。在《孟子微》中也常常有康有爲評判朱熹的言論。如：

在「大人者，不失其赤子之心者也」章，康有爲注曰：「孟子以擴充性善爲學，荀子以文飾質樸爲學，道各不同。孟子主直養，故本原深厚，氣力完實，光焰飛揚，宜其廣大也。」〔註94〕

在「生之謂性」章，康有爲注曰：「朱子未知生與氣，即未知性。且持說未定，而難告子，亦非也。」〔註95〕

在「文王之囿方七十里，有諸」章，康有爲注曰：「宋賢自朱子染於釋氏

〔註89〕 康有爲：《萬木草堂口說》，姜義華、張榮華編校：《康有爲全集》第5集，北京：中國人民大學出版社，2007年，第133頁。

〔註90〕 康有爲：《萬木草堂口說》，姜義華、張榮華編校：《康有爲全集》第5集，北京：中國人民大學出版社，2007年，第147頁。

〔註91〕 康有爲：《孟子微》，姜義華、張榮華編校：《康有爲全集》第5集，北京：中國人民大學出版社，2007年，第412頁。

〔註92〕 徐向群：《「行權反經」：論孟子思想的靈活性》，《江蘇社會科學》2006年第2期。

〔註93〕 康有爲：《桂學答問》，北京：中華書局，1988年，第53頁。

〔註94〕 康有爲：《孟子微》，姜義華、張榮華編校：《康有爲全集》第5集，北京：中國人民大學出版社，2007年，第483頁。

〔註95〕 康有爲：《孟子微》，姜義華、張榮華編校：《康有爲全集》第5集，北京：中國人民大學出版社，2007年，第432頁。

無欲之說，專以克己，禁一切歌樂之事，其道太觳，近於墨氏，使民情不歡，民氣不昌，非孔子道也。……朱子何可議，然狹小削劉聖人之道，束縛疲敝生民之氣，則不能不據孟子以矯之。」〔註96〕

在「莊暴見孟子」章，康有爲注曰：「朱子之學在義，故斂之而愈嗇。而民情實不能絕。」〔註97〕

在康有爲看來，孟子「多言經世」，是一個政治家，也可以說是一個政論家〔註98〕。賀麟指出康有爲「晚年提出『不忍』爲他所獨辦的刊物名稱，所謂不忍亦與孟子惻隱之心、陽明良知之說較接近」〔註99〕。康有爲在萬木草堂講學時，反覆論證宋明理學家陸象山、王陽明同孟子相近。在儒家道統角度，康有爲把陸、王作爲孟子的傳人，把朱熹說成是荀子的傳人，這樣，把朱熹排斥在道統外，而陸、王就成爲孔孟的正宗，也就是康有爲所謂的：「周、程、朱、張，其學爲孔子傳人。」〔註100〕

三、借鑒世界文化

在《孟子微》中，康有爲所展現的思想來源廣泛，不僅有佛學，西學也被康有爲廣泛應用。他說：「佛法之精妙以語凡眾，亦必眩視茫然，不解所謂也。故佛乘有大小，根器有上下。」〔註101〕又說：「孟子言治天下，皆曰『與民同之』。此眞非常大義，全與西人議院民主之制同。」〔註102〕

（一）參證佛學

康有爲在光緒四年即受到佛學的影響，「靜坐時，忽見天地萬物皆我一體」〔註103〕，讀《楞嚴》經，求道心切。康有爲是堅定的孔教信奉者，孔教立場決定了他是在孔學範疇內理解和闡釋孟子思想。

〔註96〕 康有爲：《孟子微》，姜義華、張榮華編校：《康有爲全集》第5集，北京：中國人民大學出版社，2007年，第462頁。
〔註97〕 康有爲：《孟子微》，姜義華、張榮華編校：《康有爲全集》第5集，北京：中國人民大學出版社，2007年，第462頁。
〔註98〕 范壽康：《中國哲學史通論》，北京：三聯書店，1983年，第81頁。
〔註99〕 賀麟：《五十年來的中國哲學》，北京：商務印書館，2002年，第3頁。
〔註100〕 康有爲：《南海康先生口說》，廣州：中山大學出版社，1985年，第8頁。
〔註101〕 康有爲：《孟子微》，姜義華、張榮華編校：《康有爲全集》第5集，北京：中國人民大學出版社，2007年，第411頁。
〔註102〕 康有爲：《南海康先生口說》，廣州：中山大學出版社，1985年，第51頁。
〔註103〕 康有爲：《我史》，北京：中國人民大學出版社，2011年，第11頁。

在「君子之於物也，愛之而弗仁」章，康有爲注曰：「佛之戒殺，在孔子太平世必行之道，但佛倡太早，故未可行。」〔註104〕

在「人之於身也，兼所愛」章，康有爲注曰：「讓天下如堯、舜、華盛頓，捨身如佛，立心思之靈魂者也。……以及佛氏之『降伏其心』，皆以御其體魄而已。」〔註105〕

在「有不虞之譽，有求全之毀」章，康有爲注曰：「佛爲外道所譏，若孔子之爲佞，孟子之干澤，求全之毀也。」〔註106〕

在「萬物皆備於我矣」章，康有爲注曰：「人之靈明，包含萬有，山河大地，全顯現於法身，世界微塵，皆生滅於性海，廣大無量，圓融無礙，作聖作神，生天生地。但常人不識自性，不能自信自證自得，捨卻自家無盡藏，沿門托缽效貧兒耳。……禪者養其靈魂，秘爲自得。」〔註107〕

可見，康有爲早年確實受佛學影響，但是最終還是歸於儒家。此時，雖引入佛學注釋《孟子》，但本身並不贊成佛學，只是用來襯托儒學，用以輔證孔子與儒學的神聖性。

（二）吸收西學

除佛學而外，康有爲廣泛吸收了西學以闡釋《孟子》。在《我史》中，康有爲多次記載他與西學的關係。早在光緒五年，康有爲「漸收西學之書，爲講西學之基矣」〔註108〕。光緒八年，「道經上海之繁盛，益知西人治術之有本。舟車行路，大購西書以歸講求焉。」〔註109〕光緒九年，康有爲「購萬國公報，大功西學書。聲、光、化、電、重學及各國史志，諸人遊記，皆涉焉。」〔註110〕光緒十年，西學對康有爲的影響更加深入，「顯微鏡之萬數千倍者，視蝨子如輪，見蟻如象，而悟大小齊同之理。……探儒、佛之微旨，

〔註104〕康有爲：《孟子微》，姜義華、張榮華編校：《康有爲全集》第5集，北京：中國人民大學出版社，2007年，第415頁。

〔註105〕康有爲：《孟子微》，姜義華、張榮華編校：《康有爲全集》第5集，北京：中國人民大學出版社，2007年，第438頁。

〔註106〕康有爲：《孟子微》，姜義華、張榮華編校：《康有爲全集》第5集，北京：中國人民大學出版社，2007年，第487頁。

〔註107〕康有爲：《孟子微》，姜義華、張榮華編校：《康有爲全集》第5集，北京：中國人民大學出版社，2007年，第422頁。

〔註108〕康有爲：《我史》，北京：中國人民大學出版社，2011年，第13頁。

〔註109〕康有爲：《我史》，北京：中國人民大學出版社，2011年，第14頁。

〔註110〕康有爲：《我史》，北京：中國人民大學出版社，2011年，第14頁。

參中、西之新理。」〔註111〕

在「人皆有不忍人之心」章，康有爲注曰：「不仁之心，仁也，電也，以太也。」〔註112〕

在「君子之於物，愛之而弗仁」章，康有爲注曰：「至於太平世，眾生如一，必戒殺生。物理化學日精，必能製物代肉。」〔註113〕

在「莫非王命，順受其正」章，康有爲注曰：「今電線能通言傳聲於千萬里，氣之接聊通貫至易見也。……如光如電之極速，而亦久乃傳到，並非異也。」〔註114〕

在「性無善無不善」章，康有爲注曰：「窮物理學者，不過考其天則而已。剛柔飛潛，各如其則而適其性，則能用之。……金類傳熱，電氣通達，因其則，故可爲電線，傳聲傳言。若夫人之貴於萬物，其秉彝之性，獨能好懿德。好之云者，如磁之引鐵，芥之引針，其以太之所含，能與懿德合而攝之。如陽電陰電之相吸也，非本有其電，則不能與他電相吸。」〔註115〕

在「居下位而不獲於上，民不可得而治」章，康有爲注曰：「誠者，如日之含熱質，運熱力，自然大發其光……思誠者，如蓄火積薪生熱力，……有日之光熱射於地上，則萬物受其動力而大生。其小者以電爲爐，亦能蒸汽而生物。」〔註116〕

在「孟子見梁惠王」章，康有爲注曰：「凡大地皆自小並至大，將來地球亦必合一，蓋物理積並之然。……惟今汽車電線，縮地有方，然後乃易定於一。」〔註117〕

康有爲用西方學說與孟子思想相補充印證，把大量近代西方名詞引入孟

〔註111〕康有爲：《我史》，北京：中國人民大學出版社，2011年，第15頁。
〔註112〕康有爲：《孟子微》，姜義華、張榮華編校：《康有爲全集》第5集，北京：中國人民大學出版社，2007年，第414頁。
〔註113〕康有爲：《孟子微》，姜義華、張榮華編校：《康有爲全集》第5集，北京：中國人民大學出版社，2007年，第415頁。
〔註114〕康有爲：《孟子微》，姜義華、張榮華編校：《康有爲全集》第5集，北京：中國人民大學出版社，2007年，第434頁。
〔註115〕康有爲：《孟子微》，姜義華、張榮華編校：《康有爲全集》第5集，北京：中國人民大學出版社，2007年，第426頁。
〔註116〕康有爲：《孟子微》，姜義華、張榮華編校：《康有爲全集》第5集，北京：中國人民大學出版社，2007年，第481頁。
〔註117〕康有爲：《孟子微》，姜義華、張榮華編校：《康有爲全集》第5集，北京：中國人民大學出版社，2007年，第451頁。

子詮釋中，把孟子思想闡釋推向了近代，促進了傳統經學的轉變，對中國學術近代化起到了推進作用。

（三）創建社會制度，指向進化維新

西學擴大了康有爲的視野，在《孟子微》中，康有爲把很多倫理、道德及近代西方的制度、思想都說成是孟子之義，是孟子特明。

在「待文王而後興者」章，康有爲注曰：「此皆孟子鼓舞激勵、進化自任之特義。」〔註118〕

在「晉國，天下莫強焉」章，康有爲注曰：「今刑差輕，然尙爲亂世之制。若歐、美、英已除縲首刑，且改爲永監製，皆孟子省刑罰之意。」〔註119〕

在「所謂有故國者，非謂有喬木之謂也」章，康有爲注曰：此孟子特明升平、授民權、開議院之制。蓋今之立憲體，君民共主法也。今英、德、奧、意、葡、比、荷、日本皆行之。……升平制之善也。」〔註120〕

在「人皆可以爲堯、舜，有諸」章，康有爲注曰：「孟子之進人文明，至矣！人豈可復放棄不任哉？蓋任爲人之要，故孟子頻頻特發明之。」〔註121〕

在「萬物皆備於我矣」，康有爲注曰：「此章孟子指人證聖之法，太平之方，內聖外王之道，盡於是矣。」〔註122〕

在「人之於身也，兼所愛」章，康有爲注曰：「此爲孟子直指人道，普度聖法。」〔註123〕

在「晉國，天下莫強焉」章，康有爲注曰：「薄稅斂甚矣，皆孟子垂訓之功也。」〔註124〕

〔註118〕康有爲：《孟子微》，姜義華、張榮華編校：《康有爲全集》第5集，北京：中國人民大學出版社，2007年，第418頁。

〔註119〕康有爲：《孟子微》，姜義華、張榮華編校：《康有爲全集》第5集，北京：中國人民大學出版社，2007年，第458頁。

〔註120〕康有爲：《孟子微》，姜義華、張榮華編校：《康有爲全集》第5集，北京：中國人民大學出版社，2007年，第421頁。

〔註121〕康有爲：《孟子微》，姜義華、張榮華編校：《康有爲全集》第5集，北京：中國人民大學出版社，2007年，第418頁。

〔註122〕康有爲：《孟子微》，姜義華、張榮華編校：《康有爲全集》第5集，北京：中國人民大學出版社，2007年，第423頁。

〔註123〕康有爲：《孟子微》，姜義華、張榮華編校：《康有爲全集》第5集，北京：中國人民大學出版社，2007年，第438頁。

〔註124〕康有爲：《孟子微》，姜義華、張榮華編校：《康有爲全集》第5集，北京：中國人民大學出版社，2007年，第458頁。

　　光緒十二年（1886 年），康有爲通過張延秋向張之洞建議：「中國西書太少，傅蘭雅所議西書，皆兵、醫不切之學。其政書甚要，西學甚多新理，皆中國所無，宜開局譯之，爲最要事。」〔註 125〕希望翻譯西書，把西學推向社會，謀求社會制度的變革，使中國早日進化至「太平世」。

　　胡楚先生說：「光緒十年甲申（1884 年），康氏撰《禮運》，光緒十九年癸巳（1893 年），康氏撰《孟子爲公羊學考》、《論語爲公羊學考》，光緒二十二丙申（1896），康氏撰《春秋董氏學》，光緒二十七年辛丑（1901 年），康氏撰《春秋筆削大義微言考》，其於傳統之進化思想，則已體悟漸深。」〔註 126〕在《孟子微》中，康有爲吸收近代西方的進化論，所描述的社會進化歷史，貫穿著「優勝劣汰」的原則。他說：「草昧初開，爲大鳥獸之世，及人類漸繁，猶日與禽獸爭，今亞、非洲中央猶然。且大獸傷人尤多，今印度歲死於虎狼者數萬計，可知人獸相爭之劇。中古，人與人爭地，故滅國俘虜爲大功；上古，人與獸爭，故以烈山澤、逐禽獸爲大功。堯舜之時，獸蹄鳥跡之道交於中國；至周公時，尚以兼夷狄、驅猛獸爲言；今則中原之地，猛獸絕跡、田獵無取。此後人道大強，獸類將滅，蓋生存競爭之理，人智則滅獸，文明之國則並野蠻，優勝劣敗，出自天然，而所以爲功者，亦與時而推移。野蠻既全並於文明，則太平而大同矣。」〔註 127〕

　　康有爲歸納中外歷史規律之後，在「爭地」而彼此兼併的情況下，他預言：「天下終將合而唯一」。

　　「若天下之定於一，此乃進化自然之理。人道之始，諸鄉而兼併成部落，由諸部落兼併而成諸土司。古之侯國，即今之土司也。……故禹時萬國，湯時三千國，武王時千七百國，春秋時兼併餘二百餘國，孟子時七國，卒並與秦，漢時開隴、蜀、粵、閩、交趾，通西域三十六國，至元時奄有印度、波斯、天方西伯利亞而一亞洲。即泰西亦至亞歷山大兼併希臘十二國，埃及、波斯、羅馬繼之，乃成大國。凡大地皆自小並至大，將來地球亦必合一。」〔註 128〕

〔註 125〕康有爲：《我史》，北京：中國人民大學出版社，2011 年，第 17 頁。

〔註 126〕林慶彰主編，洪鎰昌著：《康有爲〈孟子微〉研究》，臺北：花木蘭文化出版社，2009 年，第 75 頁。

〔註 127〕康有爲：《孟子微》，姜義華、張榮華編校：《康有爲全集》第 5 集，北京：中國人民大學出版社，2007 年，第 496 頁。

〔註 128〕康有爲：《孟子微》，姜義華、張榮華編校：《康有爲全集》第 5 集，北京：中國人民大學出版社，2007 年，第 451 頁。

　　康有爲的進化論是根據孟子「平世日平，亂世日治」的「進化之差」〔註129〕，先將清末的中國定位在「升平世」階段。可是，在變法失敗後，康有爲改變了原有的看法，將中國的定位爲「據亂世」。

　　因「據亂世，民智未開，世猶幼稚，故賴君保抱提持，爲父母焉」〔註130〕，中國必須變法，以早日進化到「升平世」，實行君主立憲政體。進化必須按次第進行，如驟然實行「太平世」的民主政治，結果只能是「致亂」而已。康有爲的進化觀因時而變，是自己爲變法維新等政治目的而建立的哲學。

四、藉孟子之言以警示

　　縱觀儒學發展史，歷代學者不斷根據時代的需要對《孟子》作出了不同的闡釋，使其與現實相適應。《孟子微》的著成正逢中國危機深重之時，戊戌變法功敗垂成，君主立憲遙遙無期，國外蠶食鯨吞日盛。危急存亡之際，決定了康有爲站在政治、經濟、道德立場詮釋孟子之道，他說：「孟子之道，不在防守禮法之嚴，而在擴充善性之本，其道已極直捷，人人固有，人人可學，人人能逮。」〔註131〕就孟子而言，關注的是民本，而康有爲的終極關懷是經世濟民。康有爲接觸到了西方科學、人文知識，並從中吸取新鮮的養分，以中國傳統文化爲根基，把《孟子微》中所涉及的政治、經濟、道德以及性善、仁政、人類進化等方面貫穿以西學。康有爲通過對《孟子》作新解，極力以西方文化思潮來調和詮釋中國儒家傳統思想，賦予中國傳統儒學以新的意義，使儒學和現代生活融爲一體，構建了具有近代意義的學說理論系統。

　　進化思想是康有爲社會變革思想的主線，梁啓超先生稱：「先生之哲學，進化派哲學也。」〔註132〕李澤厚先生也肯定了「發展進化觀點是康有爲整個思想體系的一個主要的理論骨髓」〔註133〕。康有爲「進化」思想就貫穿著「變」的思維，根據現實政治的需要，反對「天不變，道亦不變」的守舊思想。甲

〔註129〕康有爲：《孟子微》，姜義華、張榮華編校：《康有爲全集》第5集，北京：中國人民大學出版社，2007年，第502頁。

〔註130〕康有爲：《孟子微》，姜義華、張榮華編校：《康有爲全集》第5集，北京：中國人民大學出版社，2007年，第458頁。

〔註131〕康有爲：《孟子微》，姜義華、張榮華編校：《康有爲全集》第5集，北京：中國人民大學出版社，2007年，第484頁。

〔註132〕梁啓超：《南海康先生傳》，康有爲：《我史》，北京：中國人民大學出版社，2011年，第124頁。

〔註133〕李澤厚：《中國思想史論》（中），合肥：安徽文藝出版社，1987年，第434頁。

午戰爭後，康有爲大聲疾呼：「觀萬國之勢，能變則全，不變則亡；全變則強，小變仍亡。」〔註134〕提出變與不變，全變與小變是關係國家存亡的大事，認爲「三代民弊，皆過也。必忠質文，循環用之，斟酌施之，而後寡過。」〔註135〕

在「仁則榮，不仁則辱」章，康有爲注曰：「此明仁、不仁之榮辱。人道競爭，天之理也。不仁，而般樂怠敖，人將侮之。頃者萬國交逼，而我猶移海軍、鐵路之費以築頤和園，則臺灣、旅順先失矣。日本之小改紀其政，則大國畏之。有天命而不力配之，有多福而不求之，馴至分危，是自作孽不可活也。某於十年之前上書，言及今變法爲未雨之綢繆，僅可爲之，過是不及，卒至大禍。每讀是篇，不能不掩面流涕也。夫桓、靈早戒，何至有黃巾之亂？徽、欽早備，何至有金人之禍？後之視今，猶今之視昔。念我邦族，哀我種人，何爲不可活若是乎！」〔註136〕

在「不仁者可與言哉」章，康有爲注曰：「此章言不仁之自樂於亡，言之深痛。……近者鳳凰城破，而傳戲稱壽不休。臺灣賠割，而泄沓怠傲如故。此非人之來伐，而己之自割也。古今一轍，不知覆亡之不旋踵也。哀哉！」〔註137〕

康有爲對孟子的身份定位和思想闡釋，皆受制於對孔子的推崇和對孔教內涵的界定。他對孟子思想闡發融合西方自由、平等、民主等思想，針對所處時代中的政治狀況，指出：「民者，天之所生，國者，民之所立。」〔註138〕痛斥清廷拋棄民眾而坐致割弱，導致政治危機加劇，釀成大禍，以致自食其果，這都是清廷不知變通。康有爲根據政治需要對孟子思想重新詮釋，大力闡發孟學於國勢蹇促之際，把完全不同於中學的西學說成是源於古代中國。康有爲以此反襯變法是擺脫當下危機政治、民族危機的最好途徑，實欲拯救生民於既溺之中。有鑑於此，康有爲對孟子思想詮釋既開啓了中國近代哲學核心話題，又引領了中國近代哲學的思辨方向，展示出傳統文化的現代轉換。

〔註134〕康有爲：《上清帝第六書》，姜義華、張榮華編校：《康有爲全集》第4集，北京：中國人民大學出版社，2007年，第17頁。

〔註135〕康有爲：《孟子微》，姜義華、張榮華編校：《康有爲全集》第5集，北京：中國人民大學出版社，2007年，第455頁。

〔註136〕康有爲：《孟子微》，姜義華、張榮華編校：《康有爲全集》第5集，北京：中國人民大學出版社，2007年，第447頁。

〔註137〕康有爲：《孟子微》，姜義華、張榮華編校：《康有爲全集》第5集，北京：中國人民大學出版社，2007年，第448頁。

〔註138〕康有爲：《孟子微》，姜義華、張榮華編校：《康有爲全集》第5集，北京：中國人民大學出版社，2007年，第465頁。

第四章　康有爲的《論語注》

第一節　研究背景

　　《論語》爲先秦古籍，是儒學最重要的經典，也是孔子及其孔門弟子言論彙編，一直是歷代學者研究的熱點。《論語》所記錄傳佈的孔子及其弟子們的思想，不僅僅滲透於二千多年中國的政治體制與社會習俗，而且融化於中國人的血脈，其中的仁、義、禮、智、信等傳統儒學美德成爲歷代讀書人恪守的人生信條，書中所講的思想學說早已深入人心，成爲中國傳統文化主脈。自《論語》成書以來，歷來研究之人不計其數，對《論語》成書及其內容給予廣泛關注，直到今天，《論語》的仁、禮、忠、孝及治學、交友等思想都得到廣泛的認可，在社會生活各個角落閃耀智慧之光。

一、《論語》產生的爭議

　　最早直接以《論語》爲名的記載是《禮記・坊記》：「《論語》曰：『三年無改於父之道，可謂孝矣。』」〔註1〕《論語》中，既有孔子的言論，也有孔子弟子的言論，都是出於孔子弟子所記〔註2〕。所以，《漢書・藝文志》載：「《論語》者，孔子應答弟子、時人及弟子相與與言，而接聞於夫子之語也。當時弟子各有所記，夫子既卒，門人相與輯而論撰，故謂之《論語》。」〔註3〕王

〔註1〕楊天宇撰：《禮記譯注》，上海：上海古籍出版社，第680頁。
〔註2〕楊朝明：《論語詮解》，濟南：山東友誼出版社，第1頁。
〔註3〕〔東漢〕班固：《漢書》，杭州：浙江古籍出版社，2000年，第588頁。

充在《論衡‧正說篇》說：「夫《論語》者，弟子共記孔子言行。」〔註4〕劉向認爲《論語》「皆孔子弟子記諸善言也」。〔註5〕趙岐說：「七十子之疇，會集夫子所言，以爲《論語》。」〔註6〕皇侃《論語‧義疏‧敍》云：「哲人其萎；徂背之後，過隙巨駐。門人痛大山長毀，哀梁木永摧；隱几非昔，離索行淚；微言一絕，景行莫書。於是，弟子僉陳往訓，各記舊聞，撰爲此書。」《隨書‧經籍志》云：「《論語》者，孔子弟子所錄。」〔註7〕清人段玉裁在《說文解字注》云：「孔子弟子之言謂之《論語》。」〔註8〕各家的具體說法雖然不同，但認爲《論語》爲孔門弟子在孔子卒後，集體編撰的觀點卻是一致的。

《論語》既爲編輯成書，則編撰者不止一人。《論語》最初纂輯論定的時間，自應在孔子既卒，弟子奔喪之際。當時眾弟子治喪已畢，守廬期間，有一二人先提倡議，眾人群起和之，遂各記所聞、各言所記，並由專人記錄整理成篇。這些零散的記錄，不斷積累，集腋成裘，最終編成《論語》一書。《論語》記錄的內容有孔子的弟子，有孔子的再傳弟子，還有孔門以外的人。但《論語》依然以孔門弟子爲主，如書中「子夏問」「子貢問」「子游問」之類，說明執筆者並非子夏、子貢、子游等，而是另有其人。黃懷信師認爲執筆者首先包括原憲，《論語‧憲問》言「憲問」而不與其他同，無非是因爲其他皆是錄他人之述，故尊乎其字，而問恥二事爲己所述，故直署己名。《論語‧雍也》篇有「原思爲之宰」的記載，顯然又不是原憲自記〔註9〕。那麼，唯一的可能便是弟子集體討論，得到大家的共同認同。最終定稿的人當是原憲和曾參〔註10〕。

二、《論語》研究的梳理

和許多先秦古籍一樣，《論語》經歷秦的「焚詩書，坑術士」後，「六藝

〔註4〕轉引郭沂：《再論原始〈論語〉及其在西漢的以前的流傳》，《中國哲學史》1996年第4期。

〔註5〕何晏：《論語集解序》，轉引李建國：《〈論語〉成書揭秘》，《寧波大學學報》（人文科學版）2012年第4期。

〔註6〕轉引李建國：《〈論語〉成書揭秘》，《寧波大學學報》（人文科學版）2012年第4期。

〔註7〕轉引黃懷信師：《論語新校釋》，西安：三秦出版社，2006年，第3頁。

〔註8〕轉引黃懷信師：《論語新校釋》，西安：三秦出版社，2006年，第3頁。

〔註9〕黃懷信師：《論語新校釋》，西安：三秦出版社，2006年，第9頁。

〔註10〕黃懷信師：《論語新校釋》，西安：三秦出版社，2006年，第10頁。

從此缺焉」（《史記・儒林列傳》），又經「項羽引兵西屠咸陽，殺秦降王子嬰，燒焚宮室，火三月不滅」（《史記・項羽本紀》），幾乎一度失傳。漢初，由於《挾書令》的廢除和官方重視，許多儒家典籍紛紛復出於世，其中亦包括《論語》。出現了若干不同的傳本：《魯論》《齊論》《古論》。《魯論》二十篇，《齊論》二十二篇，其中二十篇的章句很多與《魯論》相同，但是多出《問王》《知道》兩篇，《古論》二十一篇，也沒有《問王》《知道》兩篇，但是把《堯曰》篇的「子張問」另爲一篇，篇次與《魯論》和《齊論》也不一樣，文字不同的有四百多字。《魯論》和《齊論》各有師傳，西漢末年，安昌侯張禹先學習了《魯論》，後又學習《齊論》，不再拘圍於《魯論》《齊論》門戶，擇善而從，把兩種版本融合爲一，篇目仍以《魯論》爲根據，是爲《張侯論》。關於今本《論語》的由來，學術界有不同觀點，如楊伯峻先生認爲，今本「基本上就是《張侯論》」〔註11〕。

　　張禹治《張侯論》，是漢代《論語》學史上的一大突破，也是《論語》的第一次改訂本。由於張禹是漢成帝的師傅，其時極爲尊貴，所以《張侯論》便爲當時一般儒生所尊奉，後世也皆用此本，從漢石經《論語》校記殘文得知，其經本代代相傳至東漢末而不衰。於是《齊論語》，《古論語》大半都失傳。東漢時期，《論語》學發展到一個新的階段，其標誌是鄭玄融合今古文經學注《論語》，皮錫瑞稱：「學者苦其時家法繁雜，見鄭君宏閎博大，無所不包，眾論翕然歸之，不復捨此趨彼。於是……鄭《論語注》行而齊、魯《論語》不行矣。」〔註12〕

　　魏晉南北朝時期，玄學大盛，清談蔚爲風氣。受時代學風影響，《論語》學呈現出玄化或佛化特點。何晏的《論語集解》保留了《論語》幾個古本的原貌，是《論語》最早的集注本，但仍反映出道家自然無爲思想。王弼以玄學思想著《論語釋疑》，開啓新一代風氣。晉代對何晏《論語集解》再作疏釋，廣搜博採諸家之說而又立足玄學立場，在當時《論語》學影響最廣，引述了自漢迄梁《論語》學著作五十餘家。何晏以後魏晉玄學家注釋《論語》著重從本末體用高度闡述經義，體現了南朝經疏的特點。

　　唐代科舉中的明經科以經義取士，所定經書就包括了《論語》。《論語》注疏中著名的有賈公彥《論語疏》、韓愈《論語注》以及《論語筆解》三部作

〔註11〕楊伯峻：《論語譯注》，北京：中華書局，1980年，第31頁。
〔註12〕皮錫瑞：《經學歷史》卷5，北京：中華書局，1959年，第149頁。

品，其中韓愈《論語筆解》爲唐人研究《論語》的重要著作。韓愈對前人的注解進行了修改，提出了不少精闢見解，到宋代仍具有較大影響。

宋朝統治者任用大批文臣執政，竭力提高儒學地位。宋代《論語》研究不僅數量大增，注解方式也有長足發展。宋初刑昺的《論語注疏》在《論語》學的影響上超過了《皇疏》。他側重於章句訓詁，又帶有義理之學的特色，成爲漢學向宋學轉變的標誌。爲了將孔、曾、思、孟的道統落實到實處，朱熹《論語集注》注意文字訓詁和史實考證，又把道統和《論語》《大學》《中庸》《孟子》四書相對應，指出《論語》反映了孔子的思想。刑昺的《論語注疏》和朱熹的《論語集注》最爲典型。另外，宋代的《論語》研究，常常雜有佛道思想，體現出文化融合，如蘇轍的《論語拾遺》等。

明初的《論語》詮釋深受以朱熹《論語集注》等程朱理學權威思想的影響。王陽明對《論語》的注解，散見於他的著作之中，其《論語》學與其心學密切相關。其後，周汝登《論語宗旨》、袁宗道《讀論語》、林兆恩《論語正義》、張仿《論語遇》等《論語》學著作，都受到王陽明心學思想的巨大影響。晚明時期普遍出現「三教合一」「三教會通」等觀點，也常用於《論語》詮釋。

清代《論語》學進入研究的鼎盛期，上承元明以來《論語》發展餘緒，而又有自身的特點。劉寶楠的《論語正義》吸收了前人的注釋成果，對何晏《論語集解》作注釋，同時對其謬誤也多做匡正。乾嘉時期，考據學大興，由考經而考史，大家輩出。嘉道以後的《論語》學著作中就有明顯的經世思想。清代《論語》詮釋，至常州學派風氣爲之一變，莊存與開今文學風氣之先，劉逢祿《論語述何》緊隨其後，其顯著標誌是從乾嘉考據學向今文義理之轉型，呈現出考據、義理的兼採融合特點。嶺南大儒陳獻章打破程朱理學逐漸僵化之格局而開創了「白沙學派」，體現了強烈的創新精神〔註 13〕。「嶺南學派」經世致用、改製圖強的學術精神傳承到朱次琦的學生康有爲時，用以應對當時內憂外患，改革政治。康有爲《論語注》也融合古今、中西，最終開啓了傳統經學近代轉型。

〔註 13〕 馮曉斌、柳宏：《晚清嶺南學派《論語》詮釋特點論》，《中山大學學報》（社會科學版）2015 年第 4 期。

三、《論語注》的寫作

「戊戌變法」失敗後，康有爲 1902 年居印度大吉嶺，時 40 歲。對戊戌變法運動失敗，以及中外文化交流碰撞的新形勢，康有爲進行了思考總結，由此成《論語注》，主要目的是：「爲君主立憲、變法維新，以及因時進化方面，提供理論上的依據。」〔註14〕1913 年冬天，康有爲回到中國上海後，把《論語注》「作爲《萬木草堂叢書》之一種，於 1917 年初刊交由當時的上海廣智書局刊發」〔註15〕。

康有爲注《論語》欲張孔學大道，指出孔子無所不備。他說：「孔子兼備萬法，其運無乎不在，與時變通而得其中。」〔註16〕康有爲反覆強調孔子一切思想都是圍繞著救世展開。在《論語注》中，康有爲融入進化論哲學思想、自由平等博愛的人權思想、議院兩黨的政治思想和重商的經濟思想等。從而，《論語注》也出現議院、憲法、立憲、共和，鐵路、學校；歐美、印度，拿破崙、盧梭等等一些列近代西方人物和事物名詞。因此，《論語注》與《孟子微》相同，書中融匯古今中外思想，帶有明顯的時代特色。一方面，康有爲面對晚清西學的衝擊，想通過《論語注》更深入地發揮孔子思想，把孔子裝飾成變法的祖師，以此鞏固孔子的正統地位，重振儒學。另一方面，康有爲要把西學盡可能的收歸孔子門下，使《論語注》別具一格，成爲的西學傳播的載體，利用其擴大西學的影響。對中國數千年未有之變局，數千年未有之強敵，康有爲認爲要改變中國現狀，應從中國國情出發，因而《論語注》有強烈的政治目的，成爲康有爲寄託政治理想，服務政治主張的工具。所以，《論語注》是康有爲按照政治需要來改造、利用儒學的著作之一。

第二節　內容解析

《論語注》全書 20 卷，體系「以包、曾爲今學，多採錄之以存其舊。朱子循文衍說，無須改作者，亦復錄之。鄭玄本有今學，其合者亦多節取。後儒雅正精確者，亦皆採焉。其經文以魯《論》爲正，其引證以今文爲主，正

〔註14〕朱華忠：《清代論語學》，成都：四川出版集團巴蜀書社，2008 年，第 192 頁。
〔註15〕康有爲：《論語注》，姜義華、張榮華編校：《康有爲全集》第 6 集，北京：中國人民大學出版社，2007 年，第 376 頁。
〔註16〕康有爲：《論語注》，姜義華、張榮華編校：《康有爲全集》第 6 集，北京：中國人民大學出版社，2007 年，第 529 頁。

僞古之謬，發大同之漸。」〔註17〕康有爲極爲尊崇孔子，認爲：「孔子上天受命，爲文明之教主、文明之法王」〔註18〕，讀《論語》若「泥一二文字經典以求孔子者，必不足與知孔子矣。」〔註19〕告誡學者「勿僅讀《論語》而泥之」〔註20〕，因此，《論語注》自然不同於傳統注名物、考訓詁、辨異義等，而是康有爲孔子對極盡讚美之詞，表達對孔子崇拜景仰之情，更是遂融合中西，成爲引領了儒學、經學近代化轉型和康有爲思想的重要文獻。

一、破除僞學，恢復孔子眞學

《論語注》中，康有爲認爲孔學蔽於曾學，後又被劉歆纂僞，宋儒歪曲。進而得出《論語》是「曾子門人弟子後學輯纂」，「輯自曾門，……皆約身篤謹之言，與戴記曾子十篇相符合」〔註21〕。故「《論語》之學實曾學也」，「非孔門之全，亦可識矣。」〔註22〕因爲曾子長壽，弟子眾多，以致曾學即爲當時大宗，「《論語》只爲曾門後學所輯纂，但傳守約之緒言，少掩聖仁之大道，而孔教未宏矣。……不足以盡孔子之學也。……不足大彰孔道也。」〔註23〕

眞正的孔學被劉歆纂僞，所產生的後果十分嚴重，康有爲說：「劉歆僞古文《論語》，託稱出孔子壁中。……自鄭玄以魯齊論與古論合而爲書，擇其善者而從之，則眞僞混淆至今已不可復識。於是曾門之眞書亦爲劉歆之僞學所亂，而孔子之道益羼矣。……有宋朱子後千載而發明之，其爲意至精勤，其誦於學官至久遠。蓋千年以來，實爲曾朱二聖之範圍焉。惜口說既去，無所憑籍，上蔽於守約之曾，下蔽於雜僞之劉說，於大同神明仁命之微義，皆未

〔註17〕 康有爲：《論語注》，姜義華、張榮華編校：《康有爲全集》第 6 集，北京：中國人民大學出版社，2007 年，第 378～379 頁。
〔註18〕 康有爲：《論語注》，姜義華、張榮華編校：《康有爲全集》第 6 集，北京：中國人民大學出版社，2007 年，第 446 頁。
〔註19〕 康有爲：《論語注》，姜義華、張榮華編校：《康有爲全集》第 6 集，北京：中國人民大學出版社，2007 年，第 386 頁。
〔註20〕 康有爲：《論語注》，姜義華、張榮華編校：《康有爲全集》第 6 集，北京：中國人民大學出版社，2007 年，第 467 頁。
〔註21〕 康有爲：《論語注》，姜義華、張榮華編校：《康有爲全集》第 6 集，北京：中國人民大學出版社，2007 年，第 377 頁。
〔註22〕 康有爲：《論語注》，姜義華、張榮華編校：《康有爲全集》第 6 集，北京：中國人民大學出版社，2007 年，第 377 頁。
〔註23〕 康有爲：《論語注》，姜義華、張榮華編校：《康有爲全集》第 6 集，北京：中國人民大學出版社，2007 年，第 377 頁。

有發焉。」〔註24〕劉歆僞經使儒學不昌，孔子大義被遮蔽，他說「劉歆篡聖，作僞經以奪眞經。……於是孔子之大道掃地盡矣。」〔註25〕

在「樂則韶舞」章，康有爲注曰：「自劉歆篡聖，多作僞經，以攻孔子。以孔子爲述而非作，從周而非改制。於是孔子微言絕大義乖矣。」〔註26〕

在「子畏於匡」章，康有爲注曰：「劉歆以僞亂纂統，一切歸之周公，幾若孔子爲一好學美質之賢士大夫，述而不作，比於老彭，觀此可證其謬。」〔註27〕

康有爲對宋儒尊奉曾學提出批評，認爲宋儒未能弘揚孔學之大道。因傳世《論語》爲曾學及其後學所遮蔽，而宋儒以《論語》代六經，導致曾子守約之學的興盛，康有爲說：「宋賢復出求道，推求遺經，而大義微言無所得，僅獲《論語》爲孔子言行所在，遂以爲孔學之全，乃大發明之。冀以《大學》、《中庸》、《孟子》，號爲四子書，拔在六經之上，立於學官，日以試士，蓋千年來，自學子束髮誦讀，至於天下推施奉行，皆奉《論語》爲孔教大宗正統，以代六經。而曾子守約之儒學於是極盛矣。」〔註28〕康有爲還將宋朝亡國的原因與宋儒拘閉儒學聯繫起來。

在「桓公九合諸侯」章，康有爲注曰：「宋賢不善讀之乃鄙薄事功，攻擊管仲，至宋朝不保，夷於金元左衽者數百年，生民塗炭，則大失孔子之教旨矣。」〔註29〕

在「管仲相桓公」章，康有爲注曰：「宋賢妄攻管仲，宜至於中原陸沉也。」〔註30〕

〔註24〕康有爲：《論語注》，姜義華、張榮華編校：《康有爲全集》第6集，北京：中國人民大學出版社，2007年，第378頁。

〔註25〕康有爲：《論語注》，姜義華、張榮華編校：《康有爲全集》第6集，北京：中國人民大學出版社，2007年，第378頁。

〔註26〕康有爲：《論語注》，姜義華、張榮華編校：《康有爲全集》第6集，北京：中國人民大學出版社，2007年，第504頁。

〔註27〕康有爲：《論語注》，姜義華、張榮華編校：《康有爲全集》第6集，北京：中國人民大學出版社，2007年，第446頁。

〔註28〕康有爲：《論語注》，姜義華、張榮華編校：《康有爲全集》第6集，北京：中國人民大學出版社，2007年，第377頁。

〔註29〕康有爲：《論語注》，姜義華、張榮華編校：《康有爲全集》第6集，北京：中國人民大學出版社，2007年，第492頁。

〔註30〕康有爲：《論語注》，姜義華、張榮華編校：《康有爲全集》第6集，北京：中國人民大學出版社，2007年，第492頁。

在「可與共學，未可與適道」章，康有爲注曰：「程子攻公羊權義，此程子所以終身僅爲可與立之人歟？己所不知削孔子之大義，令聖人之大義日亡。此則宋儒之割地偏安也。」〔註31〕

在「堂堂乎張也」章，康有爲注曰：「朱子誤尊曾子過甚，於是不考而輕子張爲行過高，而少誠實惻怛之意，則大誤矣。」〔註32〕

在康有爲心目中，宋儒僅爲「拘儒小儒」，守約守節之儒，同時對缺少進取變革精神的佛老思想亦予以猛烈抨擊，云其「割人道之鴻寶以自沉倫。」〔註33〕

在「十世可知也」章，康有爲注曰：「後儒泥於據亂之一世，尚未盡夏、殷、周之三統，而欲以斷孔子之大道，此其割地偏安，豈止如東周君蕭察之云乎？嗟夫！孔子之道，暗而不明，鬱而不發，爲天下裂，豈可言哉！幸微言尚傳，賴修明恢復之。」〔註34〕

因曾門弟子「操採擇輯纂之權」，導致「謬陋粗略」「不得其精」「遺其千萬」〔註35〕。康有爲盛讚顏子，「蓋自顏子而後，孔子大道幾不盡傳者矣。」〔註36〕，認爲顏子在孔門中具有極高地位。同時，康有爲也推崇子游、子路和子張。

在「君子學道則愛人」章，康有爲注曰：「子游嘗聞大同，其治武城先以爲治，故孔子喜極，美其以大道治小也。子思、孟子皆出於子游，故多能言大同之道。孔門自顏子、有子、子贛以外，應以子游爲大宗矣」〔註37〕。

〔註31〕康有爲：《論語注》，姜義華、張榮華編校：《康有爲全集》第6集，北京：中國人民大學出版社，2007年，第453頁。
〔註32〕康有爲：《論語注》，姜義華、張榮華編校：《康有爲全集》第6集，北京：中國人民大學出版社，2007年，第533頁。
〔註33〕康有爲：《論語注》，姜義華、張榮華編校：《康有爲全集》第6集，北京：中國人民大學出版社，2007年，第495頁。
〔註34〕康有爲：《論語注》，姜義華、張榮華編校：《康有爲全集》第6集，北京：中國人民大學出版社，2007年，第393頁。
〔註35〕康有爲：《論語注》，姜義華、張榮華編校：《康有爲全集》第6集，北京：中國人民大學出版社，2007年，第377頁。
〔註36〕康有爲：《論語注》，姜義華、張榮華編校：《康有爲全集》第6集，北京：中國人民大學出版社，2007年，第465頁。
〔註37〕康有爲：《論語注》，姜義華、張榮華編校：《康有爲全集》第6集，北京：中國人民大學出版社，2007年，第517頁。

在「吾豈瓠瓜也哉」章，康有爲注：「子路之守節，孔子之達權，子路之守身，孔子之行仁，賢聖之大小廣狹經權，皆可見矣」〔註38〕。

在「子夏之門人問交於子張」章，康有爲注曰：「子張說乃深得聖道，宏獎風流，賢則尊之，善則嘉之，又推施仁恕眾則容之不能則矜之，有萬物一體之量，有因物付物之懷」〔註39〕。

在「子夏聞之曰」章，康有爲注曰：「子游後學有子思、孟子，爲孔道大宗，發明天命性道，直指本心。」〔註40〕

康有爲批判宋儒「拘守」後，提出通變思想，但也並非拋棄實踐。他說「凡可行者謂之道，不可行者謂之非道。故天下之言道甚多，不必辨其道與非道，但問其可行與不可行。」〔註41〕又說「門人所記聖人之言，皆有爲而發，學者因事宜以施之，不得執一言而泥守之。」〔註42〕指出眞正的孔子之道，是「聲色之以化民，皆末；無聲無臭，乃爲天載。如五色之珠，說青道黃，人各有見，而皆不得其眞相者也。所謂聖而不可測之謂神，孔子哉！」〔註43〕所以，通變重在權時，不能執著於「一事」「一言」，這都是爲了救世，希望學者認眞領會。他說：「聖人之道甚多，要權其時地、輕重、大小各有當也，學者宜盡心焉。」〔註44〕否則會誤解孔子，甚至可能背離「微言大義」，使孔子之學日益狹隘。

二、談「天」論「人」，探「仁」議「性」

在《論語注》中，康有爲指出天上有天，構成諸天思想，結合諸天思想

〔註38〕 康有爲：《論語注》，姜義華、張榮華編校：《康有爲全集》第6集，北京：中國人民大學出版社，2007年，第518頁。

〔註39〕 康有爲：《論語注》，姜義華、張榮華編校：《康有爲全集》第6集，北京：中國人民大學出版社，2007年，第530頁。

〔註40〕 康有爲：《論語注》，姜義華、張榮華編校：《康有爲全集》第6集，北京：中國人民大學出版社，2007年，第533頁。

〔註41〕 康有爲：《論語注》，姜義華、張榮華編校：《康有爲全集》第6集，北京：中國人民大學出版社，2007年，第501頁。

〔註42〕 康有爲：《論語注》，姜義華、張榮華編校：《康有爲全集》第6集，北京：中國人民大學出版社，2007年，第407頁。

〔註43〕 康有爲：《論語注》，姜義華、張榮華編校：《康有爲全集》第6集，北京：中國人民大學出版社，2007年，第529頁。

〔註44〕 康有爲：《論語注》，姜義華、張榮華編校：《康有爲全集》第6集，北京：中國人民大學出版社，2007年，第407頁。

的是「元」，以「元」統天。最後，康有爲把天、人、性、禮等都導向理想社會的建立。同樣，康有爲《諸天講》的理論重點不是宇宙或天體空間，而是天人關係——確切地說，是天人關係背景下的人與人之間的關係〔註45〕。

在「爲政以德」章，康有爲注曰：「地生於日而拱日，日與諸恒星，凡一切星雲、星團、星氣皆拱北極而環之，是爲一天。此天之外，又有諸天，無量數天而拱一元。」〔註46〕

康有爲談天，依然是根據社會現實，申訴政治思想。在《諸天講》自序中言：「吾之談天也，欲爲吾同胞天人發聾振聵，俾人人自知爲天上人，知諸天之無量，人可乘爲以太而天遊，則天人之電道，與天上之極樂，自有在矣。夫談天豈有盡乎？……雖慚簡陋，亦足爲見大心泰之助，以除人間之苦，則所獲多矣。」〔註47〕在他看來，人只對自己負責，而不對他人——包括父母、兄弟或國家、群體負責，只有領悟人爲天生，才能臻於自主、獨立而平等。

在「如有博施於民而能濟眾」章，康有爲注曰：「天地萬物同資始於乾元，本爲一氣，及變化各正性命，但爲異形。」〔註48〕

在「非也，予一以貫之」章，康有爲注曰：「孔子之道，推本於元。」〔註49〕

這樣，在康有爲理論中，「元」成爲孔子之道的根本，是最高主宰，以氣的形式存在，氣也成爲萬物之本，以陰陽對立的方式生成萬物。康有爲尊天，目的在對人作一定的限制，人不能逃避責任。如：

在「子使漆彫開仕」章，康有爲注曰：「蓋自天分氣，人己同體。」〔註50〕

在「出則事公卿」章，康有爲注曰：「受天之命而爲人，當盡人之道，不可棄。」〔註51〕

〔註45〕 魏義霞：《康有爲與孟子思想比較》，《社會科學戰線》2010 年第 12 期。

〔註46〕 康有爲：《論語注》，姜義華、張榮華編校：《康有爲全集》第 6 集，北京：中國人民大學出版社，2007 年，第 387 頁。

〔註47〕 康有爲：《諸天講》，姜義華、張榮華編校：《康有爲全集》第 2 集，北京：中國人民大學出版社，2007 年，第 11～12 頁。

〔註48〕 康有爲：《論語注》，姜義華、張榮華編校：《康有爲全集》第 6 集，北京：中國人民大學出版社，2007 年，第 424 頁。

〔註49〕 康有爲：《論語注》，姜義華、張榮華編校：《康有爲全集》第 6 集，北京：中國人民大學出版社，2007 年，第 501 頁。

〔註50〕 康有爲：《論語注》，姜義華、張榮華編校：《康有爲全集》第 6 集，北京：中國人民大學出版社，2007 年，第 409 頁。

〔註51〕 康有爲：《論語注》，姜義華、張榮華編校：《康有爲全集》第 6 集，北京：中國人民大學出版社，2007 年，第 450 頁。

在「弟子孰爲好學」章，康有爲注曰：「蓋人生有魂，陽曰魂，魂爲精爽，魄爲氣質，則粗濁凝滯。」〔註52〕

康有爲認爲「孔子重魂輕魄」〔註53〕，但的魂存在不是人的唯一，實際上是兩者並重。如：

在「曾子有疾」章，康有爲注曰：「蓋人之生也，有神魂體魄。專重神魂者，以身爲傳舍，不愛其身，若佛、耶、回皆是也。專重魄者，載魄抱一，以求長生，若老學、道家是也。專重體者，戰兢守身，啓手啓足，若曾子是也。三者各有所偏。孔子則性命交修，魂魄並養，合乎人道，備極完粹。」〔註54〕

在「子路問事鬼神」章，康有爲注曰：「人死爲鬼，復生爲人，皆輪迴爲之。……盡人之事者，順受其正，素位自得，則魂魄不壞，即能輪迴無礙無盡。」〔註55〕

康有爲認爲社會改革，必須面對民眾。他說：「治世究爲粗跡，若養神明之粹精，乃爲人道之本。」〔註56〕由於人人直隸於天，大同思想也可從中獲得根源。

在「四海之內，皆爲兄弟也」章，康有爲注曰：「天下之人，本皆天生，同此天性，自同爲兄弟也……大同之義，亦出是也。」〔註57〕

《中庸》講：「仁者，人也。」康有爲把人的定義就是仁〔註58〕，仁者安於義理天命〔註59〕，仁就在人心中，是人不可逃避的責任，主張「人道以仁

〔註52〕 康有爲：《論語注》，姜義華、張榮華編校：《康有爲全集》第 6 集，北京：中國人民大學出版社，2007 年，第 416 頁。

〔註53〕 康有爲：《論語注》，姜義華、張榮華編校：《康有爲全集》第 6 集，北京：中國人民大學出版社，2007 年，第 448 頁。

〔註54〕 康有爲：《論語注》，姜義華、張榮華編校：《康有爲全集》第 6 集，北京：中國人民大學出版社，2007 年，第 436 頁。

〔註55〕 康有爲：《論語注》，姜義華、張榮華編校：《康有爲全集》第 6 集，北京：中國人民大學出版社，2007 年，第 465 頁。

〔註56〕 康有爲：《論語注》，姜義華、張榮華編校：《康有爲全集》第 6 集，北京：中國人民大學出版社，2007 年，第 417 頁。

〔註57〕 康有爲：《論語注》，姜義華、張榮華編校：《康有爲全集》第 6 集，北京：中國人民大學出版社，2007 年，第 473～474 頁。

〔註58〕 康有爲：《論語注》，姜義華、張榮華編校：《康有爲全集》第 6 集，北京：中國人民大學出版社，2007 年，第 394 頁。

〔註59〕 康有爲：《論語注》，姜義華、張榮華編校：《康有爲全集》第 6 集，北京：中國人民大學出版社，2007 年，第 422 頁。

爲主」﹝註60﹞。認爲人與人相交，重在相愛，康有爲說：「以愛人言仁，實爲仁之本也。」﹝註61﹞又進一步強調德性是仁。

在「子張問仁於孔子」章，康有爲注曰：「仁者，從二人，爲人偶，故其道皆與人交涉爲多。」﹝註62﹞

在「樊遲問仁」章，康有爲注曰：「仁者無不愛，而愛同類之人爲先……蓋博愛之謂之仁。」﹝註63﹞

在「克、伐、怨、欲不行焉」章，康有爲注曰：「蓋以尊德性行仁學者，日事擴充，不必防檢，而其道日大，蓋魂自清而魄自禁也。以過惡欲守義爲學者，日事防制，雖極力勉強，而其道日隘。」﹝註64﹞

康有爲認爲行仁的目標在於天下國家，「蓋施仁大於守義，救人大於殉死。宋儒尚不知此義，動以死節責人，而不以施人望天下。」﹝註65﹞

康有爲認爲要想達到仁，也要借助學習。他說：「所貴學者，與常人殊，在轉外境而不爲外境轉也。」﹝註66﹞康有爲也強調「仁智兼修，而始終於仁，以智輔仁」﹝註67﹞，認爲人性的實踐在完成仁，即完成天所賦予的使命。

在「顏淵問仁」章，康有爲注曰：「仁者，天性之元德，禮者，人道之節文。……性無善惡，而生有氣質，既有毗陰毗陽之篇，即有遇中失和之害，甚者縱慾任氣，其害仁甚矣。惟勝其氣質之偏，節其嗜欲之過，斯保合太和，還其元德。苟一日爲仁，天下猶將感動」﹝註68﹞

﹝註60﹞ 康有爲：《論語注》，姜義華、張榮華編校：《康有爲全集》第6集，北京：中國人民大學出版社，2007年，第402頁。

﹝註61﹞ 康有爲：《論語注》，姜義華、張榮華編校：《康有爲全集》第6集，北京：中國人民大學出版社，2007年，第478頁。

﹝註62﹞ 康有爲：《論語注》，姜義華、張榮華編校：《康有爲全集》第6集，北京：中國人民大學出版社，2007年，第517頁。

﹝註63﹞ 康有爲：《論語注》，姜義華、張榮華編校：《康有爲全集》第6集，北京：中國人民大學出版社，2007年，第478頁。

﹝註64﹞ 康有爲：《論語注》，姜義華、張榮華編校：《康有爲全集》第6集，北京：中國人民大學出版社，2007年，第488頁。

﹝註65﹞ 康有爲：《論語注》，姜義華、張榮華編校：《康有爲全集》第6集，北京：中國人民大學出版社，2007年，第493頁。

﹝註66﹞ 康有爲：《論語注》，姜義華、張榮華編校：《康有爲全集》第6集，北京：中國人民大學出版社，2007年，第402頁。

﹝註67﹞ 康有爲：《論語注》，姜義華、張榮華編校：《康有爲全集》第6集，北京：中國人民大學出版社，2007年，第381、383頁。

﹝註68﹞ 康有爲：《論語注》，姜義華、張榮華編校：《康有爲全集》第6集，北京：中國人民大學出版社，2007年，第472頁。

康有爲承認欲望的合理性，指出，人人性善，道出人人平等，進而與社會政治結合。

在「仲弓問仁」章，康有爲注曰：「己之所欲，以施於人，與民同樂也。」〔註69〕

在「性相近，習相遠」章，康有爲注曰：「聖人立教，務在進化，因人之性，日習之於善道，而變其舊染之惡習，變之又變，至於惡習盡去，善習大明，至於太平大同之世，則人人皆成上智，而無下愚矣。」〔註70〕

在「今之成人者何必然」章，康有爲注曰：「若當太平之世，教化既備，治具畢張，人種淘汰，胎教修明，人之智慧、淡泊、勇力、藝能、禮樂，皆人人完備，而後爲天生之成人也。」〔註71〕

在「問管仲」章，康有爲注曰：「不關當時之治亂，不足謂之人；不繫一世之安危，不足謂之人；……若舉世變動，舉世注仰，功名不朽，可謂之人。」〔註72〕

人從陰陽二氣而來，禮是安排在人間的秩序，康有爲說：「禮者，孔子所以配天地，育萬物，事爲制，曲爲防、大小精粗適如其地位分界，以爲人身之則。」〔註73〕禮也是關係到大同，小康，禮別異，注重在制度構建，樂同和，可消除緊張的階級關係。康有爲有時也將禮說成是「歐人憲法」〔註74〕。

在「禮之用，和爲貴」章，康有爲注曰：「禮者爲異，樂者爲同；禮爲合敬，樂爲合愛；禮爲別宜，樂爲敦和；禮爲無爭，樂爲無怨；禮爲天地之序，故群物皆別，樂爲天地之和，故百物皆化。故禮樂並制，而小康之世尚禮，大同之世尚樂。」〔註75〕

〔註69〕康有爲：《論語注》，姜義華、張榮華編校：《康有爲全集》第6集，北京：中國人民大學出版社，2007年，第473頁。

〔註70〕康有爲：《論語注》，姜義華、張榮華編校：《康有爲全集》第6集，北京：中國人民大學出版社，2007年，第516頁。

〔註71〕康有爲：《論語注》，姜義華、張榮華編校：《康有爲全集》第6集，北京：中國人民大學出版社，2007年，第491頁。

〔註72〕康有爲：《論語注》，姜義華、張榮華編校：《康有爲全集》第6集，北京：中國人民大學出版社，2007年，第490頁。

〔註73〕康有爲：《論語注》，姜義華、張榮華編校：《康有爲全集》第6集，北京：中國人民大學出版社，2007年，第473頁。

〔註74〕康有爲：《論語注》，姜義華、張榮華編校：《康有爲全集》第6集，北京：中國人民大學出版社，2007年，第399頁。

〔註75〕康有爲：《論語注》，姜義華、張榮華編校：《康有爲全集》第6集，北京：中國人民大學出版社，2007年，第385頁。

三、探索「三世」，改造社會

最早的「三世說」來自《公羊傳》，後演化爲「據亂世」「升平世」「太平世」三個社會階段。在《論語注》中，康有爲提出「人道進化皆有定位」〔註76〕新觀念。「三統」指夏、殷、周這三個朝代伴隨著政治制度的因革損益中蘊含孔子的「微言大義」。康有爲認爲孔子繼承文明之道，以孔子爲文王。如：

在「夷狄之有君，不如諸夏之亡也」章，康有爲注曰：「此論君主、民主進化之理。……蓋孔子之言夷狄、中國，即今野蠻、文明之謂。野蠻團體太散，當立君主專制以聚之，據亂世所宜有也。文明世人權昌明，同受治於公法之下，但有公議民主，而無君主。二者之治，皆世界所不可少，互有得失。若亂世野蠻有君主之治法，不如平世文明無君主之治法。」〔註77〕

在「子畏於匡」章，康有爲注曰：「蓋至孔子未生而肇制文明之法，垂之後世，乃爲人道之始，爲文明之王。蓋孔子未生以前，亂世野蠻，不足爲人道也。蓋人道進化以文明爲率，而孔子之道尤尙文明。……蓋爲孔子上承天命，爲文明之教主、文明之法王，自命如此，並不謙遜矣。」〔註78〕

康有爲用「公羊學」注解《論語》，並融合《禮運》的「三世三統」思想。他說：「孔子生亂世，雖不得已爲小康之法，而精神所注常在大同，故拳拳於德禮以寓微旨，而於德尤注意。」〔註79〕

在「十世可知也」章，康有爲注曰：「三十年爲一世。損，減也。春秋之義，有據亂世，升平世，太平世。子張受此義，故因三世而推問十世。子張受此義，故因三世而推問十世，預知太平世之後如何也。孔子之道有三統、三世，此蓋籍三統以明三世，因推三世而及百世也。夏、殷、周者，三統遞嬗，各有因革損益，觀三代之變，則百世之變可知也。蓋民俗相承，故後王之起，不能因於前朝，弊化宜革，故一代之興，不能不損益爲新制。人道進

〔註76〕康有爲：《論語注》，姜義華、張榮華編校：《康有爲全集》第6集，北京：中國人民大學出版社，2007年，第393頁。

〔註77〕康有爲：《論語注》，姜義華、張榮華編校：《康有爲全集》第6集，北京：中國人民大學出版社，2007年，第395頁。

〔註78〕康有爲：《論語注》，姜義華、張榮華編校：《康有爲全集》第6集，北京：中國人民大學出版社，2007年，第445～446頁。

〔註79〕康有爲：《論語注》，姜義華、張榮華編校：《康有爲全集》第6集，北京：中國人民大學出版社，2007年，第388頁。

化皆有定位，自族制而爲部落，而成國家，由國家而成大統。由獨人而漸立酋長，由酋長而漸正君臣，由君主而漸爲立憲，由立憲而漸爲共和。由獨人而漸定夫子，由夫子而兼錫而類，由錫類而漸爲大同，於是復爲獨人。蓋自據亂進爲升平，升平據爲太平，進化有漸，因革有由，驗之萬國，莫不同風，觀嬰兒可以知壯夫及老人，觀萌芽可以知合包至參天，觀夏、殷、周三統之損益，亦可推百世變革矣。孔子之爲春秋，張三世：據亂世則內其國而外諸夏，升平世則內諸夏外夷狄，太平世則遠近大小若一。蓋推進化之理而爲之。孔子生當據亂世，今者，大地既通，歐美大變，蓋進至生平之世矣。異日，大地大小遠近如一，國土既盡，種類不分，風化齊同，則如一而太平矣。孔子已預知之。然世有三種：有亂世中升平、太平，有太平中之升平、據亂。故美國之進化，有紅皮土番，中國之文明，亦有苗、猺、獞、黎。一世之中可分爲三世，三世可推爲九世，九世可推爲八十一世，八十一世可推爲千萬世，爲無量世。太平大同之後，其進化尙多，其分等也繁，豈止百世哉？其理微妙，其事精深，子張預知太平世後之事，孔子不欲盡言，但以三世推之，以爲百世可以知也。百世爲三千年，於今近之，故曰百世以俟聖人而不惑。子張少孔子四十八歲，於孔子夢奠之時，年僅二十五，而能爲十世之問，其必聞於春秋三世之義，推太平世後事，及百世之爲論，可謂高懷遠志矣。惜夫記論語後學者不能著也。此爲孔子微言，可與春秋三世，禮運大同之微旨合觀，而見神聖及運世之遠。」〔註80〕

在「禮樂征伐自天子出」章，康有爲注曰：「一統之君主專制，百世希不失。蓋由亂世而至升平，在君主或僞民主矣。……『政在大夫』蓋君主立憲。『有道』，謂升平也。君主不負責任，故大夫任其政。大同，天下爲公，則政由國民公議。蓋太平制，有道之至也。」〔註81〕

在康有爲看來，孔子「微言大義」不僅是包括「三統」「三世」「重世」，還又涵蓋著「據亂世」「升平世」「太平世」。在此基礎上，康有爲把「三世三統」說與《禮運》「大同、小康」說融合起來。如：

〔註80〕康有爲：《論語注》，姜義華、張榮華編校：《康有爲全集》第6集，北京：中國人民大學出版社，2007年，第393頁。

〔註81〕康有爲：《論語注》，姜義華、張榮華編校：《康有爲全集》第6集，北京：中國人民大學出版社，2007年，第512頁。

在「齊一變，至於魯；魯一變，至於道」章，康有爲注曰：「此言治法三世之進化也。……蓋齊俗急功利，有霸政餘習，純爲據亂之治。魯差重禮教，有先王遺風，庶近小康。據亂世雖變，僅至小康、升平，小康、升平能變，則可至太平大同也矣。禮運稱大道之行，與三代之英，丘未之逮。而有志於大道者，大同之道也。孔子志之久也，故望之當世，惟齊、魯二國可次第進化，由據亂而升平，由升平而太平也。孔子期望之殷至矣。」〔註82〕

這裡，康有爲引入西方近代進化論改造「三世說」，既要「時變新理」，還要「保全舊粹」〔註83〕。唐明貴解讀康有爲的社會進化觀點是「社會經歷據亂世、升平世再到太平世，歷史進化是不可阻擋的趨勢。」〔註84〕顯然，康有爲是把他對《春秋公羊傳》「三世」說以及《禮記‧禮運》篇的解釋灌輸到了他的《論語注》，而以君主制、君主立憲制和民主共和制解釋《公羊》「三世」說〔註85〕。

四、依據異本，修正字句

康有爲《論語注》序提到：「僻陋在夷，無從博徵，以包、周爲今學，多錄之以存其書，朱子循文衍說，無須改作者亦復錄之。鄭玄本有今學，其合者亦多節取，後儒雅正精確者，亦皆焉。」〔註86〕《論語注》校勘主要依據《論語鄭氏注》本、皇侃《論語義疏》本、邢昺《論語疏》本、朱熹《論語集注》本。在版本異文抉擇上，康有爲站在實用主義的立場上，唯取所需。爲了使孔子之學與自己的思想相互吻合，康有爲對《論語》的某些原文進行了修正。康有爲宣稱，這些修正是對眞孔學的「復原」。如：

在「天下有道，則政（不）在大夫。天下有道，則庶人（不）議」章，康有爲注曰：「今本有『不』字，衍，據舊本改定。政在大夫，蓋君主立憲。有道，謂升平也。君主不負責任，故大夫任其政。大同，天下爲公，則政由

〔註82〕 康有爲：《論語注》，姜義華、張榮華編校：《康有爲全集》第6集，北京：中國人民大學出版社，2007年，第422頁。

〔註83〕 康有爲：《論語注》，姜義華、張榮華編校：《康有爲全集》第6集，北京：中國人民大學出版社，2007年，第390頁。

〔註84〕 唐明貴：《康有爲〈論語注〉探微》，《中國哲學史》2009年第3期。

〔註85〕 李存山：《中國文化的「變」與「常」》，《中國高校社會科學》2014年第3期。

〔註86〕 康有爲：《論語注》，姜義華、張榮華編校：《康有爲全集》第6集，北京：中國人民大學出版社，2007年，第378頁。

國民公議。蓋太平制，有道之至也。此章明三世之議，與春秋合。惟時各有宜，不能誤用，誤則生害；當其宜，皆爲有道也，則專制防民口之屬王爲有道耶？與群經義相反，固知爲衍文之誤也，或後人妄增。」〔註87〕

　　「政在大夫」和「政不在大夫」是兩種不同的權力格局，「立憲世則」經此刪改，這句話就變成了孔子主張「君主不負責任」和「政由國民公議」了。選擇「政在大夫」是有利於康氏所主張的改革體制的。

　　在「孟懿子問孝。子曰：『無違。』樊遲御，子告之曰：『孟孫問孝於我，我對曰，無違』」章。康有爲注曰：「漢石經作「毋違」，論衡問孔篇亦作『毋違』。士昏禮鄭注「古文『毋』作『無』」則『毋』今文也，今從之。」〔註88〕

　　孔子一方面以「無違」釋孝，一方面又提倡子女對父母過搓「幾諫」。強調子女對父母的「無違」，絕對順從，顯然違背了近代自由、平等的精神。於是，康有爲便抓住後者「幾諫」，否定前者「無違」，認爲《孝經》主張從父「未得爲孝之義」〔註89〕。

　　在「車中，不內顧，不疾言，不親指」章，康有爲注曰：「魯讀『車中內顧』，無『不』字，今從之。皇本、釋文本作『輿中』。古文作『車中不內顧』。《東京賦》：『車中內顧』，薛綜注：『內顧，謂不外視臣下之私也。』今文選本仍有『不』字，後人誤增改。《禮》曰：『顧不過轂。』包咸曰：『前視不過衡軛，旁視不過輢轂。』亦足證內顧之禮。包氏正解內顧之禮，無『不』字，眞魯讀也。急言恐驚眾，親指恐惑人，故不爲。崔駰車右銘：『箴闕旅賁，內顧自勅。』車後銘云：『望衡顧轂，允愼茲容。』《風俗通‧過譽》云：『升車必正立，執綏，內顧。』不掩不備，不見人短。尤魯讀之意最明。今各本添『不』字，皆後人誤寫也。」〔註90〕

　　在「席不正，不坐。割不正，不食」章，康有爲注曰：「《史記世家》、《墨子非儒》篇、《新序節士》篇、《韓詩外傳九》、《說文》引『割不正，不食』

〔註87〕康有爲：《論語注》，姜義華、張榮華編校：《康有爲全集》第6集，北京：中國人民大學出版社，2007年，第512頁。

〔註88〕康有爲：《論語注》，姜義華、張榮華編校：《康有爲全集》第6集，北京：中國人民大學出版社，2007年，第388頁。

〔註89〕康有爲：《論語注》，姜義華、張榮華編校：《康有爲全集》第6集，北京：中國人民大學出版社，2007年，第389頁。

〔註90〕康有爲：《論語注》，姜義華、張榮華編校：《康有爲全集》第6集，北京：中國人民大學出版社，2007年，第462頁。

在『席不正，不坐』之下，五書同可證。今本在『不時，不食』下，當是錯簡，今改正之。」〔註91〕

康有爲認爲此處出現錯簡現象，「舊本『不得其醬，不食』上有『割不正，不食』，並據《史記》、《新序》、《韓詩》改移在『席不正，不坐』之下」〔註92〕。康有爲把這兩句話放在一起進行注解，將其思想理念貫穿於其中。

在「貧而樂，富而好禮」章，康有爲注曰：「皇本、高麗本、日本足利本、《史記·弟子列傳》、孔安國《注》皆作『貧而樂道』。唐石經亦有『道』字，但旁注《漢書·王莽傳》與鄭注引無『道』字，蓋古文也。劉氏寶楠不知《漢書》爲劉歆僞撰，以爲今文經誤也，今不從。」〔註93〕

康有爲認爲此處應作「貧而樂道」。但實際上，「未若貧而樂」章位於《論語·學而》篇中，出現「好禮」、「詩云」、「言詩」等修學語句，禮、詩必有對應的「樂」，以構成孔子教學內容的連續性和邏輯的完整性。「貧而樂」章的「樂」作爲禮樂之「樂」，才符合孔子眞意〔註94〕。

在「子罕言利，與命與仁」章，康有爲注曰：「罕，稀也。上『與』，即歟，助詞。達，通也。利者，義之和也；命者，天之命。記者總括孔子生平言論，最少言者莫如利，最通達多言者莫如命與仁。蓋命、利、仁三者，皆受於天以生，無須歟能離者也。」〔註95〕

康有爲認爲《論語》舊本中的「達」字與下一章的「巷黨」相連，因此，他將本章斷句爲：「子罕言利，與命與仁，達。」

在「述而不作，信而好古」章，康有爲注曰：「按此竄改之僞古文也。雖非全行竄入，則孔子以不作好古稱老彭，而劉歆增改「竊」字。原文或是「莫比」二字。」〔註96〕

〔註91〕 康有爲：《論語注》，姜義華、張榮華編校：《康有爲全集》第6集，北京：中國人民大學出版社，2007年，第460頁。

〔註92〕 康有爲：《論語注》，姜義華、張榮華編校：《康有爲全集》第6集，北京：中國人民大學出版社，2007年，第459頁。

〔註93〕 康有爲：《論語注》，姜義華、張榮華編校：《康有爲全集》第6集，北京：中國人民大學出版社，2007年，第386頁。

〔註94〕 周寶銀：《〈論語〉「未若貧而樂」辨析》，《中州學刊》2017年第9期。

〔註95〕 康有爲：《論語注》，姜義華、張榮華編校：《康有爲全集》第6集，北京：中國人民大學出版社，2007年，第443頁。

〔註96〕 康有爲：《論語注》，姜義華、張榮華編校：《康有爲全集》第6集，北京：中國人民大學出版社，2007年，第425頁。

康有為覺得難以曲為申說以符合己意時，直接認為是偽文。他說：「劉歆既亂群經，以《論語》為世所尊信，因散竄一二條以附合其說，惑亂後學。」〔註97〕在「民可使由之，不可使知之」章，康有為依然說：「《論語》、六經多古文竄亂今文經家無引之，或為劉歆傾孔子偽竄之言，當削附偽古文中。」〔註98〕

康有為認為孔子之學是改制之學，《論語》被曾學遮蔽，被劉歆篡偽，被宋儒歪曲。在《論語注‧序》，康有為指出：「夫《論語》之學，實曾學也，不足以盡孔子之學也。」〔註99〕其後「劉歆偽古文《論語》……上蔽於守約曾學，下蔽於雜偽之劉說。」〔註100〕他又說：「孔子神聖之道不著，而中國二千年不蒙升平、太平之運，皆劉歆為之。」〔註101〕故他必須糾謬補漏，正本清源，還其本來面目。可見，康有為對《論語》字句的修正，也是高舉恢復真孔學旗幟，來為自己的思想闡釋掃除障礙。

第三節　思想特點

清朝末年，國勢日微，外辱內危接踵而來，迫使知識分子不得不關注現實，尋求救世良方。由常州學派的莊存與、劉逢祿開端的清代今文經學派，到戴望、龔自珍、魏源等人已經開眼看世界。至光緒時，康有為已經成為融貫中西的學者，主《公羊》學說，學術目的在於經世致用，希望孔子「微言大義」為現實服務。康有為談《論語》，寄託自己的政治改革思想，為其政治主張服務，使儒學適應近代社會變遷，高舉儒學的旗幟，融入西方近代文化進行《論語》創造性詮釋，將學術與社會現實聯繫起來。因而，《論語注》在康有為著作中的地位相當重要。

〔註97〕康有為：《論語注》，姜義華、張榮華編校：《康有為全集》第6集，北京：中國人民大學出版社，2007年，第425頁。

〔註98〕康有為：《論語注》，姜義華、張榮華編校：《康有為全集》第6集，北京：中國人民大學出版社，2007年，第439頁。

〔註99〕康有為：《論語注》，姜義華、張榮華編校：《康有為全集》第6集，北京：中國人民大學出版社，2007年，第377頁。

〔註100〕康有為：《論語注》，姜義華、張榮華編校：《康有為全集》第6集，北京：中國人民大學出版社，2007年，第378頁。

〔註101〕康有為：《論語注》，姜義華、張榮華編校：《康有為全集》第6集，北京：中國人民大學出版社，2007年，第425頁。

一、發揚今文經的特色

在《論語注》中，康有爲對清代《論語》注疏的徵引主要是今文經學著作中的思想，涉及翟灝《四書考異》、劉逢祿《論語述何》、劉寶楠《論語正義》等。作爲今文學家，康有爲基於對現實的訴求，往往「以經術飾吏治」，也以國外典制和西方人物對比說明《論語》所涉及的典制，爲其注解提供理據。

在「斯民也，三代之所以直道而行也」章，康有爲注曰：「劉氏逢祿《述何》曰：『《春秋》不虛美，不隱惡，褒艇予奪，悉本三代之法。』」〔註102〕

在「篤信好學，守死善道，危邦不入，亂邦不居」章，康有爲注曰：「若鄙夫懷祿，貪於亡國之富貴者，近如拳匪之變，京師死者如麻，既非維新以救國，亦不能爭廢立以殉君，敗名喪身，驅若雞狗，是自作孽也。」〔註103〕

在「行夏之時」章，康有爲注曰：「歐、美以冬至後十日改歲，則建子矣。俄及回曆則建丑矣。今大地文明之國，仍無不從孔子之三正者。若印度，則與中國同行夏時矣。其餘，秦以十月，則久不行。波斯以八月，則亦微弱。馬達加斯加以九月，緬甸以四月，皆亡矣。」〔註104〕

在「雖小道，必有可觀者焉，致遠恐泥，是以君子不爲也」章，康有爲注曰：「近世若哥白尼之天文學，斯密亞丹之資生學，奈端之重學，富蘭克令之電學，華戎之機器，皆轉移世宙，利物前民，致遠甚矣。」〔註105〕

康有爲將外國風俗民情與國內民風民俗作對比，增強與現實的聯繫，吸引當時的人們對社會的關注。如：在「性相近也，習相遠也」章，康有爲注曰：「故印度之人不踐螻蟻，而焚其先骸及寡妻，歐西之人愛夫妻而離父母。墨子謂：輆沐之國，長子生則解而食之，謂之宜弟。大父死，負其大母則棄之，謂之鬼妻。今非洲黑人亦有然者。風俗如此，嗜好亦然。」〔註106〕在

〔註102〕康有爲：《論語注》，姜義華、張榮華編校：《康有爲全集》第6集，北京：中國人民大學出版社，2007年，第506頁。

〔註103〕康有爲：《論語注》，姜義華、張榮華編校：《康有爲全集》第6集，北京：中國人民大學出版社，2007年，第440頁。

〔註104〕康有爲：《論語注》，姜義華、張榮華編校：《康有爲全集》第6集，北京：中國人民大學出版社，2007年，第503頁。

〔註105〕康有爲：《論語注》，姜義華、張榮華編校：《康有爲全集》第6集，北京：中國人民大學出版社，2007年，第531頁。

〔註106〕康有爲：《論語注》，姜義華、張榮華編校：《康有爲全集》第6集，北京：中國人民大學出版社，2007年，第516頁。

「食不厭精，膾不厭細」章，康有爲注曰：「太古火化未盡，多食生肉。今日本人猶全食魚膾。法、瑞、丹、那人初入撰亦然。」〔註107〕在「必有寢衣，長一身有半」章，康有爲注曰：「今日本寢衣，有袖而長過身半，猶有是焉。」〔註108〕

二、汲取西方近代思想

康有爲較早接觸西方文化，戊戌失敗後，遊歷歐美時，對自由、平等、人權思想更是身同感受。在《論語注》中也用西方「自由」「平等」、博愛」等理念解讀孔子，把西方進化論、自由平等觀、議院和兩黨輪流執政制度等融爲中國近代儒學的組成部分，使之成爲轉變觀念、改造社會的文化支撐點，開啓了傳統經學注疏近代轉型。比如：

在「我不欲人之加諸我也，吾亦欲無加諸人」章，康有爲注曰：「子貢不欲人之加諸我，自立自由也；無加諸人，不侵犯人之自立自由也。人力天之生，人人直隸於天，人人自立自由。不能自立，爲人所加，是六極之弱而無剛德，天演聽之，人理則不可也。人各有界，若侵犯人之界，是壓人之自立自由，悖天定之公理，尤不可也。……近者，世近升平，自由之義漸明，實子貢爲之祖而皆孔學之一支一體也。」〔註109〕

在「子見南子」章，康有爲注曰：「孔子以人權各有自立，大同固可相見，蓋特行之，故見南子。」〔註110〕

在「子路問君子」章，康有爲注曰：「如今之白、黃、黑、棕各種族人也。不分種族，皆與安平，……爲治無論如何，務在安之，而已安之，必養其欲，適其性，因其情。束縛壓制，則不能安，自由自立，而後能安。」〔註111〕

康有爲爲了表明君主立憲政體、議院是近代政治不可或缺的政體形式，

〔註107〕康有爲：《論語注》，姜義華、張榮華編校：《康有爲全集》第6集，北京：中國人民大學出版社，2007年，第459頁。

〔註108〕康有爲：《論語注》，姜義華、張榮華編校：《康有爲全集》第6集，北京：中國人民大學出版社，2007年，第458頁。

〔註109〕康有爲：《論語注》，姜義華、張榮華編校：《康有爲全集》第6集，北京：中國人民大學出版社，2007年版，第411頁。

〔註110〕康有爲：《論語注》，姜義華、張榮華編校：《康有爲全集》第6集，北京：中國人民大學出版社，2007年版，第423頁。

〔註111〕康有爲：《論語注》，姜義華、張榮華編校：《康有爲全集》第6集，北京：中國人民大學出版社，2007年版，第499頁。

用西方近代議院和兩黨輪流執政制引入《論語注》，進而認爲中國當下必須行君主立憲，而革命斷不可行。比如：

在「君子無所爭。必也射乎」章，康有爲注曰：「今各國皆立議院，一國之禍侮決於是，一國之圖存決於是，萬國之比較文明定於是，兩黨之勝負迭進立於是。以爭，而國治日進而不敢退，以爭而人才日進而不敢退。如兩軍相當，氣衰則敗。故當仁不讓，於射必爭。仁孰大於爲國民，射孰大於御國侮？故議院以立兩黨而成法治，眞孔子意哉。惟議院譁噪，或致毆爭，此則無揖讓之意。蓋教爭甚難，益服孔子立揖讓之禮也。凡禮，皆立兩黨，則又不止爲射起。即萬國全合天下太平大同，而兩黨互爭之義施之於政教藝業，皆不可廢者。蓋太極兩儀之理，物不可不定於一，有統一，而後能成；物不可不對爲二，有對爭，而後能進。且當據亂世，人之爭心太劇，故以尙讓革之。若當平世。人之亂殺漸少，則以激爭進之。故亂世不可尙爭，惟平世後尙爭；小人不可教爭，惟君子然後可爭。」〔註112〕

在「無爲而治者其舜也與」章，康有爲注曰：「明君主立憲，及民主責任政府之法。今歐人行之，爲孔子預言之大義也。」〔註113〕

在「因民之所利而利之」章，康有爲注曰：「民利自由，則言論思想聽其自由，民利於大同，則合民之所有，而爲之立公路、公學、公圃、公養疾、公養老，皆不費於國而民大得。所因者，國家全不干預。爲政者，但代民經理而已。孔子此言，盡爲政之法矣。爲國事而自行保護，爲公眾而自享利益，雖人人爲兵，亦不敢怨。凡有仁政，皆立舉行，仁聲仁聞，洋溢天地，得所欲矣，而未嘗貪，小大眾寡，皆天所生，人人平等，不須嚴衛。今美國利民之道，仁民之制，勞民之方，平等之制，皆行孔子之政。」〔註114〕

中國傳統儒家倡導節衣縮食，並視之爲一種美德。康有爲用近代經濟思想闡釋《論語》，認爲經濟生產在於滿足人民的消費欲望，節約不能促進經濟發展，因而不是什麼品德，對尙儉之德頗加譏評，認爲節儉導致財泉不流，器用不精，智慧不開，人生不樂，民氣不振，最終是國家不強。

〔註112〕康有爲：《論語注》，姜義華、張榮華編校：《康有爲全集》第 6 集，北京：中國人民大學出版社，2007 年版，第 396 頁。

〔註113〕康有爲：《論語注》，姜義華、張榮華編校：《康有爲全集》第 6 集，北京：中國人民大學出版社，2007 年版，第 501 頁。

〔註114〕康有爲：《論語注》，姜義華、張榮華編校：《康有爲全集》第 6 集，北京：中國人民大學出版社，2007 年版，第 539 頁。

在「奢則不孫，儉則固」章，康有爲注曰：「若華美而合於禮，爲文而非奢，孔子所尙矣。後世已用顧役，爲天下合計，則財者泉也，以流轉爲道。若尙儉，則財泉滯而不流，器用窳而不精，智慧窒而不開，人生苦而不樂，官府壞而不飾，民氣偷而不振，國家痿而不強。孔子尙文，非尙儉也，尙儉，則爲墨學矣。後儒不善讀此章，誤以孔子惡奢爲惡文，於是文美之物皆惡之。歷史所美，皆貴儉德，中國文物遂等野蠻，則誤解經義之過也。且聖人之言，爲救世之藥，參術之與大黃，相反而各適所用。孔子言各有爲，但以救時。孔子爲聖之時，若當平世，必言與其儉也寧奢。」〔註115〕

在「林放問禮之本」章，康有爲注曰：「文明既進，則亂世之奢，文明以爲極儉。世愈文明，則尙奢愈甚。若於三代珠盤玉敦之時，而必反於污尊抔飲生番野蠻之俗，以致人道之退化，非止事不可行，亦大失孔子意矣。天未喪斯，文不在茲。公羊稱孔子爲文王，蓋孔子爲文明進化之王，非尙質退化者也。宋儒不通此義，以敝車羸馬爲賢。公孫布進，大損所關，豈細故哉？宋賢因國力壓制，俸入甚薄，其不能不尙儉，勢也。若遂說爲孔法，以爲俗化之定論，以損退文明，此則不可不明辨也。」〔註116〕

在「子適衛，冉有僕」章，康有爲注曰：「庶而不富，則民生不遂，富而不教，則民德不育。富以養其身，教以善其性，二者備矣。夫教化廢則推中人而墜於小人之域；教化行則引中人而納於君子之途。然飢寒切膚，不顧廉恥。孔子雖重教化，而以富民爲先，管子所謂治國之道，必先富民。」〔註117〕

雖然在中國經學詮釋史上出現過援道釋《論》、援佛釋《論》的著作，但道、佛家思想都是傳統文化的寄附品，均沒有使《論語》學發生質變。而康有爲站在中西文化的交匯點上對《論語》詮釋，與政治文明、社會進步聯繫起來，涉及國家機器、政治體制、管理模式等具體內容。柳宏教授認爲：「康有爲將西方進化論、自由平等思想、君主立憲制之政治制度納入儒家經典體系及中國的社會現實中，將中國傳統文化與西方近代社會政治體制關聯起來，對轉變詮釋觀念、反思傳統文化形成了巨大的衝擊力量。」〔註118〕

〔註115〕康有爲：《論語注》，姜義華、張榮華編校：《康有爲全集》第 6 集，北京：中國人民大學出版社，2007 年，第 434 頁。

〔註116〕康有爲：《論語注》，姜義華、張榮華編校：《康有爲全集》第 6 集，北京：中國人民大學出版社，2007 年，第 395 頁。

〔註117〕康有爲：《論語注》，姜義華、張榮華編校：《康有爲全集》第 6 集，北京：中國人民大學出版社，2007 年，第 482 頁。

〔註118〕柳宏：《康有爲〈論語注〉詮釋特點論析》，《廣東社會科學》2008 年第 6 期。

因此，康有爲使《論語》學從古代走向近代，《論語注》開創援西入儒的先河。

三、藉孔子權威以改制

康有爲賦予《論語》較高的地位，認爲「《春秋》爲定法律，《論語》爲陳高義」〔註 119〕。《論語注》不同於傳統注疏，而是寓於深意，重塑了孔子形象，對孔子極盡讚美之詞，認爲「孔子爲受命之教主，垂制作於萬世也」〔註 120〕「爲神聖也」〔註 121〕「上受天命爲文明之教主，文明之法王，自命如此，並不謙遜矣。」〔註 122〕

在《論語注》中，孔子更是兼備萬法，與時變通，是集仁、智、勇於一身，神秘莫測、變幻無窮之神。所以，康有爲認爲探究孔學，重在通變，使《論語》中「許多隱而不彰的觀念至此而發揚光大，取得了二十世紀的新意義。經過此一創發性的轉化，古與今乃不至斷爲兩橛，而傳統儒學與現代生活復得以融爲一體」〔註 123〕。蕭公權先生說：「康氏的武斷解經雖使傳統派大爲吃驚，但對孔孟學說的破壞極微。他的解釋常常超越了字面，但那是對儒家經典意義的延伸而非否定。」〔註 124〕所以，范文瀾指出，康有爲是「利用孔子來進行政治鬥爭」〔註 125〕。

在「十世可知也」章，康有爲注曰：「異日大地遠近大小若一，國土既盡，種類不分，風華齊同，則如一而太平矣。孔子已預知之。」〔註 126〕

在「樂則《韶舞》」章，康有爲注曰：「蓋樂主合同，故孔子於六代之樂，

〔註 119〕康有爲：《論語注》，姜義華、張榮華編校：《康有爲全集》第 6 集，北京：中國人民大學出版社，2007 年，第 428 頁。

〔註 120〕康有爲：《論語注》，姜義華、張榮華編校：《康有爲全集》第 6 集，北京：中國人民大學出版社，2007 年，第 401 頁。

〔註 121〕康有爲：《論語注》，姜義華、張榮華編校：《康有爲全集》第 6 集，北京：中國人民大學出版社，2007 年，第 446 頁。

〔註 122〕康有爲：《論語注》，姜義華、張榮華編校：《康有爲全集》第 6 集，北京：中國人民大學出版社，2007 年，第 445 頁。

〔註 123〕黃俊傑：《從〈孟子微〉看康有爲對中西思想的調融》，臺北「中央研究院」近代史研究所編：《近世中國經世思想研究會論文集》，1984 年，第 584 頁。

〔註 124〕蕭公權：《近代中國與世界：康有爲變法與大同思想研究》，江蘇人民出版社，1997 年，第 81 頁。

〔註 125〕范文瀾：《范文瀾歷史論文選集》，北京：中國社會科學出版社，第 131 頁。

〔註 126〕康有爲：《論語注》，姜義華、張榮華編校：《康有爲全集》第 6 集，北京：中國人民大學出版社，2007 年，第 393 頁。

獨取民主大同之制。……孔子以大聖，損益百王，折其中，以推行於後世，尤爲責無可辭，仁不能已。」〔註127〕

在「名不正，則言不順」章，康有爲注曰：「後王者，孔子也。蓋今中國一切名號，皆孔子所正也。」〔註128〕

在「周鑒於二代」章，康有爲注曰：「《公羊》稱孔子爲文王，法其生不法其死，爲後王之法，人道之始也。」〔註129〕

在「子畏於匡」章，康有爲注曰：「春秋繼周文王，有文明之道，文王隱沒五百年，文明之道統大集於孔子。……蓋孔子而肇制文明之法，垂之後世，乃爲人道之始，爲文明之王……蓋孔子上受天命，爲文明之教主，文明之法王，自命如此，並不謙遜矣。」〔註130〕

在「女爲君子儒，無爲小人儒」章，康有爲注曰：「儒爲孔子創教之名。春秋時，諸子皆改制創教，老子之名爲道，與孔子之名爲儒。」〔註131〕

在《論語注》中，康有爲張孔學大道，將孔子打扮成神秘莫測之聖人、神人，以今學反撥僞古，融通古今，兼攝中外，沿循「從儒家經典的外在社會效應解讀原儒經典的理路」〔註132〕，將被曾學守約之學、劉歆僞學、宋儒拘陋之學加以修正，即「正僞古之謬，發大同之漸」〔註133〕，使以期收到「化古昔爲今務」的政治功效。康有爲嘗試實現儒學的近代化轉型的努力使其成爲「二十世紀中國思想史上，一位從折衷中西思想中從事儒學現代化偉業的思想家，也是一位從儒家新解釋中努力調融中西思潮的學者。」〔註134〕

〔註127〕 康有爲：《論語注》，姜義華、張榮華編校：《康有爲全集》第6集，北京：中國人民大學出版社，2007年，第503～504頁。

〔註128〕 康有爲：《論語注》，姜義華、張榮華編校：《康有爲全集》第6集，北京：中國人民大學出版社，2007年，第480頁。

〔註129〕 康有爲：《論語注》，姜義華、張榮華編校：《康有爲全集》第6集，北京：中國人民大學出版社，2007年，第398頁。

〔註130〕 康有爲：《論語注》，姜義華、張榮華編校：《康有爲全集》第6集，北京：中國人民大學出版社，2007年，第445～446頁。

〔註131〕 康有爲：《論語注》，姜義華、張榮華編校：《康有爲全集》第6集，北京：中國人民大學出版社，2007年，第419頁。

〔註132〕 任劍濤：《經典解讀中的原創思想負載——從〈孟子字義疏證〉與〈孟子微〉看》，《中國哲學史》2002年第1期，第41～50頁。

〔註133〕 康有爲：《論語注》，姜義華、張榮華編校：《康有爲全集》第6集，北京：中國人民大學出版社，2007年，第379頁。

〔註134〕 黃俊傑：《從〈孟子微〉看康有爲對中西思想的調融》，臺北「中央研究院」近代史研究所編：《近世中國經世思想研究會論文集》，1984年，第578頁。

第五章　康有爲的禮學

第一節　研究背景

　　「禮」代表了孔子思想和先秦儒學社會觀的主要內容，實際上是先秦社會生活的總規範，既代表先秦儒家對於兩周國家政治和宗法制度的繼承，又融道德、習俗、政治理論、經濟制度和婚姻制度及思想準則爲一體。東漢學者鄭玄作注的「三禮」（《儀禮》《周禮》《禮記》）建構起理想社會生活方法與機制，禮成爲中國作爲禮儀之邦的重要精神來源。《禮記》是傳統禮學重要典籍，作爲孔門弟子和儒家後學研習《禮經》之「記」的彙編，內容龐博，影響深遠。

一、《禮記》的興衰

　　《禮記》又名《小戴記》，凡 49 篇，是中國古代禮學文獻的彙編，是儒家的重要經典之一，也是中國禮文化的基礎。《禮記》成書年代及作者歷來說法紛紜，非一時一人之所作，而是春秋末期至漢武帝之前儒家群體作品〔註1〕。《禮記》書名見於《漢書・藝文志》：「《記》百三十一篇。」〔註2〕其中多數篇章是孔子的弟子及其再傳學生們的作品，還兼收先秦其他典籍。關於具體篇章著作年代及其作者，王鍔先生認爲：「《禮記》四十九篇中，《哀公問》《仲

〔註1〕龔建平：《意義的生成與實現─〈禮記〉哲學思想》，北京：商務印書館，2005年，第6頁。
〔註2〕班固：《漢書》，杭州：浙江古籍出版社，2000年，第586頁。

尼燕居》《孔子閒居》《儒行》《曾子問》《大學》《學記》《坊記》《中庸》《表記》《緇衣》《樂記》《曲禮》《少儀》十四篇乃春秋末期至戰國前期的文獻,其中《哀公問》《仲尼燕居》《孔子閒居》《儒行》四篇是孔子著作,《曾子問》《大學》是曾子著作,《坊記》《中庸》《表記》《緇衣》四篇是子思著作,《樂記》是公孫尼子著作,其餘三篇的作者不詳;《奔喪》《投壺》《喪服小記》《大傳》《雜記》《喪大記》《問喪》《服問》《間傳》《三年問》《喪服四制》《祭法》《祭義》《祭統》《王制》《禮器》《內則》《玉藻》《經解》十九篇,均成篇於戰國中期;《深衣》《冠義》《昏義》《鄉飲酒義》《射義》《燕義》《聘義》《文王世子》《禮運》《郊特牲》《檀弓》《月令》《明堂位》十三篇屬於戰國中晚期的文獻。」〔註3〕

自唐代初年,《禮記》列入孔穎達編撰的《五經正義》之中,成爲「九經」之一,正式成爲仕子進階必讀經典,從而取代了《儀禮》在儒家經典中地位。在宋代,《禮記》地位再次上升,正式入列「十三經」,《禮記》中的《大學》《中庸》與《論語》《孟子》並列爲四書,成爲入仕的必讀典籍。明清更迭以及傳統禮制崩壞、禮學衰微,爲清初禮學復興提供了契機,至清康熙皇帝的《御纂七經》包括《易》《詩》《書》《春秋》《周禮》《儀禮》《禮記》。在清初諸大儒孫奇逢、顏李師徒、陸世儀、顧炎武、張爾岐、黃宗羲、萬斯大、斯同兄弟等人的倡導下,禮學遂一時成爲學界關注重心。

在清代,乾嘉漢學家尊荀子,崇禮學,因而禮學成就非凡,超越前代,其經世致用治學特色與宋明的性理之學明顯對照。誠如清末皮錫瑞所云:「漢儒多言禮,宋儒多言理。」〔註4〕嘉道以後,禮學得到進一步發展,學術經過反思,學術方法相互汲取,禮學逐步超越漢、宋對峙,又明顯有受漢、宋調融的印跡。隨著禮學的發展和經世思潮的展開,禮學的經世價值得到發掘。特別到晚清,中國經歷亙古未有的大變局,學者們更多地關注社會實踐甚至積極謀求、參與政治活動。康有爲在其師朱九江「濟人經世」「不爲無用之高談空論」〔註5〕學術影響下,著有大量言及禮學的理論文章,思想內容相當豐富,即繼承儒家經世致用的治學傳統,又孕育著政治維新的因素。在光緒三年,康有爲「於是讀《喪禮》,因考三禮之學,造次皆守禮法古,嚴肅儼恪,

---

〔註3〕 王鍔:《〈禮記〉成書考》,北京:中華書局,2007 年,第 113~114 頁、209頁、281~282 頁。

〔註4〕 皮錫瑞:《論言理不如言禮之可據》,《經學通論》北京:中華書局,1954 年,第 25 頁。

〔註5〕 康有爲:《我史》,北京:中國人民大學出版社,2011 年,第 9 頁。

一步不逾。」〔註6〕又在「光緒丁丑、戊寅二年……專攻《周禮》、《儀禮》……」〔註7〕繼而「捨棄考據帖括之學，專意養心。……日取《周禮·王制》」〔註8〕。戊戌變法失敗後，康有爲流亡海外，在此期間又注解了一大批儒學經典，與禮學相關的有《中庸》、《禮運》等。在 1912 年，康有爲回憶：「吾注有《禮運》、《中庸》、『四書』、《春秋》及《禮記》選，可以宣講，發明升平、太平、大同之義。」〔註9〕這樣，康有爲的禮學思想就是以禮學經典爲基礎，以西學、西俗爲參照，提出了一系列改革主張，蘊涵有強烈的政治維新傾向。

二、《禮運注》的寫作

《禮運》爲《禮記》49 篇中的一篇，主要內容爲孔子與弟子言偃的對話，由此引發孔子對於「禮」議論，言偃整理記錄孔子之言，因記錄孔子「大同」社會理想而引人注目，歷來闡述孔子理想社會都是以此篇爲依據，從而被人們視爲儒家名篇。《禮運》中的「大同」可以表示爲「天下爲公」，「小康」則是「天下爲家」。康有爲《禮運注》由於 1913 年在《不忍》雜誌上第五、六冊連載，地位得以一舉提高，1916 年又由上海廣智書局以《演孔叢書》名出版鉛字排印本。

在《禮運注》中，康有爲尊奉孔子，認爲孔子之道「始誤於荀學之拘陋，中亂於劉歆之僞謬，末割於朱子之偏安，於是素王之大道暗而不明，鬱而不發，令二千年之中國，安於小康，不得蒙大同之澤」〔註10〕。由於康有爲想借用孔子儒經實行維新大業，所以，對《禮運》極盡推崇，他「讀至《禮運》，乃浩然而歎曰：孔子三世之變，大道之眞在是矣。大同小康之道，發之明而別之精，古今進化之故，神聖憫世之深在是矣〔註11〕。康有爲結合中國的社會歷史情況說：「吾中國二千年來，凡漢、唐、宋、明，不別其治亂興衰，總

〔註6〕康有爲：《我史》，北京：中國人民大學出版社，2011 年，第 10 頁。

〔註7〕張伯楨：《康南海先生傳》，康有爲：《我史》，北京：中國人民大學出版社，2011 年，第 144 頁。

〔註8〕張伯楨：《康南海先生傳》，康有爲：《我史》，北京：中國人民大學出版社，2011 年，第 145 頁。

〔註9〕康有爲：《致仲遠書》，上海文物保管委員會編：《康有爲與保皇會》，上海：上海人民出版社，1982 年，第 553 頁。

〔註10〕康有爲：《禮運注》，姜義華、張榮華編校：《康有爲全集》第 5 集，北京：中國人民大學出版社，2007 年，第 553 頁。

〔註11〕康有爲：《禮運注》，姜義華、張榮華編校：《康有爲全集》第 5 集，北京：中國人民大學出版社，2007 年，第 553 頁。

總皆小康之世也。凡中國二千年儒先所言，自荀卿、劉歆、朱子之說，所言不別其眞僞精粗美惡，總總皆小康之道也。其故則以羣經諸傳所發明，皆三代之道，亦不離乎小康故也。」〔註12〕康有爲根據進化理論，認爲中國不求進化就是違背孔子之道。他說：「今者，中國已小康矣，而不求進化，泥守舊方，是失孔子之意而大悖其道也……甚非所以崇孔子、同大地也。」〔註13〕

爲實現自己心中的「天下有道」，康有爲「竊哀今世之病，搜得孔子舊方，不揣愚妄，竊用發明，公諸天下，庶幾中國有瘳，而大地羣生俱起乎？其諸好學高識之君子，有以正之。」〔註14〕於是，他以《公羊》「三世」和《禮運》「大同」「小康」相糅，製造了一套「小康」「大同」三世說。康有爲注《禮運》使之單獨成篇，把二千多年來儒家嚮往的「大同世界」加以推演，《禮運注》也因此成爲康有爲闡釋孔子大同論的文本依據。誠如梁漱溟曾說：「晚世所謂今文經家者如康長素之流，其思想乃全在此（《禮運》）。」〔註15〕

三、《中庸注》的寫作

《中庸》被收錄在《禮記》中，爲其第三十一篇，被視爲儒家、特別是理學家的理論著作。康有爲《中庸注》成書於 1901 年，其序文曾載 1913 年出版的《不忍》雜誌第四冊，1916 年由上海廣智書局以《演孔叢書》名出版鉛字排版本。康有爲注《中庸》，自言始於「孔子生二千四百五十一年」（1900），成於「光緒二十七年」（1901）。當時康有爲流亡到檳榔嶼，「蒙難艱貞」〔註16〕，恨《中庸》大義未發，對《中庸》所作的詮釋，均是以闡發和光大儒學爲宗旨。他說「《中庸》自《漢・藝文志》既別爲篇，梁武帝曾爲之注，而朱子注之，輯爲《四書》，元、明至今，立於學官，益光大矣。恨大義未光，微言不著。予小子既推知孔子改制之盛德大仁，昔講學廣州，戊戌遭沒，稿多散佚，吾既流亡，不知所屆。逡巡退思，此篇係孔子之大道，關生民之大澤，而晦

〔註12〕康有爲：《禮運注》，姜義華、張榮華編校：《康有爲全集》第 5 集，北京：中國人民大學出版社，2007 年，第 553 頁。

〔註13〕康有爲：《禮運注》，姜義華、張榮華編校：《康有爲全集》第 5 集，北京：中國人民大學出版社，2007 年，第 553～554 頁。

〔註14〕康有爲：《禮運注》，姜義華、張榮華編校：《康有爲全集》第 5 集，北京：中國人民大學出版社，2007 年，第 554 頁。

〔註15〕梁漱溟：《東西文化及其哲學》，北京：商務印書館，1999 年，第 141 頁。

〔註16〕康有爲：《中庸注》，姜義華、張榮華編校：《康有爲全集》第 5 集，北京：中國人民大學出版社，2007 年，第 369 頁。

冥不發，遂慮掩先聖之隱光，而失後學之正路，不敢自隱，因潤色夙昔所論思，寫付於世。……去聖久遠，偽謬滋熾，如劉歆之派，既務攻今學，而亂改制之經，於是微言湮矣。」〔註17〕

康有為認為以往歷代儒者對《中庸》地詮釋均未能其微言大義，他說「後世不述孔子本仁之旨，以據亂之法、小康之治為至，泥而守之，自隘其道，非仁之至，亦非孔子之意也」〔註18〕，因此，要用「孔子改制之盛德大仁」闡發《中庸》〔註19〕。

從 1895 年到 1911 年，正是近代思想之大變局時代，民族危機到了最嚴重的時刻。這樣的時代背景，決定了康有為撰著《中庸注》時，不是僅僅空談心性，而是有著強烈的現實關懷，那就是以經世思想來對《中庸》進行詮釋。梁啟超指出，康有為「欲自創一學派，而歸於經世致用」〔註20〕。康有為從外王學即經世致用的立場來對《中庸》進行詮釋，闡發變革改制以自強從而挽救民族危機。

《中庸注》著成之時，也正值康有為思想轉變之際。蕭公權先生認為康有為的思想：「第一階段自他幼年開始到大約光緒九年當他從古典轉治漢學止，他大致順從傳統。第二階段大約開始於光緒十四年，他叛離傳統，重返古典，歧視古文經以為偽，以公羊《春秋》作重心的今文經為真。第三階段大約始於光緒十八年，到光緒二十八年結合《春秋》三世說與「禮運」大同生平說為其社會哲學指標止，他從事全面性的研治儒家經典。」〔註21〕在 1892 年到 1902 年之間，這一時期也是康有為思想的成熟期，他讚揚《中庸》最能表達孔子的學說，認為子思昭明「聖祖之德也」，也就是「原於天命，發為人道，本於至誠之性，發為大教之化，窮鬼神萬物之微，著三世三統之變。」〔註22〕康有為以此建立自己的哲學體系，闡發自己的哲學思想。

〔註17〕康有為：《中庸注》，姜義華、張榮華編校：《康有為全集》第 5 集，北京：中國人民大學出版社，2007 年，第 369 頁。

〔註18〕康有為：《中庸注》，姜義華、張榮華編校：《康有為全集》第 5 集，北京：中國人民大學出版社，2007 年，第 379 頁。

〔註19〕康有為：《中庸注》，姜義華、張榮華編校：《康有為全集》第 5 集，北京：中國人民大學出版社，2007 年，第 369 頁。

〔註20〕梁啟超：《清代學術概論》，上海：上海古籍出版社，1998 年，第 80 頁。

〔註21〕蕭公權著，汪榮祖譯：《康有為思想研究》，北京：新星出版社，2005 年，第 39 頁。

〔註22〕康有為：《中庸注》，姜義華、張榮華編校：《康有為全集》第 5 集，北京：中國人民大學出版社，2007 年，第 369 頁。

四、《大學注》的寫作

《大學》爲禮記一篇，至宋代朱熹將之與《中庸》單獨列出，作爲「四書」之二，其地位也逐漸提升。因爲《大學》又是爲學的綱領，關乎修政做人，治國平天下，成爲宋元以來是每個士子的必讀之書，也是首選之書。《大學》凡 11 章，首章爲總綱，包括朱熹所謂的「三綱領」和「八條目」。康有爲關於《大學》的闡釋，現有《大學注・序》（手稿藏臺灣「中央研究院」近代史所），《教學通義・大學第六》（收錄在《康有爲全集・第一集》），《萬木草堂講義・講大學》（收錄在《康有爲全集・第二集》）。

康有爲對《大學》十分重視，認爲《大學》是「內聖外王，條理畢具，言簡而意該者，求孔氏之遺書，其惟《大學》乎」〔註23〕，也極其重視朱熹的《大學章句》，曾多次言及。1885 年康有爲作《教學通議》，提出：「今天下治之不舉，由教學之不修業。」〔註24〕開始討論《大學》問題，對《大學》也有極高的評價：「《大學》一書，內聖外王，條例畢具，提大道之要，鉤至德之元，誠孔門之寶書、學者之階準也」〔註25〕，也是「孔門弟子後學傳孔子之口說，孔子之微言大義實傳焉」〔註26〕。但是至宋朝「朱子未明孔子三世之義，則於孔子太平之道，暗而未明，鬱而不發。方今大地棣通，據亂之義，尤非所以推行也。」〔註27〕所以，康有爲通過重新解釋《大學》意在將「孔子內聖外王之道，太平之理，復得光於天下」〔註28〕。

〔註23〕 康有爲：《大學注・序》，姜義華、張榮華編校：《康有爲全集》第 6 集，北京：中國人民大學出版社，2007 年，第 355 頁。

〔註24〕 康有爲：《教學通義》，姜義華、張榮華編校：《康有爲全集》第 1 集，北京：中國人民大學出版社，2007 年，第 19 頁。

〔註25〕 張伯楨：《康南海先生傳》，康有爲：《我史》，北京：中國人民大學出版社，2011 年，第 188 頁。

〔註26〕 康有爲：《大學注・序》，姜義華、張榮華編校：《康有爲全集》第 6 集，北京：中國人民大學出版社，2007 年，第 355 頁。

〔註27〕 康有爲：《大學注・序》，姜義華、張榮華編校：《康有爲全集》第 6 集，北京：中國人民大學出版社，2007 年，第 355 頁。康有爲經常有批判朱子的言論，如：「朱子之學在義，故斂之而愈嗇。而民情實不能絕」「朱子何可議，然狹小削劉聖人之道，束縛疲敝生民之氣，則不能不據孟子以矯之」，參考康有爲：《孟子微》，姜義華、張榮華編校：《康有爲全集》第 5 集，北京：中國人民大學出版社，2007 年，第 432、462 頁。

〔註28〕 康有爲：《大學注・序》，姜義華、張榮華編校：《康有爲全集》第 6 集，北京：中國人民大學出版社，2007 年，第 355 頁。

　　爲了使《大學》更符合自己的思想表達，康有爲對大學的結構也進行了
調整，「其舊文錯簡，亦竊正焉」〔註29〕，說成是「朱子改定古本……《大學》
之錯簡也」〔註30〕「程子以前錯簡未有也。錯簡極可信」〔註31〕。《大學注》
也並非一時之作，因「戊戌之難」，導致「舊注盡失」，《大學注》的定稿是在
「遁亡多暇，補寫舊注」〔註32〕。《大學注》與康有爲經世致用的思想相關，
反映的是康有爲政治維新思想。

第二節　《禮運注》的內容解析

　　康有爲對《禮運》評價頗高，稱：「是書也，孔氏之微言眞傳，萬國之無
上寶典，而天下群生之起死神方哉！」〔註33〕自詡發現《禮運》是「鴻寶發
現，闢新地以殖人民，揭日月以照修夜，以仁濟天下，將納大地生人於大同
之域，令孔子之道大放光明」〔註34〕。康有爲認爲，這是兩千五百年以來的
偉大發現，因而闡發《禮運》微言大義，在他看來就是闡發孔子所設計的未
來理想社會。

一、闡釋「大同」，嚮往「太平」

　　「大同」是歷來儒家所信奉，並視爲理想的社會境界。在《禮運》開篇，
「大同」說有著比較具體的描述，這是康有爲作《禮運注》的重點。《禮運》
開篇言：「大道之行也，天下爲公，選賢與能，講信修睦。故人不獨親其親，
不獨子其子，使老有所終，壯有所用，幼有所長，矜寡孤獨廢疾者，皆有所
養；男有分，女有歸；貨惡其棄於地也，不必藏於己；力惡其不出於身也，

〔註29〕康有爲：《大學注·序》，姜義華、張榮華編校：《康有爲全集》第 6 集，北京：
　　　　中國人民大學出版社，2007 年，第 355 頁。

〔註30〕康有爲：《教學通義》，姜義華、張榮華編校：《康有爲全集》第 1 集，北京：
　　　　中國人民大學出版社，2007 年，第 33 頁。

〔註31〕康有爲：《萬木草堂講義》，姜義華、張榮華編校：《康有爲全集》第 2 集，北
　　　　京：中國人民大學出版社，2007 年，第 300 頁。

〔註32〕康有爲：《大學注·序》，姜義華、張榮華編校：《康有爲全集》第 6 集，北京：
　　　　中國人民大學出版社，2007 年，第 355 頁。

〔註33〕康有爲：《禮運注》，姜義華、張榮華編校：《康有爲全集》第 5 集，北京：中
　　　　國人民大學出版社，2007 年，第 553 頁。

〔註34〕康有爲：《禮運注》，姜義華、張榮華編校：《康有爲全集》第 5 集，北京：中
　　　　國人民大學出版社，2007 年，第 553 頁。

不必爲己。是故謀閉而不興，盜竊亂賊而不作，故外戶而不閉，是謂大同。」〔註35〕這段孔子對大同之道的論述，講的是三代之前堯舜之事的太平景象。因而，康有爲認爲孔子「常懷大同之志，制太平之法」〔註36〕，但因生「據亂世」……未能行己之大道，故觸事發歎。」〔註37〕

孔子將大同放在過去，康有爲卻將大同放在今天和未來，這樣，大同社會便有實踐的可能〔註38〕。在《禮運注》中，康有爲對大同之道的君臣之禮、交往公理、夫妻公理、禁律進行闡釋與規範，認爲這是大同社會實現後應有景象。

在「天下爲公，選賢與能」章，康有爲注曰：「天下爲公，選賢與能者，官天下也。夫天下國家者，爲天下國家之人公共同有之器，非一人一家所得私有，當合大眾公選賢能以任其職，不得世傳其子孫兄弟也，此君臣之公理也。」〔註39〕

在「講信修睦」章，康有爲注曰：「講信修睦者，國之與國際，人之與人交，皆平等自立，不相侵犯，但互立和約而信守之，於時立義，和親康睦，只有無詐無虞，戒爭戒殺而已，不必立萬法矣，此朋友有信之公理也。」〔註40〕

在「不獨親其親，不獨子其子。……皆有所養」章，康有爲注曰：「父母固人所至親，子者固人所至愛，然但自親其親，自愛其子，而不愛人之親，不愛人之子，則天下人之貧賤愚不肖者，老幼矜寡孤獨廢疾者，皆困苦顛連，失所教養矣。夫人類不平，則教化不均，風俗不美，則人種不良，此爲莫大之害。即中於大眾而共受之，且人人何能自保不爲老幼矜寡孤獨廢疾者乎？專待之於私親而無可待也，不如待之於公而必可恃也。故公世，人人分其仰

〔註35〕 楊天宇：《禮記譯注》，上海：上海古籍出版社，2010 年，第 265 頁。
〔註36〕 康有爲：《禮運注》，姜義華、張榮華編校：《康有爲全集》第 5 集，北京：中國人民大學出版社，2007 年，第 554 頁。
〔註37〕 康有爲：《禮運注》，姜義華、張榮華編校：《康有爲全集》第 5 集，北京：中國人民大學出版社，2007 年，第 554 頁。
〔註38〕 劉濤：《顛倒大同與小康——康有爲〈禮運注〉解》，《漢語言文學研究》2012 年第 2 期。
〔註39〕 康有爲：《禮運注》，姜義華、張榮華編校：《康有爲全集》第 5 集，北京：中國人民大學出版社，2007 年，第 555 頁。
〔註40〕 康有爲：《禮運注》，姜義華、張榮華編校：《康有爲全集》第 5 集，北京：中國人民大學出版社，2007 年，第 555 頁。

事俯畜之物產財力，以爲公產，以養老慈幼恤貧醫疾，惟用壯者，則人人無復有老病孤貧之憂。俗美種良，進化益上，此夫子之公理也。」〔註41〕

在「貨惡棄於地也，……不必爲己」章，康有爲注曰：「更有二禁，世有公產，則巧者抑人之養，而不謀農工之業；惰者樂人之用，而不出手足之力，以公成其私，而以私壞公，則大道隳矣。故不作業、不出力之人，公眾所惡。然將已刑措，但惡之以示不齒，而人聳勸矣。然化俗久美，傳種改良，人人自能去私而爲公，不專己而愛人，故多能分貨以歸之公，出力以助人。」〔註42〕

在「是故謀閉而不興，……是謂大同」章，康有爲注曰：「夫有國、有家、有己，則各有其界而自私之。其害公理而阻進化，甚矣。惟天爲生人之本，人人皆天所生而直隸焉，凡隸天下者皆公之，故不獨不得立國界，以至強弱相爭，並不得有家界，以至親愛不廣，且不得有身界，以至貨力自爲。故只有天下爲公，一切皆本公理而已。公者，人人如一之謂，無貴賤之分，無貧富之等，無人種之殊，無男女之異。分等殊異，此狹隘之小道也。平等公同，此廣大之道也。無所謂君，無所謂國，人人皆教養於公產，而不恃私產，人人即多私產，亦當分之於公產焉，則人無所用其私，何必爲權術詐謀以害信義？更何肯爲盜竊亂賊以損聲名？非徒無此人，亦復無此思，內外爲一，無所防虞。故外戶不閉，不知兵革，此大同之道，太平之世行之。惟人人皆公，人人皆平，故能與人大同也。」〔註43〕

這表明，康有爲推導出作爲人追求快樂、逃避痛苦的欲望以及自由、平等和獨立之權的正當性。他從天賦人權的角度立論，在大同社會中，人具有自主、平等之權，認爲只有擺脫家國的束縛，才能眞正享受這些上天賦予人的權利。

二、論述「小康」，希望「進步」

「小康」則是一個與「大同」相比對的歷史時段，它發生於「大道既隱」的「家天下」時代。因此，從孔子至今，中國一直處在小康社會中，所以在

〔註41〕康有爲：《禮運注》，姜義華、張榮華編校：《康有爲全集》第5集，北京：中國人民大學出版社，2007年，第555頁。

〔註42〕康有爲：《禮運注》，姜義華、張榮華編校：《康有爲全集》第5集，北京：中國人民大學出版社，2007年，第555頁。

〔註43〕康有爲：《禮運注》，姜義華、張榮華編校：《康有爲全集》第5集，北京：中國人民大學出版社，2007年，第555頁。

《禮運注》中，康有爲「多爲小康之論，而寡發大同之道」〔註44〕。在《禮運》中，對小康社會論述爲：「今大道既隱，天下爲家，各親其親，各子其子，貨力爲己，大人世及以爲禮，城郭溝池以爲固，禮義以爲紀，以正君臣，以篤父子，以睦兄弟，以和夫婦，以設制度，以立田里，以賢勇知，以功爲己，故謀用是作，而兵由此起。禹、湯、文、武、成王、周公，由此其選也。此六君子者，未有不謹於禮者也。以著其義，以考其信，著有過，刑仁講讓，示民有常。如有不由此者，在勢者去，眾以爲殃，是謂小康。」〔註45〕康有爲從家庭、國家、民生、禮義等方面對「小康」社會進行闡釋，以此區別「大同」社會。認爲小康與大同相比，弊端重重，但比據亂世文明。康有爲認爲孔子之道先受損於荀子，繼而惑於劉歆僞經，再而敗壞於朱熹的偏見，以至久久停留於「小康之世」〔註46〕，而孔子是「常懷大同之志，制太平之法」〔註47〕。

小康是據亂世到大同世不可跨越的階段，強行太平世，只能帶來災害，「生當亂世，不能驟逾級超，進而至太平。若未至其時，強行大同，強行公產，則道路未通，風俗未善，人種未良，且貽大害。」〔註48〕

在「今大道既隱，天下爲家」章，康有爲注曰：「天下皆自私其家，君主不能公天下，乃以天下爲一家私有之物。雖明父慈子孝之義，亦已於亂世野蠻不知父子者，然僅自私所親，不能錫類推仁以平天下也。雖能作力運貨，百業興於文明，然只營其私，不能爲公，故無公產公功以興公益，貧愚老疾者不得齊於人類，俗弊種壞，富貴者亦不得勉焉。」〔註49〕

在「大人世及以爲禮」章，康有爲注曰：「天子、諸侯、大夫、世之大人也，不能讓賢選能，始以武力得國家，後則私據之，或世傳子孫，或兄終弟

〔註44〕康有爲：《禮運注》，姜義華、張榮華編校：《康有爲全集》第5集，北京：中國人民大學出版社，2007年，第553頁。

〔註45〕楊天宇：《禮記譯注》，上海：上海古籍出版社，2010年，第266頁。

〔註46〕康有爲：《禮運注》，姜義華、張榮華編校：《康有爲全集》第5集，北京：中國人民大學出版社，2007年，第553頁。

〔註47〕康有爲：《禮運注》，姜義華、張榮華編校：《康有爲全集》第5集，北京：中國人民大學出版社，2007年，第554頁。

〔註48〕康有爲：《禮運注》，姜義華、張榮華編校：《康有爲全集》第5集，北京：中國人民大學出版社，2007年，第556頁。

〔註49〕康有爲：《禮運注》，姜義華、張榮華編校：《康有爲全集》第5集，北京：中國人民大學出版社，2007年，第555頁。

及，造作禮典，定爲名義，以絕奸雄覬覦盜篡之端，以免歲月易朝爭殺之禍，較之亂世，人爲帝而家爲王，爭殺無已者，民生易保焉。然以天下國家之重任，不公選天下之賢，而全託之一家一人之子孫。夫人之生子，安得盡賢？苟所生非賢，則國民塗炭，種族滅絕，危險莫甚矣。此蓋古者定亂不得已之舉，然非良法，非公理也。」〔註50〕

在「城池溝壑以爲固」章，康有爲注曰：「國土互峙，上下相疑，於是築城鑿池以備不虞，而保民保境，較之野蠻不知設險自衛者，自爲少智矣。然因有國界，遂成殺禍，限禁人民，阻兵功劫，至有屠灌全餓之慘。其傷民甚，其去道亦遠矣。」〔註51〕

在「禮儀以爲己」章，康有爲注曰：「立禮以爲防，修義以爲限，紀而綱之，進人道於修明，較之亂世無禮無義，自爲文明矣。然人性未善，人心未仁，不能恥格，猶有詐僞奸欺而待於防限，至不能防禁，則潰決而無如何矣。國定君臣之義，俾天澤不得妄干，較之亂世名分不明篡爭日見者，自爲安息。家有父子、兄弟、夫婦之親，俾人道得以相保，較之亂世人倫不明、淫逆橫作者，自爲正義。制度者，律法也，因人情而制之，上下得所率由，自勝於野蠻無法度者。田里者，分田制祿也，臨長百姓，而輕重布之，令君子野人皆得所養，自勝於亂世無口分世業者。然名分太嚴，則有暴殄壓制之患；性情強合，則失自立自由之本；不能恥格，則出法令而奸詐生。不立公產，則授田里而私爭起。世野蠻，必尚勇，世巧詐，必尚智。兼之則進矣。然不以仁爲賢，而徒以勇智爲賢，仍是亂世之風。野蠻必惰率作，能趨事赴功則進矣。然不能忘名，而以功名自伐，仍是自私之種。」〔註52〕

康有爲始終突出小康與大同兩方面的內容分別被不同的孔子後學所傳承，他們之中沒有人像孔子那樣小康、大同兼備，他說：「皆爲孔子之三統，門人各得其一說，故生互歧。故通三統之義，而經無異義矣。自七十子以來，各尊所聞，難有統一之者。」〔註53〕所以，小康之說依然是孔子之道的一部分。

〔註50〕　康有爲：《禮運注》，姜義華、張榮華編校：《康有爲全集》第5集，北京：中國人民大學出版社，2007年，第555～556頁。

〔註51〕　康有爲：《禮運注》，姜義華、張榮華編校：《康有爲全集》第5集，北京：中國人民大學出版社，2007年，第556頁。

〔註52〕　康有爲：《禮運注》，姜義華、張榮華編校：《康有爲全集》第5集，北京：中國人民大學出版社，2007年，第556頁。

〔註53〕　康有爲：《春秋董氏學》，姜義華、張榮華編校：《康有爲全集》第2集，北京：中國人民大學出版社，2007年，第370頁。

三、分析「禮治」，探索「人道」

在《禮運注》中，康有爲對禮的評價是：「發明制作之禮，不過爲撥亂世。其志雖在大同，而其事只在小康也。」〔註54〕表達了「禮因人道而設」〔註55〕的觀點。康有爲認爲禮起源於飲食和敬神，禮是爲人而設，與人道的構建是同步的。如：

在「夫禮之初，始諸飲食」章，康有爲注曰：「人生須養，故人道之始，未有衣服、宮室、獵鳥獸之肉，採草木之實，先謀飲食。禮爲人設，故禮之義在養人而已，故亦以飲食之禮爲始。今非洲之人，以獵爲事，歸而分之。此亦禮也。太古民愚，故尤尙鬼。今考埃及、敍利亞、印度、波斯及各野番之先，皆以事鬼神爲至重。……蓋先民樸略，其生時只有飲食、敬神二者，而禮即起於是也。」〔註56〕

康有爲認爲：「人有天生之情，人有天立之義，人有天然定利患，必深知其故，然後能順而治之。」〔註57〕爲此，制禮首先應該合乎人情，其次要處理好人際關係，再次是要遵循人倫，最後，要爲人類興公利，除公患。

在「故聖人耐以天下爲一家」章，康有爲注曰：「就一人言之，喜、怒、哀、樂、愛、惡、欲之七情，受天而生，感物而發。凡人之同，不能禁而去之，只有因而行之。如使一人獨生，則聽其自由可也，然人非獨生，禮爲眾設。若聽一人之自由，必侵犯眾人之權限，不可行也，故不能不治之以節，飾之以文。……凡爲人即有是倫，有其倫即有其義。父之義在生，故尙慈。子之義在報，故尙孝。兄之義在友，故尙良。弟之義在恭，故尙尙弟。夫之義在宜，故尙義。婦之義在從，故尙聽。老之義在懷幼，故尙惠。幼之義在敬老，故尙順。君之義在安人，故尙仁。臣之義在盡心，故尙忠。其名分地位各有所宜，故其道義事爲各有所合，此爲人道之義，自一人、一家、一國施之者也。……國與國交，人與人交，平等而可契矩，至公而可互行者，則

〔註54〕康有爲：《禮運注》，姜義華、張榮華編校：《康有爲全集》第5集，北京：中國人民大學出版社，2007年，第557頁。

〔註55〕康有爲：《禮運注》，姜義華、張榮華編校：《康有爲全集》第5集，北京：中國人民大學出版社，2007年，第558頁。

〔註56〕康有爲：《禮運注》，姜義華、張榮華編校：《康有爲全集》第5集，北京：中國人民大學出版社，2007年，第558頁。

〔註57〕康有爲：《禮運注》，姜義華、張榮華編校：《康有爲全集》第5集，北京：中國人民大學出版社，2007年，第560頁。

爲信睦爲凡人之公利，爭殺爲凡人之公患。故講信修睦，尙讓禁奪，實爲人道之公理，可行之天下。……聖人因人情之所欲惡而悉代宣達之，又慮欲惡之無盡而品節之，此禮之所由生也。」〔註58〕

在禮與天道關係上，康有爲指出，人「貴於萬物」，是因爲人與天地、陰陽、鬼神、五行等密切相關。

在「故聖人作則」章，康有爲注曰：「人既爲天地、陰陽、五行所生，四時、日、星、月所關涉，鬼神所會；禮爲人設，即當法天地、陰陽、五行、鬼神、四時、日、星、月而制之。……禮上法天地，天地爲本也。禮皆分上下，辨東西，立賓主，合男女，陰陽爲端也。」〔註59〕

在「以天地爲本」章，康有爲注曰：「天地爲萬物之本，本天地爲政教，故物可舉而興勸；人情與陰陽相通，法陰陽爲教，故人情不隱而可睹。舉事必順四時，四時爲柄，故事可勸；事以日與星爲候，故興作有序列。按月程課，故功有藝。人畏鬼神，故事不可欺僞而可守。器用以生剋相制，故事可復。禮儀成爲典章法度，故事行有考。奧，主也。順人情，則人歸之，則爲人之主也。畜養四靈，羽毛鱗介之屬，各從其長而蕃孳，則飲食不勝用也。」〔註60〕

在「是故夫禮必本於太一」章，康有爲注曰：「大禮必祀於天，制作必法天，生殺必稱天，儀體必象天，蓋不忘本也。」〔註61〕

對禮的功能，康有爲從多方面進行了闡釋。首先禮可以養人，其次禮儀有助於各種關係處理，再次是禮可以維持各種秩序。

在「是故夫禮必本於太一」章，康有爲注曰：「人道莫大於養，禮爲人設，故禮之義在養人而已。」〔註62〕

〔註58〕康有爲：《禮運注》，姜義華、張榮華編校：《康有爲全集》第5集，北京：中國人民大學出版社，2007年，第561頁。

〔註59〕康有爲：《禮運注》，姜義華、張榮華編校：《康有爲全集》第5集，北京：中國人民大學出版社，2007年，第563頁。

〔註60〕康有爲：《禮運注》，姜義華、張榮華編校：《康有爲全集》第5集，北京：中國人民大學出版社，2007年，第564頁。

〔註61〕康有爲：《禮運注》，姜義華、張榮華編校：《康有爲全集》第5集，北京：中國人民大學出版社，2007年，第565頁。

〔註62〕康有爲：《禮運注》，姜義華、張榮華編校：《康有爲全集》第5集，北京：中國人民大學出版社，2007年，第565頁。

在「故禮義者，人之大端也」章，康有爲注曰：「人道最難外交，少有不善，患害隨之，故講信修睦，處事之利之利也。……故禮儀最爲處事之端也。……故禮儀爲衛生之大端也。……事鬼神之大端也。」〔註63〕

在「故事大積焉而不苑」章，康有爲注曰「有禮以序之，分數極明，則不多積而不滯。……立禮律者，令眾人各得其分，各得其樂，互不相侵，此禮之大用也。……聖人之禮，無往非順乎天地，順乎人情，順乎時誼。」〔註64〕

禮雖有種種規定，但孔子思想是「三數以待變通」〔註65〕，因而「禮以時爲大」〔註66〕，變是禮的一個特徵。康有爲強調說：「孔子爲時中之聖，尤在變通盡利，以宜民也。」〔註67〕評擊守舊派「拘者守舊，自謂得禮，豈知其阻塞進化，大悖聖人之時義哉！」所以「特明禮是無定，隨時可起，無可泥守也。」〔註68〕「禮義無定，當隨時講而行之，而歸宿於仁、樂、順。」〔註69〕

四、調整「詞句」，順應「三世」

康有爲認爲，中國的「大同」之道一直是隱而不彰。《禮運注》中，康有爲言「大同」的目的就是尋找中國社會的治病良方。因而，他對《禮運》篇原有結構作了調整，但是對原文的改動不大，只是改變了原文順序，也改變了個別字句。

《禮記》原文「今大道既隱，天下爲家……是謂小康」，接著就是「言偃復問曰：『如此乎，禮之急也？…故天下國家可得而正也』」〔註70〕。康有爲

〔註63〕康有爲：《禮運注》，姜義華、張榮華編校：《康有爲全集》第5集，北京：中國人民大學出版社，2007年，第565頁。

〔註64〕康有爲：《禮運注》，姜義華、張榮華編校：《康有爲全集》第5集，北京：中國人民大學出版社，2007年，第569頁。

〔註65〕康有爲：《春秋董氏學》，姜義華、張榮華編校：《康有爲全集》第2集，北京：中國人民大學出版社，2007年，第370頁。

〔註66〕康有爲：《禮運注》，姜義華、張榮華編校：《康有爲全集》第5集，北京：中國人民大學出版社，2007年，第565頁。

〔註67〕康有爲：《禮運注》，姜義華、張榮華編校：《康有爲全集》第5集，北京：中國人民大學出版社，2007年，第565頁。

〔註68〕康有爲：《禮運注》，姜義華、張榮華編校：《康有爲全集》第5集，北京：中國人民大學出版社，2007年，第568頁。

〔註69〕康有爲：《禮運注》，姜義華、張榮華編校：《康有爲全集》第5集，北京：中國人民大學出版社，2007年，第568頁。

〔註70〕楊天宇：《禮記譯注》，上海：上海古籍出版社，2010年，第267頁。

對此作了調整，將此句調至「君子以後，小人以薄」之後，「故聖人修義之柄，禮之序，以治人情」之前。他說：「舊本此下有：言偃復問曰：『如此乎禮之急也』一節，上文未言禮急，文義不屬，故移於後。」〔註71〕

將「夫禮之初始諸飲食。……此禮之大成」調到「故國有患，君死社稷，謂之大義；大夫死宗廟，謂之變」之後〔註72〕，「故聖人耐以天下爲一家」之前〔註73〕。康有作這樣調整，是因爲他認爲：「自此之下，發明制作之禮，不過爲撥亂世。」〔註74〕作如此調整之後，《禮運》結構就更加符合《公羊》「三世說」。如此，大同、小康與據亂世、升平世和太平世就聯接在一起，且血脈貫通〔註75〕。

此外，康有爲對《禮運》的字句也有調整，在闡釋「男有分，女有歸」時，將「女有歸」的「歸」字改爲「媵」字，康有爲認爲這是大同之道的夫妻之理。康有爲認爲「歸」舊本當作「媵」，說：「分者，限也；男子雖強，而各有權限，不得逾越。媵者，巍也；女子雖弱，而巍然自立，不得陵抑。各立合約而共守之，此夫婦之公理也。」〔註76〕康有爲如此改動，因爲「男有分，女有歸」爲大同境界，即太平世。如此看來，康有爲大同與孔子大同境界並不相同。康有爲覺孔子之「大同」中「男有分，女有歸」境界不高遠，於是拔高之，故改動「歸」爲「媵」，以就己說。

康有爲對《禮運》結構和字句的調整，是爲表達自己的思想而修改原文。調整之後《禮運》的結構符合了公羊「三世說」。這也足以表明康有爲是以公羊「三世說」思想解釋《禮運》，《禮運注》也並非在注《禮運》，而是將《禮運》作爲其思想的注腳。爲此，馬一浮先生亦批評康有爲「是以私智說經」〔註77〕。

〔註71〕康有爲：《禮運注》，姜義華、張榮華編校：《康有爲全集》第5集，北京：中國人民大學出版社，2007年，第556頁。

〔註72〕康有爲：《禮運注》，姜義華、張榮華編校：《康有爲全集》第5集，北京：中國人民大學出版社，2007年，第556頁。

〔註73〕康有爲：《禮運注》，姜義華、張榮華編校：《康有爲全集》第5集，北京：中國人民大學出版社，2007年，第560頁。

〔註74〕康有爲：《禮運注》，姜義華、張榮華編校：《康有爲全集》第5集，北京：中國人民大學出版社，2007年，第557頁。

〔註75〕劉濤：《顛倒大同與小康——康有爲〈禮運注〉解》，《漢語言文學研究》，2012年第2期。

〔註76〕康有爲：《禮運注》，姜義華、張榮華編校：《康有爲全集》第5集，北京：中國人民大學出版社，2007年，第555頁。

〔註77〕馬一浮：《復性書院講錄》，南京：江蘇教育出版社，2005年，第36頁。

第三節 《中庸注》內容解析

在《中庸注》中，康有爲談孔教、人道，論「三世」，並託之以孔子。進而，康有爲將孔子神聖化，推崇其地位，光大其「微言大義」。爲此，《中庸注》不再僅僅空談心性，而是懷著強烈的現實關懷，從「外王」即「經世致用」角度來進行詮釋。所以，《中庸》蘊含著變革改制以自強，挽救民族危機以自立的思想，具體在「人道」、鬼神、「三世三統之變」等闡述中體現，故而值得關注。

一、闡釋「人道」，排斥「外教」

在《中庸注》中，康有爲對宋明理學家非常感興趣的性、道、誠、愼獨、未發、已發等心性論概念並沒有給予過多的關注，但對順應自然世俗生活的「人道」則多有闡發，「人道」成爲「人性之有交接云爲無離之者」〔註78〕，具體內容爲「自形上言之則爲陰陽，自繼成言之則爲善性，自形下言之則爲夫婦、夫子、兄弟、朋友，皆人道之不可離也」〔註79〕。而夫妻則是人道的開始，「孔子之道，造端乎男女飲食」〔註80〕。康有爲在《中庸注》首章便指出人與天的關係。人是受天之氣而成，「人身特天之氣耳」〔註81〕，人與天俱由氣化而成。

在「天命謂之性」章，康有爲注曰：「人非人能爲，天所生也。性者，生之質也，稟於天氣以爲神明，非傳於父母以爲體魄者，故本之於天。……孔子教之始於人道，孔子之道出於人性，而人性之本於天生，以明孔教之原於天，而宜於人也。」〔註82〕

在「郊社之禮」章，康有爲注曰：「乾爲吾父，坤爲吾母，人身特天之氣耳。……祖爲傳種，父爲傳精，人身特祖父之分類耳。……如但天生，則有魂氣未必爲人身。如但祖傳，則爲人身而未必有性。」〔註83〕

〔註78〕 康有爲：《中庸注》，姜義華、張榮華編校：《康有爲全集》第5集，北京：中國人民大學出版社，2007年，第370頁。

〔註79〕 康有爲：《中庸注》，姜義華、張榮華編校：《康有爲全集》第5集，北京：中國人民大學出版社，2007年，第370頁。

〔註80〕 康有爲：《中庸注》，姜義華、張榮華編校：《康有爲全集》第5集，北京：中國人民大學出版社，2007年，第370頁。

〔註81〕 康有爲：《中庸注》，姜義華、張榮華編校：《康有爲全集》第5集，北京：中國人民大學出版社，2007年，第378頁。

〔註82〕 康有爲：《中庸注》，姜義華、張榮華編校：《康有爲全集》第5集，北京：中國人民大學出版社，2007年，第369頁。

〔註83〕 康有爲：《中庸注》，姜義華、張榮華編校：《康有爲全集》第5集，北京：中國人民大學出版社，2007年，第378～379頁。

在「予懷明德」章，康有爲注曰：「諸天天元，無盡無方，無色無香，無音無塵，別有天造之世，不可思議，不可言說者，此神聖所遊，而欲興群生同化於天天，此乃孔子之至道也。」〔註84〕

康有爲強調所有的「人道」都是一種實踐，來自人之根本，重點是「人身」，「喜怒哀樂，人之情也。」〔註85〕認爲孔教是天性人道，所以對外教不「人道」做出評判，借「人道」來排斥外教，獨尊孔教。如：

在「故君子之道，本諸身」章，康有爲注曰：「身者，聖人之身也，即爲人身，故衣服，飲食、宮室，即因人身而制之。器械、聲樂、禮文，皆因人耳目口鼻、四肢百體而制之。內自性情之徵，外及衡度之粗，皆以身爲之本。人身之宜，即人道之宜。」〔註86〕

在「修道謂之教」章，康有爲注曰：「孔子教之始於人性，孔子道之出於人性，而人性之本於天生，以明孔教之源於天。」〔註87〕

在「道不遠人」章，康有爲注曰：「故孔子之道，因於人性有男女、飲食、倫常、日用而修治品節之。……遠於人道，人情不堪，只可一二畸行爲之，不能爲人人共行者，即不可爲人人共行之道，孔子不以爲教也。」〔註88〕

在「人之爲道而遠人，不可以爲道」章，康有爲注曰：「如禁肉去妻，苦行練神，如婆羅門九十六道者，然遠於人道，人情不堪，只可一二畸爲之，不能爲人人共行者，即不可以爲人人共行之道，孔子不以爲教也。」〔註89〕提出要「遵行中庸之道，不爲異教所誘」〔註90〕。

〔註84〕　康有爲：《中庸注》，姜義華、張榮華編校：《康有爲全集》第 5 集，北京：中國人民大學出版社，2007 年，第 392 頁。

〔註85〕　康有爲：《中庸注》，姜義華、張榮華編校：《康有爲全集》第 5 集，北京：中國人民大學出版社，2007 年，第 370 頁。

〔註86〕　康有爲：《中庸注》，姜義華、張榮華編校：《康有爲全集》第 5 集，北京：中國人民大學出版社，2007 年，第 388 頁。

〔註87〕　康有爲：《中庸注》，姜義華、張榮華編校：《康有爲全集》第 5 集，北京：中國人民大學出版社，2007 年，第 369〜370 頁。

〔註88〕　康有爲：《中庸注》，姜義華、張榮華編校：《康有爲全集》第 5 集，北京：中國人民大學出版社，2007 年，第 373 頁。

〔註89〕　康有爲：《中庸注》，姜義華、張榮華編校：《康有爲全集》第 5 集，北京：中國人民大學出版社，2007 年，第 373 頁。

〔註90〕　康有爲：《中庸注》，姜義華、張榮華編校：《康有爲全集》第 5 集，北京：中國人民大學出版社，2007 年，第 371 頁。

　　康有爲認爲人受命於天，有共同的天性，人事所不能爲，只能付諸天命。因而，儘管孔子之道以人道爲主，天道卻不可缺少，在孔子之道中具有不容忽視的重要地位和作用。他說：「孔子之道本於天，以元統天。」〔註91〕「孔子之制度必本於天。」〔註92〕並由命推出孔子之道本於性，所以孔教原於天而宜於人。康有爲在闡述「人道」的同時，對「鬼神」也進行了相關的論述，通過對鬼神的解釋，約束人的行爲。如：

　　在「夫微之顯」章，康有爲注曰：「人生生世世，當愼其造因之微，而積其仁德之誠也。」〔註93〕

　　在「在上位不陵下」章，康有爲注曰：「有一世、二世、三世、四世、五世、六世歸魂遊魂，故宿世造善惡之因，而今世受報。此傳於氣者。」〔註94〕

　　在「鬼神之爲德」章，康有爲注曰：「鬼從人從腦，魂氣上升之形。……魂也者，鬼之盛也。」〔註95〕

　　所謂「兩樣鬼神」，蓋謂「在天之鬼神」與「祭祀之鬼神」〔註96〕，反映的是禮樂之道。而康有爲的「鬼神」論根源即在於人，對鬼神的描述即是對人規定的描述，其重點是在陳述人的價值。實際上，康有爲對鬼神及報應的說法並不令人信服，顯得十分牽強。

二、論述「三世」，強調「三重」

　　在《中庸注》中，康有爲對「三世說」闡述也頗多。他在《序》中說：「天下之爲道術多矣，而折衷於孔子；孔子之道大矣，……惟聖孫子思親傳文道……著三世三統之變。」〔註97〕康有爲在此大膽地將「三世三統」宣示爲

〔註91〕 康有爲：《萬木草堂講義》，姜義華、張榮華編校：《康有爲全集》第2集，北京：中國人民大學出版社，2007年，第281頁。

〔註92〕 康有爲：《萬木草堂講義》，姜義華、張榮華編校：《康有爲全集》第2集，北京：中國人民大學出版社，2007年，第294頁。

〔註93〕 康有爲：《中庸注》，姜義華、張榮華編校：《康有爲全集》第5集，北京：中國人民大學出版社，2007年，第376頁。

〔註94〕 康有爲：《中庸注》，姜義華、張榮華編校：《康有爲全集》第5集，北京：中國人民大學出版社，2007年，第375頁。

〔註95〕 康有爲：《中庸注》，姜義華、張榮華編校：《康有爲全集》第5集，北京：中國人民大學出版社，2007年，第376頁。

〔註96〕 （宋）黎靖德：《朱子語類》，北京：中華書局，1986年，第28頁。

〔註97〕 康有爲：《中庸注》，姜義華、張榮華編校：《康有爲全集》第5集，北京：中國人民大學出版社，2007年，第369頁。

子思繼承和發揮孔子理論而作，從而提高了「三世三統」說的理論地位，認爲「三重」即爲公羊改制的「三統」。如：

在「王天下有三重焉」，康有爲注曰：「重，復也……三重者，三世之統也。有撥亂世，有升平世、有太平世。撥亂世，內其國而外諸夏。升平世，內諸夏而外夷狄。太平時，內外遠近大小若一。每世之中，又有三世焉，則據亂亦有亂世之升平、太平焉，太平世之始亦有據亂、升平之別。每小三世中，又有三世焉。於大三世中，又有三世焉。故三世而三重之，爲九世，九世而三重之，爲八十一世。展轉三重，可至無量數，以待世運之變，而爲進化之法。此孔子制作所以大也。」〔註98〕

康有爲接受西方進化論，提出社會「務在因時」，「進化之理，有一定之軌道，不能超度」〔註99〕，不應該阻礙也不應該助長。他說：「當草昧亂世，教化未至，而行太平之制，必生大害；當升平世，而仍守據亂，亦生大害也。譬之今當升平之時，應發自主自立之義，公議立憲之事，若不改法則大亂生，孔子思患而預防之，故制三重之道，待後世之變通，以去其弊，此孔子立法之至仁也。」〔註100〕

康有爲強調：「孔子改制，必有所因，損益三代，而從周最多，取其近而易行也。……故知孔子改制從夏、殷少而從周多。譬如今者變法，從宋、明者少，必多從國朝也。」〔註101〕據此，進一步批判了泥古守舊的「無忌憚之小人」不僅是「反乎時宜」，更是「逆乎天運」。

在「君子之中庸也，君子而時中」章，康有爲注曰：「孔子之道有三統三世焉，其統異，其世異，則其道亦異。故君子當因其所處之世，觀其會通，以行其典禮。上下無常，唯變所適。別寒署而易裘葛，因水陸而資舟車。道極相反，行亦相反，然適當其時，則爲此時之中庸，故謂之時中。若守舊泥古，而以悍狂行之，反乎時宜，逆乎天運，雖自謂中庸，而非應時之重要，

〔註98〕康有爲：《中庸注》，姜義華、張榮華編校：《康有爲全集》第5集，北京：中國人民大學出版社，2007年，第387頁。

〔註99〕康有爲：《中庸注》，姜義華、張榮華編校：《康有爲全集》第5集，北京：中國人民大學出版社，2007年，第388頁。

〔註100〕康有爲：《中庸注》，姜義華、張榮華編校：《康有爲全集》第5集，北京：中國人民大學出版社，2007年，第387頁。

〔註101〕康有爲：《中庸注》，姜義華、張榮華編校：《康有爲全集》第5集，北京：中國人民大學出版社，2007年，第387頁。

則爲無忌憚之小人而已。」〔註102〕

　　爲增加「三世」的說服力，康有爲以古今論三世。在康有爲看來，人類社會由據亂、太平而大同的三世進化，是和農工商經濟產業由私有制向公有制的發展相聯繫的。但是，康有爲的終極關懷仍是人。

　　在「萬物並育而不相害」章，康有爲注曰：「以古今之世言之，有據亂、升平、太平之殊，不可少易。而以大地之世言之，則亦有據亂、升平、太平之殊，而不可去一也。即以今世推之，中國之苗、瑤、侗、獞，南洋之巫來由吉人，非洲之黑人，美洲之煙剪人，今據亂世之據亂矣，印度、土耳其、波斯破有禮教政治，可謂據亂之升平矣。若美國之人人自主，可謂據亂之太平矣。」〔註103〕

　　在「凡爲天下國家有九經」章，康有爲注曰：「大農世之後，進爲大工之世，乃益文明。此孔子治天下國家之政法也。」〔註104〕

　　在「故君子之道，本諸身」章，康有爲注曰：「身者，聖人之身也。既爲人身，故衣服、飲食、宮室，即因人身而制之；器械、聲樂、禮文，皆因人耳目口鼻、四肢百體而制之。內置性情之微，外及衡度之粗，皆以身爲之本。人身之宜，即人道之宜也。」〔註105〕

　　《中庸注》所闡發的「三重」爲「三世之統」〔註106〕，即爲「議禮、制度、考文」〔註107〕，以「三重」即爲公羊改制的三統〔註108〕。這樣說能讓儒學能籠罩整個人類的發展，避免儒學跟不上社會的發展而衰微。這與《禮運》的小康、大同思想相融合，與西方近代國家學說、憲政體制、民主人權思想相貫通。

〔註102〕康有爲：《中庸注》，姜義華、張榮華編校：《康有爲全集》第5集，北京：中國人民大學出版社，2007年，第371頁。

〔註103〕康有爲：《中庸注》，姜義華、張榮華編校：《康有爲全集》第5集，北京：中國人民大學出版社，2007年，第389頁。

〔註104〕康有爲：《中庸注》，姜義華、張榮華編校：《康有爲全集》第5集，北京：中國人民大學出版社，2007年，第381頁。

〔註105〕康有爲：《中庸注》，姜義華、張榮華編校：《康有爲全集》第5集，北京：中國人民大學出版社，2007年，第388頁。

〔註106〕康有爲：《中庸注》，姜義華、張榮華編校：《康有爲全集》第5集，北京：中國人民大學出版社，2007年，第387頁。

〔註107〕康有爲：《中庸注》，姜義華、張榮華編校：《康有爲全集》第5集，北京：中國人民大學出版社，2007年，第388頁。

〔註108〕蕭公權：《康有爲思想研究》，北京：中國人民大學出版社，2014年，第52頁。

三、引入「電氣」，開拓「視野」

康有爲以世界視角解釋《中庸》，認爲萬物無不相通。爲了增加其說服力，在《中庸注》中，他多處引用電、光、力、熱等西方近代科學名詞。這是康有爲思索儒學如何應對近代生活，讓儒學積極介入社會政治，並持續地指導現實社會生活的結果。

在「致中和，天地位焉」章，康有爲注曰：「電氣流徙，無有遠邇，莫不通焉。」〔註109〕

在「鬼神之爲德」章，康有爲注曰：「神從列星上示，電氣屈伸之義。」〔註110〕

在「夫微之顯」章，康有爲注曰：「有電則必有光，電光則有力以生萬物，神氣即電氣也……如電相吸，雖微必顯。」〔註111〕

在「大德必得其位」章，康有爲注曰：「此非偶然，由電氣吸引之。」〔註112〕

在「武王纘太王、王季文王之緒」章，康有爲注曰：「電氣魂知相引相惑，其來極遠，皆有所因。」〔註113〕

在「仁者，人也，親親爲大」章，康有爲注曰：「仁從二人，人道相偶，有吸引之意，即愛力也，實電力也。」〔註114〕

在「自誠明謂之性，自明誠謂之教」章，康有爲注曰：「如大日之含熱力，自然大放其光。」〔註115〕

〔註109〕康有爲：《中庸注》，姜義華、張榮華編校：《康有爲全集》第5集，北京：中國人民大學出版社，2007年，第371頁。

〔註110〕康有爲：《中庸注》，姜義華、張榮華編校：《康有爲全集》第5集，北京：中國人民大學出版社，2007年，第376頁。

〔註111〕康有爲：《中庸注》，姜義華、張榮華編校：《康有爲全集》第5集，北京：中國人民大學出版社，2007年，第376頁。

〔註112〕康有爲：《中庸注》，姜義華、張榮華編校：《康有爲全集》第5集，北京：中國人民大學出版社，2007年，第376頁。

〔註113〕康有爲：《中庸注》，姜義華、張榮華編校：《康有爲全集》第5集，北京：中國人民大學出版社，2007年，第377頁。

〔註114〕康有爲：《中庸注》，姜義華、張榮華編校：《康有爲全集》第5集，北京：中國人民大學出版社，2007年，第379頁。

〔註115〕康有爲：《中庸注》，姜義華、張榮華編校：《康有爲全集》第5集，北京：中國人民大學出版社，2007年，第382頁。

在「惟天下至誠」章，康有爲注曰：「陽日熱力充實，則能大發其光熱之性，至無窮盡。光熱射於諸地，地上人物賴以發生陰陽，遂其性命。……聖人含元吐精，本無量實熱之誠，而大發其光力，以運持宇宙。」〔註116〕

在「至誠之道，可以前知」章，康有爲注曰：「德國破法，先見於童謠。意王被刺，預推於術士。」〔註117〕

在「王天下有三重焉」章，康有爲注曰：「孔子之制，皆爲實事，如建子爲正月，白統尙白，則朝服首服皆白，今歐美各國從之。建丑，則俄羅斯、回教從之。明堂之制，三十六牖，七十二戶，屋制高嚴員侈，或橢員衡方，或上員下方，則歐美宮室從之。衣長後衽，則歐洲各國禮服從之。日分或日牛，或雞鳴，或平明，泰西以日午爲日分。」〔註118〕

在「萬物並育而不相害，道並行而不相悖」章，康有爲注曰：「以今世推之，中國之苗瑤侗僮，南洋之巫來由吉寧人，非洲之黑人，美洲之煙剪人，今據亂世之據亂矣；印度、土耳其、波斯頗有禮教政治，可謂據亂之升平矣；若美國之人人自主，可謂據亂之太平矣。今治苗瑤桐撞，非洲黑人之法，必設以酋長，別其男女，教之讀書，粗定法律，嚴其爭殺，導之禮讓斯可矣。若遽行美國之法，則暇等而殺爭必多，待進化至於印度、波斯，乃可進變於美國也。太平與據亂相近而實遠，據亂與升平相反而實近，而美國風俗之弊壞，宜改良進化者，其道固多。若所以教中國之苗人，非洲之黑人，則教據亂之法，尙不能去也。……美洲之土人與白人並育一也，各用其據亂升平之道而不相害。非洲黑人與白人並育一也。」〔註119〕

康有爲重建儒學，其理論支柱無疑是孔子改制。爲此，康有爲還對孔子進行了神化和聖化，極力推崇孔子權威。在「非天子不議禮，不制度，不考文」章，康有爲注曰：「天子，孔子也。孔子爲蒼帝之精，作新王受命。」〔註120〕

〔註116〕康有爲：《中庸注》，姜義華、張榮華編校：《康有爲全集》第5集，北京：中國人民大學出版社，2007年，第382頁。

〔註117〕康有爲：《中庸注》，姜義華、張榮華編校：《康有爲全集》第5集，北京：中國人民大學出版社，2007年，第383頁。

〔註118〕康有爲：《中庸注》，姜義華、張榮華編校：《康有爲全集》第5集，北京：中國人民大學出版社，2007年，第388頁。

〔註119〕康有爲：《中庸注》，姜義華、張榮華編校：《康有爲全集》第5集，北京：中國人民大學出版社，2007年，第389~390頁。

〔註120〕康有爲：《中庸注》，姜義華、張榮華編校：《康有爲全集》第5集，北京：中國人民大學出版社，2007年，第386頁。

進一步論證孔子爲「布衣素王」〔註121〕「神人唯孔子」〔註122〕「撥亂改制之文王」〔註123〕。但是，康有爲希望建構一個無所不包的孔教用以救世，但目標太過龐大，在當時也不現實，所以最終未能實現。儒家經典雖在歷代闡述方式上有變化，但仍然有其自身的限制，不可能容納康有爲所有的龐雜想法，所以，康氏不惜歪曲經文，過度詮釋。

第四節　《大學注》思想解析

　　《大學注》原文今已不存，僅能從光緒二十八年康有爲在印度大吉嶺所作的《大學注・序》及其他收錄在《全集》中的文獻窺得康有爲《大學》的思想軌跡。康有爲對《大學》的認識有一個過程，從尊從朱熹道批判朱熹，然後，康有爲用公羊學解釋《大學》，把《大學》的「新民」作爲「孔門要義」，並對「新」與「舊」之別進行討論，與經世致用聯繫起來。朱熹謂：「新者，革其舊之謂也。」「新」也有「除舊、革新、改造、使之新」〔註124〕之意。康有爲取朱熹《大學》「新民」之說，最終目標是在於使社會化至大同、太平之世。

一、思辨「格物」，就物「說理」

　　康有爲以爲「《大學》非先王之學制」〔註125〕，而「程子不考古意，……朱子誤從之」〔註126〕。所以，朱熹「的「格物」並非恰當，他說：「朱子知其不可解，而必爲是說者，蓋理會未精，不知周學、孔學之殊，誤以爲大學當周制之大學，昧於古者分官之義，乃誤以後世讀書窮理當之。朱子聰明絕世，精力過人，物物皆嘗理會，故推本於《大學》『格物』之說也。不知窮

〔註121〕康有爲：《中庸注》，姜義華、張榮華編校：《康有爲全集》第5集，北京：中國人民大學出版社，2007年，第391頁。
〔註122〕康有爲：《中庸注》，姜義華、張榮華編校：《康有爲全集》第5集，北京：中國人民大學出版社，2007年，第373頁。
〔註123〕康有爲：《中庸注》，姜義華、張榮華編校：《康有爲全集》第5集，北京：中國人民大學出版社，2007年，第385頁。
〔註124〕黃懷信師：《大學中庸講義》，北京：清華大學出版社，2013年，第1頁。
〔註125〕康有爲：《教學通義》，姜義華、張榮華編校：《康有爲全集》第1集，北京：中國人民大學出版社，2007年，第31頁。
〔註126〕康有爲：《教學通義》，姜義華、張榮華編校：《康有爲全集》第1集，北京：中國人民大學出版社，2007年，第31頁。

格物理，惟朱子能之。義理既研極細微，訓詁既精，考據亦詳，經世之法，人事之曲，詞章之美，書藝之精，多才多藝，博大宏富，無一不該，二千年來未見其比者也。而以之教學者，是猶騰雲之龍強跂鼇以登天，萬里之雕海鴬鳩以扶搖，其不眩惑隕裂，喪身失命，未之有也。故朱子格物之說非也。」〔註 127〕此爲康有爲批評朱熹對「格物」的理解，認爲朱熹對「格物」的解釋「於義未協，殊爲可刪。必欲補傳，則《樂記》『人生而靜』一節，可以移來爲確詁。」〔註 128〕康有爲認爲「格物」一詞的正確理解應該是「司馬溫公扞格物欲之說」〔註 129〕，具體爲他說：「《樂記》曰：人生而靜，天之性也。感於物而動，性之欲也。物至知至而後好惡焉。好惡無節於內，知誘於外，不能反中，天理滅焉。夫物之感人無窮，而人之好惡無節，則是至而人化物也。人化物也者，滅天理而窮人欲也。……格爲扞格，物爲物欲，可以確詁矣。」〔註 130〕所以他認爲：「此格物是扞格外物無疑矣。」〔註 131〕

康有爲講《大學》，意在救國尋求政治思路。在《長興學記》中，康有爲在「格物」解釋上批評朱熹的「格物」論，認爲「教學首條無此深強」〔註 132〕。康有認爲王陽明的解釋比較合理，他說：「《大學》以格物爲入門，鄭說固謬，朱子亦不得其解。豈有新學入門之始，而令窮極天下之物理哉？且物理亦無窮盡之日，宜來陽明格竹之疑也。且格，至也；物，猶事也。訓至事爲窮理，展轉乃能相通。」〔註 133〕

在《南海師承記》中，康有爲亦曾講授《大學》，依然注重對「格物」的理解。不過，康有爲批叛朱熹將《大學》分爲經傳的做法，他說：「《大學》、

〔註 127〕康有爲：《教學通義》，姜義華、張榮華編校：《康有爲全集》第 1 集，北京：中國人民大學出版社，2007 年，第 32 頁。

〔註 128〕康有爲：《教學通義》，姜義華、張榮華編校：《康有爲全集》第 1 集，北京：中國人民大學出版社，2007 年，第 33 頁。

〔註 129〕康有爲：《教學通義》，姜義華、張榮華編校：《康有爲全集》第 1 集，北京：中國人民大學出版社，2007 年，第 32 頁。

〔註 130〕康有爲：《教學通義》，姜義華、張榮華編校：《康有爲全集》第 1 集，北京：中國人民大學出版社，2007 年，第 32 頁。

〔註 131〕康有爲：《萬木草堂講義》，姜義華、張榮華編校：《康有爲全集》第 2 集，北京：中國人民大學出版社，2007 年，第 301 頁。

〔註 132〕康有爲：《長興學記》，姜義華、張榮華編校：《康有爲全集》第 1 集，北京：中國人民大學出版社，2007 年，第 343 頁。

〔註 133〕康有爲：《長興學記》，姜義華、張榮華編校：《康有爲全集》第 1 集，北京：中國人民大學出版社，2007 年，第 343 頁。

《中庸》無經傳之分，朱子誤耳。」〔註134〕

　　在《萬木草堂講義》中，康有爲亦專門討論《大學》，力攻朱熹「格物」之說，認爲：「朱子鑒於六組之弊，欲人讀書，故解格物許多委曲。」〔註135〕「朱子解《大學》格物，極謬。」〔註136〕康有爲與宋儒的區別，是「宋儒以虛說理，先生（康有爲）就物說理」〔註137〕。

二、批判「舊民」，鼓吹「新民」

　　康有爲屢言《大學》有「非常異義」未發，即是指《大學》之公羊含義的凸顯。康有爲提到「三世說」，可以看出他已經開始以公羊學思路解釋《大學》：「知安行，孔子太平世之學」〔註138〕，「太平之世無訟，然後謂至善」〔註139〕，「孔子據亂世言，故分開國、家、身」〔註140〕，「身言修，家言治，天下言平。孔子又五平：一升平，一太平，一古平，一利平，一至平」〔註141〕，「所藏乎身，『不恕』二字是平天下大義」〔註142〕，「不平維何？最惡維石巖巖，是亂世削大夫之義」〔註143〕，「止於至善之極，即太平之世也」〔註144〕。

〔註134〕張伯楨：《南海師承記》，姜義華、張榮華編校：《康有爲全集》第2集，北京：中國人民大學出版社，2007年，第245頁。
〔註135〕康有爲：《萬木草堂講義》，姜義華、張榮華編校：《康有爲全集》第2集，北京：中國人民大學出版社，2007年，第301頁。
〔註136〕康有爲：《萬木草堂講義》，姜義華、張榮華編校：《康有爲全集》第2集，北京：中國人民大學出版社，2007年，第300頁。
〔註137〕康有爲：《萬木草堂講義》，姜義華、張榮華編校：《康有爲全集》第2集，北京：中國人民大學出版社，2007年，第300頁。
〔註138〕康有爲：《萬木草堂講義》，姜義華、張榮華編校：《康有爲全集》第2集，北京：中國人民大學出版社，2007年，第300頁。
〔註139〕康有爲：《萬木草堂講義》，姜義華、張榮華編校：《康有爲全集》第2集，北京：中國人民大學出版社，2007年，第300頁。
〔註140〕康有爲：《萬木草堂講義》，姜義華、張榮華編校：《康有爲全集》第2集，北京：中國人民大學出版社，2007年，第301頁。
〔註141〕康有爲：《萬木草堂講義》，姜義華、張榮華編校：《康有爲全集》第2集，北京：中國人民大學出版社，2007年，第301頁。
〔註142〕康有爲：《萬木草堂講義》，姜義華、張榮華編校：《康有爲全集》第2集，北京：中國人民大學出版社，2007年，第301頁。
〔註143〕康有爲：《萬木草堂講義》，姜義華、張榮華編校：《康有爲全集》第2集，北京：中國人民大學出版社，2007年，第301頁。
〔註144〕康有爲：《萬木草堂講義》，姜義華、張榮華編校：《康有爲全集》第2集，北京：中國人民大學出版社，2007年，第301頁。

　　康有爲談「新民」，將時代問題灌注其中，關係著大同之境與太平之世。他說：「新者，養魂之道也。治人之道新，新可足。」〔註145〕「人之多洗身亦足以養魄，此人亦好新之理。外國之強亦由講求新理，中國幾千年來皆守舊民。」〔註146〕又列舉高麗、安南因守舊而亡國的事例，說：「高麗、安南百姓無事端坐大樹下，不作『新民』也，故亡國。」〔註147〕這時，康有爲尙贊同朱熹的新民之意。他說：「朱子『明德爲本，新民爲末』，說得甚好。」〔註148〕

　　爲了進一步說明「新民」的重要性，在《外釁危迫分割洊至急宜及時發憤大誓臣工開制度新政局摺》中，康有爲言：「《大學》稱日新又新，其命維新；伊尹稱用新去陳，病乃不存。故新則和，舊則乖；新則活，舊則板；新則疏通，舊則阻滯；新則寬大，舊則刻薄。自古開國之法無不新，故新爲生機；亡國之法無不舊，故舊爲死機。更新則乳虎食牛，守舊則爲叢驅爵。世祖章皇帝之入關，即大變太祖、太宗八貝勒八旗之法，以維新垂治矣。近俄與日本、暹羅變政維新，遂以闢地自強矣；印度、土耳其、埃及守舊不改，遂以削地滅亡矣。」〔註149〕

　　在《孟子微》中，康有爲同樣取《大學》「新民」之意，且將「新民」作爲其維新變法之基礎，他說：「孔子道主進化，不主泥古，道主維新，不主守舊，時時進化，故時時維新。《大學》第一義在新民，皆孔子之要義也。孟子欲滕進化於平世，去其舊政，舉國皆新，故以仁政新之。蓋凡物舊則滯，新則通。舊則板，新則活。舊則鏽，新則光。就則腐，新則鮮。伊尹曰：用其新，去其陳，病乃不存。天下無論何事何物，無不貴新者。孟子言新子之國，蓋孔門非常大義，可行於萬世者也。」〔註150〕

〔註145〕康有爲：《萬木草堂講義》，姜義華、張榮華編校：《康有爲全集》第2集，北京：中國人民大學出版社，2007年，第300頁。

〔註146〕康有爲：《萬木草堂講義》，姜義華、張榮華編校：《康有爲全集》第2集，北京：中國人民大學出版社，2007年，第300頁。

〔註147〕康有爲：《萬木草堂講義》，姜義華、張榮華編校：《康有爲全集》第2集，北京：中國人民大學出版社，2007年，第300頁。

〔註148〕康有爲：《萬木草堂講義》，姜義華、張榮華編校：《康有爲全集》第2集，北京：中國人民大學出版社，2007年，第300頁。

〔註149〕康有爲：《外釁危迫分割洊至急宜及時發憤大誓臣工開制度新政局摺》，姜義華、張榮華編校：《康有爲全集》第4集，北京：中國人民大學出版社，2007年，第13頁。

〔註150〕康有爲：《孟子微》，姜義華、張榮華編校：《康有爲全集》第5集，北京：中國人民大學出版社，2007年，第455頁。

在《論語注》中，康有爲把改革舊制當成社會進步的靈丹妙藥，牽強地將遠近與新舊關聯起來，其用心在於指出舊政危害和弊端，強調新政作用和意義。如在「葉公問政」章，康有爲注曰：「器莫若舊，政莫若新，蓋舊則塞滯，新則疏通；舊則腐壞，新則鮮明；舊則頹敗，新則整飭，舊則散漫，新則團結；舊則窳落，新則發揚；舊則形式徒存，人心不樂，新則精神振作，人情共趨。伊尹曰：『用其新去其陳病乃不存』。故去病全在去舊更新。《康誥》《大學》所貴作新民也，且宜日新又新，蓋方以爲新，未幾即舊，故務在新之。惜此微言，久經淪落，中國之俗，向患於遠而不近，舊而不新，失此靈藥，致成痼疾，可以爲鑒也」〔註151〕。

第五節　康有爲禮學的地位與影響

康有爲對「三禮」的關注，不僅僅是其所注的《禮運》《中庸》《大學》，從年譜可以發現他早年尤「酷好《周禮》」〔註152〕，讀「《喪禮》，因考三禮之學，造次皆守禮法古，嚴肅儼恪，一步不逾」〔註153〕，「時時取《周禮》《王制》……緯劃之，俯讀仰思，筆記皆經緯世宙之學」〔註154〕。他的禮學思想並非一成不變，內容相當豐富。其在《教學通義》中言：「禮以時爲大，使聖賢者有作，必不從古之禮。」〔註155〕這也表明康有爲禮學中蘊涵有強烈的現實政治傾向。

一、禮學的總體認識

康有爲認爲「禮教倫理，德行也」〔註156〕，「不知禮，則無以立」〔註157〕，

〔註151〕康有爲：《論語注》，姜義華、張榮華編校：《康有爲全集》第6集，北京：中國人民大學出版社，2007年版，第483頁。

〔註152〕梁啓超：《清代學術概論》，上海，上海古籍出版社，2004年，第65頁。

〔註153〕康有爲：《我史》，北京：中國人民大學出版社，2011年，第11頁。

〔註154〕康有爲：《我史》，北京：中國人民大學出版社，2011年，第13頁。

〔註155〕康有爲：《教學通議》，姜義華、張榮華編校：《康有爲全集》第1集，北京：中國人民大學出版社，2007年，第48頁。

〔註156〕康有爲：《教學通議》，姜義華、張榮華編校：《康有爲全集》第1集，北京：中國人民大學出版社，2007年，第20頁。

〔註157〕康有爲：《教學通議》，姜義華、張榮華編校：《康有爲全集》第1集，北京：中國人民大學出版社，2007年，第26頁。

禮的作用是「安上治民，莫善於禮。禮也者，人道之自然，物理所必著」〔註158〕。在改制中，禮的地位尤爲重要。他說：「《春秋》爲改制之書，包括天人，而禮尤其改制之著者。」〔註159〕康有爲早年對於《三禮》，同重今、古文經。

康有爲「以周禮爲宗」〔註160〕，尊周公，崇尙周禮，並非受「《周禮》容有劉歆竄潤」〔註161〕和「董子之言……可證《周禮》之謬僞」〔註162〕的影響。他指出：「《周禮》所以範圍後世而尊之無窮者，誠美備也。」〔註163〕又說：「《周禮》制度精密，朱子稱爲盛水不漏，非周公不能作，而不知禮之本源，且於家禮、鄉禮無所考，修身善世之義未及著。」〔註164〕

康有爲對《儀禮》的認識是：「《儀禮》，經爲古，記爲今。蓋經爲周公所制，記爲七十子後學所記也。」〔註165〕「《儀禮》特立大綱之義，而諸經發揮之。」〔註166〕但是「《儀禮》雖爲古經，而瑣屑不見先王制度之大」〔註167〕。他說：「以《儀禮》合律例讀，便制今皆孔制。」〔註168〕

〔註158〕康有爲：《教學通議》，姜義華、張榮華編校：《康有爲全集》第 1 集，北京：中國人民大學出版社，2007 年，第 48 頁。

〔註159〕康有爲：《春秋董氏學》，姜義華、張榮華編校：《康有爲全集》第 2 集，北京：中國人民大學出版社，2007 年，第 330 頁。

〔註160〕康有爲：《教學通議》，姜義華、張榮華編校：《康有爲全集》第 1 集，北京：中國人民大學出版社，2007 年，第 48 頁。

〔註161〕康有爲：《教學通議》，姜義華、張榮華編校：《康有爲全集》第 1 集，北京：中國人民大學出版社，2007 年，第 27 頁。

〔註162〕康有爲：《春秋董氏學》，姜義華、張榮華編校：《康有爲全集》第 1 集，北京：中國人民大學出版社，2007 年，第 352 頁。

〔註163〕康有爲：《教學通議》，姜義華、張榮華編校：《康有爲全集》第 1 集，北京：中國人民大學出版社，2007 年，第 48 頁。

〔註164〕康有爲：《教學通議》，姜義華、張榮華編校：《康有爲全集》第 1 集，北京：中國人民大學出版社，2007 年，第 51 頁。

〔註165〕康有爲：《教學通議》，姜義華、張榮華編校：《康有爲全集》第 1 集，北京：中國人民大學出版社，2007 年，第 50 頁。

〔註166〕康有爲：《萬木草堂口說》，姜義華、張榮華編校：《康有爲全集》第 2 集，北京：中國人民大學出版社，2007 年，第 148 頁。

〔註167〕康有爲：《教學通議》，姜義華、張榮華編校：《康有爲全集》第 1 集，北京：中國人民大學出版社，2007 年，第 51 頁。

〔註168〕康有爲：《萬木草堂口說》，姜義華、張榮華編校：《康有爲全集》第 2 集，北京：中國人民大學出版社，2007 年，第 166 頁。

康有為認為：「《禮記》龐雜糅亂，次序既乖，篇章錯誤，今古不辨，制度互迕，學者終身尋之不能得其門戶秩序，非垂經訓以教士之意。」〔註169〕但「《禮記》義理莫過於《中庸》，制度莫過《王制》。」〔註170〕康有為又說：「《禮記》本異於諸經。戴德刪一百三十一篇為八十五，戴聖又刪為四十九，今四十六篇之記不存，若科刪經之罪，二戴當先為魁也。」〔註171〕康有為非常推崇二戴《禮記》，認為「學《禮》莫要於《戴記》矣」。他又說：「大哉《戴記》，天道人事，聖德王道，無不備矣。其精者，為孔子之粹言。其駁者，亦孔門後學之師說。學者通制度，識義理，未有過於此書者也。」〔註172〕

二、禮學的政治傾向

康有為的《教學通議》中有數篇論及禮學，講禮學在「通變益民」「切於今」「通於治」，較集中地反映了他這一時期的禮學主張是「付諸實踐」〔註173〕。康有為注《大學》是使「孔子內聖外王之道，太平之理，復得光於天下云爾」〔註174〕，注《中庸》是因「大義未光，微言不著」，目的是使「孔子大道復明」〔註175〕。「《禮運》備義理，兼制度」〔註176〕，康有為「讀至《禮運》，乃浩然而歎曰：孔子三世之變、大道之真，在是矣」〔註177〕。康有為認為：「《王

〔註169〕康有為：《教學通議》，姜義華、張榮華編校：《康有為全集》第1集，北京：中國人民大學出版社，2007年，第51頁。

〔註170〕康有為：《萬木草堂口說》，姜義華、張榮華編校：《康有為全集》第2集，北京：中國人民大學出版社，2007年，第162頁。

〔註171〕康有為：《教學通議》，姜義華、張榮華編校：《康有為全集》第1集，北京：中國人民大學出版社，2007年，第51頁。

〔註172〕康有為：《教學通議》，姜義華、張榮華編校：《康有為全集》第1集，北京：中國人民大學出版社，2007年，第51頁。

〔註173〕楊君、田海林：《康有為早期禮學思想發微》，載《山東師範大學學報》（人文社會科學版）2004年02期。

〔註174〕康有為：《大學注・序》，姜義華、張榮華編校：《康有為全集》第6集，北京：中國人民大學出版社，2007年，第355頁。

〔註175〕康有為：《中庸注》，姜義華、張榮華編校：《康有為全集》第5集，北京：中國人民大學出版社，2007年，第369頁。

〔註176〕康有為：《萬木草堂口說》，姜義華、張榮華編校：《康有為全集》第2集，北京：中國人民大學出版社，2007年，第160頁。

〔註177〕康有為：《禮運注》，姜義華、張榮華編校：《康有為全集》第5集，北京：中國人民大學出版社，2007年，第553頁。

制》者,素王所改之制也。」〔註178〕「《王制》,即春秋之記也。」〔註179〕康有為還說:「法國制例與《王制》全同」「外國治國,用孔子之制也。司會以歲之成質,今英、法各國行之。」〔註180〕

康有為在說禮中,引入《公羊》「三世」說,追求社會理想政治制度。梁啓超指出:「(康有為)喜言『通三統』。『三統』者,謂夏、商、周三代不同,當隨時因革也。喜言『張三世』。『三世』者,謂據亂世、升平世、太平世,愈改而愈進也。有為政治上『變法維新』之主張,實本於此。」〔註181〕在《禮運注》中,康有為將《公羊》「三世說」與《禮運》的小康、大同結合,認為《公羊》「三世」中的據亂世、升平世即是《禮運》中的小康社會,而太平世即《禮運》中的大同社會。

康有為在禮學著述中不時闡發政治見解,同時引經據典來增強說服力,學術與政治如此緊密地聯繫互動。在對禮的闡釋中,康有為往往附會近代西方文化來增加說服力。

在《論語‧八佾》:「君子無所爭」章注中,康有為闡發古禮,並附會兩黨議會制度。他說:「揖讓而升者,大射之禮,藕進三揖三讓,而後升堂也。下而飲,謂射畢揖降,以俟眾藕皆降,勝者乃揖不勝者生,取觶立飲也。勝者袒決,遂執張弓;不勝者襲脫決,拾卻左手,右加弛弓於其上而升飲。君子恥心,故平日恭遜不與人爭,惟於射則爭。然其爭也,雍容揖遜乃如此,則其爭也君子,而非若小人之爭矣。修睦為人利,爭奪為人患。蓋爭人之及,則殺戮從之,若聽其爭,大地人類可絕也。然進化之道,全賴人心之竟,乃臻文明;禦侮之道,尤賴人心之竟,乃圖自存。不然,則人道退化,反於野蠻,或不能自存而併於強者。聖人立教雖仁,亦必先存己而後存人,且尤欲鼓舞大眾之共進,故爭之害,聖人欲防之,而爭之禮,聖人特設之。物必有兩,而後有爭,故禮必分為兩,當人必禦侮而後能圖存,故爭心寓於射禮。人必有恥而後能向上,故設勝不勝以致其爭心。爭既不可無,而又不可極,

〔註178〕 康有為:《萬木草堂口說》,姜義華、張榮華編校:《康有為全集》第2集,北京:中國人民大學出版社,2007年,第161頁。

〔註179〕 康有為:《萬木草堂口說》,姜義華、張榮華編校:《康有為全集》第2集,北京:中國人民大學出版社,2007年,第162頁。

〔註180〕 康有為:《春秋董氏學》,姜義華、張榮華編校:《康有為全集》第2集,北京:中國人民大學出版社,2007年,第369頁。

〔註181〕 梁啓超:《清代學術概論》,上海:上海古籍出版社,1998年,第79頁。

故示之揖讓以為節。爭之者勝，挾勢凌暴，無所不至，故令飲不勝者以致其慈。禮者，禦侮圖存，尚恥求勝；兩黨迭進，人道之大義，孔子之微意也。孔子制禮十七篇，皆寓無窮之意，但於射禮見之。凡人道禦侮圖存之地，皆當用之。今各國皆立議院，一國之禦侮決於是，一國之圖存決於是，萬國之比較文明定於是，兩黨之勝負迭進立於是。以爭，而國治日進而不敢退；以爭，而人才日進而不敢退。如兩軍相當，氣衰則敗。故當仁不讓，於射必爭。仁孰大於為國民，射孰大於禦國侮？故議院以立兩黨而成法治，真孔子意哉。惟議院嘩噪，或致毆爭，此則無揖讓之意。蓋教爭甚難，益服孔子立揖讓之禮也。凡禮，皆立兩黨，則又不止為射起。即萬國全合天下太平大同，而兩黨互爭之義施之於政教藝業，皆不可廢者。」〔註182〕

康有為禮學思想對與政治緊密結合。周予同先生曾指出：「《孔子改制考》是在打通《春秋》《公羊傳》《王制》《禮運》《論語》以及其他各經各子，以為倡言變法改制的張本。康氏著作的目的在於假借經學以談政治。」〔註183〕禮學是康有為表達政治意願的載體和實現政治抱負的武器。

三、禮學的改制應用

康有為《新學偽經考》把《周禮》等古文經斥為劉歆助莽篡漢的「新學偽經」痛加否定，認為自己才發現了孔子真經，古文經和劉歆「新學」而違背孔子之道。康有為說：「故孔子於《禮》通三統之義，於《春秋》立三世之法，當新朝必改正朔、易服色，殊徽號，異器械。皆以更新善治，為法後世。」「夫五帝不沿禮，三王不襲樂，但在通時變以宜民耳。」〔註184〕所以，康有為從古代「更禮」「改法」入手。

為證實禮皆出自孔子改制之需，康有為在《論語・陽貨》「三年之喪」章注曰：「三年之喪，蓋孔子改制之所隆加也。……孔門推行三年喪制於天下，至晉武帝乃為定制，後儒不知孔子子改制，以為三年喪承自上古，定自周世。

〔註182〕康有為：《論語注》，姜義華、張榮華編校：《康有為全集》第6集，北京：中國人民大學出版社，2007年，第395～396頁。

〔註183〕周予同注、朱維錚整理：《周予同經學史論著選集》，上海：上海人民出版社，1983年，第523頁。

〔註184〕康有為：《請斷髮易服改元摺》，康有為著，湯志君編：《康有為政論選集》（上冊），北京：中華書局，1981年，第52頁。

蓋古無定制，故孔子加三年喪。」〔註185〕在《孔子改制考中》中，康有爲又說：「喪禮之制，爲孔子改定無疑。」〔註186〕此外，康有爲還徵引《孟子‧滕文公》《墨子‧節葬》《晏子外篇》等證明「三年之喪」爲孔子所創。

康有爲遊歷意大利等國後，按照自己意願得出「羅馬善政」數條，並闡發其中的「立銀行」時指出：「今且勿引僞書《周禮》『國服有息』之義，且試問古者納總納程，而今日折色折銀納錢，亦何嘗是經義乎？」〔註187〕以此論證中國設立銀行的重要性。

康有根據西方的遊歷經歷，引用《周禮》「微宮室」，闡發近代城市房屋建設理論，提出獎勵新式住房。他說：「吾國宮室最卑陋，爲歐美人輕笑，亦國體所關也。瑞典京禁民不得築陋室，至卑必至四五層，白紗簾綠窗，疑於王侯之宅，旗幟豈知爲丐戶窮工耶。《周禮》有微宮室一義，意旨深遠，此吾國人所不夢見。今爲自治，不可不著名條以獎勵之。宜倣美、德之室，廣爲園林，高其閈閎，多其窗牖（德國雖小，郡皆有營築學校，故鄉邑無不宮室崇閎），令鄉邑爲賽屋會以旌別之，令鄉邑築屋百室內不得同式。」〔註188〕

康有爲的禮學多就政治層面言之，與其維新思想密切惡聯繫。爲改制的需要，康有爲提出「《王制》爲後儒探定之禮，不盡合周制，未足據也」〔註189〕。《禮運注》顛倒「天下爲公」與「天下爲家」的位置，將「大同」顯白於天下，開啓了中華民族追求「大同」之路〔註190〕。在《中庸注》中，康有爲認爲「孔子改制，有三世之殊異。據亂世誅大夫，升平世退諸侯，太平世貶天子」〔註191〕，緊緊圍繞孔子立教改制這條主線而展開，建立了改制

〔註185〕康有爲：《論語注》，姜義華、張榮華編校：《康有爲全集》第6集，北京：中國人民大學出版社，2007年，第522頁。

〔註186〕康有爲：《孔子改制考》，北京：中國人民大學出版社，2010年，第210頁。

〔註187〕康有爲：《意大利遊記》，鍾叔河主編：《歐洲十一國遊記二種》，長沙：嶽麓書社，1985年，第159頁。

〔註188〕康有爲：《覆劉觀察士驥書》，上海文物保管委員會：《康有爲與保皇會》，上海：上海人民出版社，1982年，第358～359頁。

〔註189〕康有爲：《教學通議》，姜義華、張榮華編校：《康有爲全集》第1集，北京：中國人民大學出版社，2007年，第28頁。

〔註190〕劉濤：《顛倒大同與小康——康有爲〈禮運注〉解》，《漢語言文學研究》2012年第2期。

〔註191〕康有爲：《中庸注》，姜義華、張榮華編校：《康有爲全集》第5集，北京：中國人民大學出版社，2007年，第386頁。

思想與變法維新之間的聯繫〔註192〕。看到一戰的殘酷，康有爲更加肯定孔子學說價值，認爲孔子之道尙不止小康、大同之說，他說：「蓋聖人之治，如大醫然，但因病而發藥耳，病無窮而方亦無窮，大同小康，不過神人之一二哉」〔註193〕，又說：「大同太平之後，其進化尙多，其分等亦繁，豈止百世哉？」〔註194〕

　　康有爲的大同理想是「三世」進化的終點，太平世就是大同社會。正如梁啓超言：「先生演禮運大同之義，始終其條理，折衷群聖立爲教說，拯厥濁世。」〔註195〕康有爲將《中庸》「修道以仁」解釋爲「孔子以天地爲仁，故博愛立三世之法，望大道之行，太平之世則大小遠近如一，山川草木昆蟲鳥獸，莫不一統大同之治，則天下爲公」〔註196〕，主旨即是將儒家之道世界化，爲社會政治服務。

〔註192〕孫建偉：《論康有爲〈中庸注〉立教改制思想》，《暨南學報》（哲學社會科學版）2014 年第 6 期。
〔註193〕康有爲：《論語注》，姜義華、張榮華編校：《康有爲全集》第 6 集，北京：中國人民大學出版社，2007 年，第 554 頁。
〔註194〕康有爲：《論語注》，姜義華、張榮華編校：《康有爲全集》第 6 集，北京：中國人民大學出版社，2007 年，第 393 頁。
〔註195〕梁啓超：《康南海詩集》，姜義華、張榮華編校：《康有爲全集》第 12 集，北京：中國人民大學出版社，2007 年，第 136 頁。
〔註196〕康有爲：《中庸注》，姜義華、張榮華編校：《康有爲全集》第 5 集，北京：中國人民大學出版社，2007 年，第 379 頁。

第六章　康有爲經學思想的來源

　　自晚清以來，隨著西學的傳入，王朝陷入了沒落的危機之中，人心思亂。一方面，儒學與西學相會通，傳統經學逐漸瓦解，儒學經歷著新陳代謝的過程；另一方面，部分傳統士大夫用今文經學中的微言大義闡發己見，特別是康有爲出於「尊孔衛道」目的，緊密聯繫社會思潮，暢言改革，對時代變局進行回應。康有爲出生書香門第，自幼受儒學薰陶，及「屛居西樵，潛心佛藏，大澈大悟，出遊後，又讀耶氏之書」〔註1〕。儒學的流派傳承，複雜的人生經歷，博大的師承，社會責任的擔當等都是促成康有爲由好古到尊今地轉變，加上西方近代自然科學的影響，康有爲「合經、子之奧言，探儒、佛之微旨，參中、西之新理，窮天地之賾變，搜合諸教，披析大地，剖析今故，窮察後來」〔註2〕，初步形成自己治學的理念，進而形成獨特經學思想。

第一節　薪火傳承的儒學傳統

　　康有爲先世爲粵旺族，世以理學傳家。整個家族都受過良好傳統教育，其親朋好友也大多是士紳。康有爲信服孔子，尊崇孟子，對董仲舒更是毫無保留的讚揚。康有爲對古文經頗有微辭，不遺餘力地反對劉歆；雖也反對宋明理學，卻又表現出對朱熹的獨有尊敬。

〔註1〕梁啓超：《康南海先生傳》。康有爲：《我史》，北京：中國人民大學出版社，2011年，第118頁。

〔註2〕康有爲：《我史》，北京：中國人民大學出版社，2011年，第16頁。

一、博大精深的門派師承

1858 年，康有爲出生在廣東省南海縣的一個書香門第世家。康有爲人生道路上的第一位導師是自己的祖父康贊修，在 4 歲時就已經在伯祖父的教育下開始學習知識。同治六年，6 歲的康有爲跟著簡鳳儀先生讀「《大學》、《論語》、《中庸》並朱注《孝經》。」〔註3〕11 歲「覽《綱鑒》而知古今，次觀《大清會典》、《東華錄》而知掌故，遂讀《明史》、《三國志》。」〔註4〕

光緒二年，康有爲「鄉試不售，憤學業之無所成」〔註5〕，從學大儒朱次琦。朱次琦對儒家不同學派持有包容態度〔註6〕，「其學根柢於宋明，而以經世爲主」〔註7〕。這對康有爲在學問和人格上的影響具有決定影響的，以致康有爲「理學、政學之基礎，皆得諸九江」〔註8〕，形成「每議一事、論一學，貫穿古今，能舉其詞，發先聖大道之本，舉修己愛人之義，掃去漢、宋之門戶，而歸宗於孔子」〔註9〕。這一時期康有爲主要攻讀《周禮》《儀禮》《爾雅》《說文》等儒家經典，背誦《楚辭》、《漢書》及杜詩、徐庾文等古典文學，他認爲韓愈「《原道》極膚淺，而浪有大名」〔註10〕，使他陷入思想矛盾與苦悶之中。康有爲不僅接受朱次琦「濟人經世」的爲學宗旨，還形成評判的精神。在此期間，康有爲主要接受儒家傳統思想特別是程朱理學的教育，並接受了傳統思想中的經世致用精神。光緒四年冬，康有爲便辭別老師朱次琦回家。

居樵山時，「編修張延秋先生（諱鼎華）與朝士四五人來遊樵山」〔註11〕，使康有爲瞭解「道、咸、同三朝掌故」而「得博中原文獻之傳」〔註12〕，於是「捨棄考據帖括之學，專意養心。既念民生艱難，天與我聰明才力挽救之，

〔註3〕康有爲：《我史》，北京：中國人民大學出版社，2011 年，第 5 頁。

〔註4〕康有爲：《我史》，北京：中國人民大學出版社，2011 年，第 6 頁。

〔註5〕康有爲：《我史》，北京：中國人民大學出版社，2011 年，第 9 頁。

〔註6〕趙爾巽、柯劭忞等：《清史稿·儒林傳》，一一四卷，北京：中華書局 1977 年 8 月重印本（全四十八冊），第 36～37 頁。

〔註7〕梁啓超：《康南海先生傳》。康有爲：《我史》，北京：中國人民大學出版社，2011 年，第 110 頁。

〔註8〕梁啓超：《康南海先生傳》。康有爲：《我史》，北京：中國人民大學出版社，2011 年，第 111 頁。

〔註9〕康有爲：《我史》，北京：中國人民大學出版社，2011 年，第 9 頁。

〔註10〕康有爲：《我史》，北京：中國人民大學出版社，2011 年，第 11 頁。

〔註11〕康有爲：《我史》，北京：中國人民大學出版社，2011 年，第 12 頁。

〔註12〕康有爲：《我史》，北京：中國人民大學出版社，2011 年，第 12 頁。

乃哀物悼世，以經營天下爲志」〔註13〕。

除接受傳統的儒家教育外，康有爲還大量接觸新的知識。光緒五年（1875年），康有爲取「《周禮》、《王制》、《太平經國書》、《文獻通考》、《經世文編》、《天下郡國利病全書》、《讀史方輿紀要》緯劃之，俯讀仰思，筆記皆經緯宇宙之言」〔註14〕。由此，康有爲開始接觸西學。「繼而得《西國近世彙編》、李圭《環遊地球新錄》及西書數種覽之」〔註15〕，漸收西學之書，以爲講西學之基。光緒八年（1875年），康有爲「道經上海之繁盛，益知西人治術之有本。舟車行路，大購西書以歸講求焉。十一月還家，自是大講西學，始盡釋故見」〔註16〕。由此開始，康有爲「大攻西學書，聲、光、化、電、重學及各國史志，諸人遊記，皆涉焉。於時，欲輯萬國文獻通考，並及樂律、韻學、地圖學」〔註17〕，專精學問，日新大進，初步形成治學理念。後從事算學，以幾何著《人類公理》。

「一八九〇年初回廣州後，同朱一新的交往頗多」〔註18〕。但是，朱一新並非康有爲《新學僞經考》的支持者，多次通過書札和會晤，就《新學僞經考》同康有爲進行往復辯論，認爲康有爲替秦始皇焚書「力爲昭雪」的說法不符合現實，劉歆辨僞群經的說法也於史無證〔註19〕。

康有爲和廖平雖同屬今文經學家，但廖平的《闢劉篇》和《知聖篇》致力於攻擊古文和尊崇孔子，分別給康有爲以強烈的影響。梁啓超在《論中國學術思想變遷之大勢》中指出：「康先生之治《公羊》治今文也，其淵源頗出自井研，不可污也。」〔註20〕井研，即是廖平。在《清代學術概論中》中，梁啓超同樣說出康有爲受廖平的影響：「有爲早年，酷好《周禮》，嘗貫穴之，著《教學通義》，後見廖平所著書，乃盡棄舊說。廖平者，王闓運之弟子……

〔註13〕　康有爲：《我史》，北京：中國人民大學出版社，2011年，第12頁。
〔註14〕　康有爲：《我史》，北京：中國人民大學出版社，2011年，第13頁。
〔註15〕　康有爲：《我史》，北京：中國人民大學出版社，2011年，第13頁。
〔註16〕　康有爲：《我史》，北京：中國人民大學出版社，2011年，第14頁。
〔註17〕　康有爲：《我史》，北京：中國人民大學出版社，2011年，第14頁。
〔註18〕　朱維錚：《康有爲與朱一新》，載《中國文化》1991年第2期。
〔註19〕　朱維錚：《重評〈新學僞經考〉》，《復旦學報》（社會科學版）1992年第2期。
　　　　於梅舫：《以董生正宋儒：朱一新品析〈新學僞經考〉旨趣》，《廣東社會科學》，2014年第1期。吳仰湘：《朱一新、康有爲辯論〈新學僞經考〉若干史實考》，《文史哲》2010年第1期。
〔註20〕　梁啓超：《論中國學術思想變遷之大勢》，上海：上海古籍出版社，2006年，第105頁。

頗守今文經家法……有爲之思想，受其影響，不可誣也。」〔註21〕

二、朦朧悠長的學術流派

儒學起源很早，《論語・堯曰》講：「堯曰：『咨！爾舜。天之曆數在爾躬，允執其中。四海困窮，天祿永終。』舜亦以命禹……」將堯舜禹湯，文武周公連接在一起，成爲儒學最早的源頭。春秋時代，「周室既微而禮樂不正」〔註22〕，孔子「祖述堯舜，憲章文武」，儒學逐漸發展爲以「仁」「義」「忠」「信」「孝」「悌」等思想教人，講究禮樂，崇尚禮儀」〔註23〕，逐漸受到各階層的擁戴，形成早期的學派。孔子之後，孟子和荀子尊孔子之學，從內聖和外王兩個領域推進了儒學人文化。孟子以弘揚儒家精神爲己任，以孔子繼承者自居，在《孟子・公孫丑上》云：「乃所願，則學孔子也。」〔註24〕在「仁」的礎上，孟子又提出「義」的概念，發展深化孔子學說，並在天命觀、人性論、道德修養以及政治哲學方面特別是從外界事物的認識轉化到對人自身本質探討都有成就。荀子著重繼承並發展了孔子的「外王學」，提出「性惡論」，主張人性有「性」和「僞」兩部分，通過「隆禮」「重法」維持社會秩序。荀子學說突顯了人的主觀能動性，將儒學文化發展到新高度。

董仲舒爲適應政治上「大一統」的需要，抬高「天」的權威，通過「天人關係」重新詮釋，否定荀子「天人之分」唯物主義思想，製造了「天人合一」「君權神授」等神學理論，宣揚「天不變，道亦不變」，以神權論證君權，以此達到「罷黜百家，獨尊儒術」的目的。董仲舒神學化儒學理論體系地構建與政治實踐導致了西漢後期至東漢「讖緯」迷信風行，讖緯納入經學，直接推動了儒學的神學化，以致皓首窮經。劉宋後讖緯之書受到歷朝查禁，讖緯開始被剝離出儒學，並逐漸被禁燬。魏晉南北朝時期，儒學與道家思想相結合，使儒學在玄學化的同時走向虛無主義，甚至「越名教而任自然」。隋唐時期，儒釋道三教並立，儒學居於道、佛之後，以致「儒門淡泊，收拾不住，皆歸釋氏」〔註25〕。爲了與道、佛論戰，此時宋明理學走上歷史舞臺。理學

〔註21〕 梁啓超：《清代學術概論》，上海：上海古籍出版社，2006年，第65頁。
〔註22〕 〔東漢〕班固撰，顏師古注：《漢書》，北京：中華書局，1962年，第1968頁。
〔註23〕 黃懷信師：《「儒」本義及儒學特質》。張秋升，王洪軍主編：《中國儒學史研究》，濟南，齊魯書社，2004年，第20頁。
〔註24〕 楊伯峻：《孟子譯注》，北京：中華書局，2008年，第47頁。
〔註25〕 王杰、顧建軍：《儒學發展形態簡論》，《中共中央黨校學報》2012年第1期。

家以性即理或以心即理或以氣即理，扛起了儒學哲學化的大旗。宋明理學既不同於人文化的先秦儒學，也不同於神學化的兩漢經學，而是以深沉的憂患意識和崇高的歷史使命，激發出「為天地立心，為生民立命，為往聖繼絕學，為萬世開太平」的豪邁氣概，把儒學推向了登峰造極的境域。宋明理學為統治者提供了更有說服力和更加有效的理論工具，成為中國封建社會後期的統治思想。

清初學者感於時勢突變，反思明朝滅亡的教訓，拋棄明心見性的空談，倡導經世實學，講求經世致用的實務。乾嘉時期，漢學處於鼎盛時代，一時漢學形成一種時代的思潮，但僅僅局限於訓詁考據，與現實脫節。鴉片戰爭後，「西學東漸」觸及了中國傳統知識分子的固有思維模式，中國社會各方面都出現前所未有的急劇變化。從「師夷長技以制夷」到「中學為體，西學為用」，儒學在「三千年未有之變局」中，遭遇到前所未有地衝擊和挑戰。對民族國家抱有深切關懷之情的有志學者，苦苦探尋拯救之方，其核心就是儒學如何重新適應社會需要。為此，晚清的今文經學家們從經學內部尋求圖存救亡的路徑，開始重新闡釋儒家經典的「微言大義」。

自孔子開創儒學以來，已經走過了二千五百多年的漫長歲月。從學脈傳承來看，儒學在跌宕起伏的歷史長河中與時俱進，包含諸多，隨著社會的前行，先後經歷了先秦儒學、兩漢經學、宋明理學、清實學等幾個不同的發展階段。但是，不論儒學的思想內容與表達形式如何變化，維護儒家倫理本位，繼承儒家道統、弘揚儒家學說，尊孔崇儒，是歷代中國知識分子「一以貫之」的使命。康有為立足於今經學「經世致用」之上，全面接納西學返本開新，倡導社會秩序變革的全新儒學思維，以謀求構建一套可以包容中西、新舊的經學體系，既能將儒家思想的道德主體性挺立起來，又能傳播西學，服務社會的文化體系。

三、經世致用的悠久傳統

「經世」源於《莊子·齊物論》「春秋經世，先王之志」。經世致用最初是指經邦濟世之學，能夠有利於、有助於國家發展、社會民生實際問題解決的思想文化〔註26〕。經世致用是一種直接參與現實社會的學術思潮，曾在我

〔註26〕李福生：《鴉片戰爭前後「經世致用」思想研究》，黑龍江大學博士論文，2014年，第22頁。

國歷史上發揮著很大的現實功用。《詩經・大雅・蕩篇》云:「殷鑒不遠,在夏后之世。」說明西周統治者就已認識到以史爲鑒的重要性。而有意識、有目的地把歷史的經驗教訓與社會現實相結合,以直接爲現實政治服務的經世致用之學,是從孔子修《春秋》開始的〔註27〕。馮天瑜先生言:「孔子一生『行諸實事』,爲的是按照周禮的模式去矯世、救世、經世;儒家的『以六藝爲法』,也是爲了『通經致用』。」〔註28〕面對「周室既微而禮樂不正」〔註29〕的社會現實,孔子抱著自己的學說思想仕魯,適齊,赴楚,居衛,以致周遊列國,希望糾正天下不合禮、不合樂等現象,實現「天下有道」。爲了實現自己的理想,孔子採取多種方式投身政治實踐,在遇到禮樂不「正」之事時,孔子則堅決予以抵制。在魯國的從政經歷,也證實孔子經世致用的卓越效果。《史記・孔子世家》記載:「孔子爲中都宰,一年,四方皆則之。」後來,由中都宰升爲司空,又由司空爲大司寇。「孔子年五十六,由大司寇行攝相事……與聞國政三月,粥羔豚者弗飾賈;男女行者別於塗,塗不拾遺;四方之客至乎邑者,不求有司,皆予之以歸。」楊朝明先生認爲,孔子的學說雖然有一個不斷發展的過程,但也的確有一個始終不離的中心,這就是孔子對現實社會秩序的關切〔註30〕。

隨著儒家文化的不斷發展,孔子開啓的經世傳統逐漸形成。漢武帝時,儒家思想上升爲國家運行的指導理論,變爲一家獨尊,形成了經世致用理論和現實緊密結合的現實狀況。明清之際,顧炎武、黃宗羲、王夫之等士子精英們深感受「夷狄」統治之辱,總結明亡教訓、反思明末的思想文化的弊端,大力提倡經世致用之學。

清代今文學首開疑古之風,其核心精神在於經世致用。由此使今文經學發揮了導入西學的媒介作用。明末清初,顧炎武專研經書,反對明儒空虛之學,譴責宋學爲空疏無用之學,追求「經世致用」。清朝嘉道年間,社會各種危機逐漸顯露,莊存與、劉逢祿等開始面對現實,把今文經學轉變成經學議政和經世致用相結合的統一體。在鴉片戰爭前,龔自珍批評當時的政治狀況,

〔註27〕 李穎科:《孔子與經世致用之學的起源》,《西北大學學報》(哲學社會科學版) 1995 年第 4 期。

〔註28〕 馮天瑜:《試論儒學的經世傳統》,《孔子研究》1986 年第 3 期。

〔註29〕 〔東漢〕班固撰,顏師古注:《漢書》,北京:中華書局,1962 年,第 1968 頁。

〔註30〕 楊朝明:《論語詮解》,濟南:友誼出版社,2013 年,第 17 頁。

在《公羊》學的「升平、治亂、據亂」「三世說」衍生出「治世、亂世、衰世」的歷史發展新觀念，並認爲當時中國還處在衰世階段。魏源著《海國圖志》也主張經世致用，強調要抵抗西方列強的侵略，必須對西方的地理歷史、軍事技術、社會風俗和政治制度均有瞭解。林則徐在兩湖之地觀察世界大勢，嚴禁吸毒，組織翻譯西書，成爲禁煙派的著名代表人物。此外還有包世成、姚瑩等也對當時的政治進行深刻批評，變革政治以挽救時局構成爲他們經世致用的思想核心，也開啓通向近代政治變革的橋樑。

鴉片戰爭後期，由於社會性質發生變化，清代社會轉衰之勢不可遏制。時代呼喚新的學術思潮，經世致用派思想家們更以治國平天下自詡，以挽救民族危亡爲己任，講求實事、實功、實效，注重解決所面臨的各種與國計民生有關的實際事務〔註 31〕，於是，實用於社會變革的今文經便再度復興。康有爲的老師朱九江先生曾說：「讀書……隨而應天下國家之用。」〔註 32〕特別強調「通經將以致用也」〔註 33〕。甲午戰爭後，在民族危機的進一步強烈刺激下，新型經濟進一步發展。這更加促使了康有爲等人學習西方文明。他對西學的關注已由軍工、技藝轉向近代社會政治學說，開始崇尚西學，講西學，發出了學習西方的呼吁，開啓了中國近代全面向西方學習先河。

此時，傳統經世致用與先進的維新思潮相會交融，加之民族危機日益深重，康有爲走上政治爲主的道路。從 1888 年（光緒十四年）到 1898 年（光緒二十四年）間，康有爲先後七次上書光緒皇帝，不斷地闡釋自己的政治、經濟、軍事、教育等諸多方面救國救民的思想主張。在戊戌時期，康有爲重塑孔子的形象，對孔學也按照自己意圖作新解，並冠之「眞孔學」之名，使孔子、孔學近代化，以符合社會變革的時代需要。光緒十六年（1890 年）至十九年（1893 年），在廣州長興里萬木草堂，康有爲聚徒講學，培養維新力量。1895 年，康有爲在北京組織強學會，編印《中外紀聞》，介紹西方國家的社會情況，從輿論上打破保守狀態。接著，康有爲與何廷光在澳門創辦《知新報》。不久，又設上海強學分會，推動各地設立學會、報館，鼓吹維新變法。1898 年 1 月 28 日，康有爲「駁榮祿『祖宗之法不可變』和李鴻章『維持現狀』的

〔註31〕 蘇中立、蘇暉：《執中鑒西的經世致用與近代社會轉型》，中華書局 2004 年，第 35 頁。
〔註32〕 簡明亮：《朱九江先生年譜》，臺北：商務印書館，1978 年，第 57 頁。
〔註33〕 簡明亮：《朱九江先生年譜》，臺北：商務印書館，1978 年，第 63 頁。

保守思想，並闡釋變法具體措施。隨即應詔上書，統籌全域，請誓群臣以定國是，開制度局以議新政，設法律等局以行新政，將所著《俄大彼得變法考》《日本明治變政考》等送光緒皇帝批閱。」〔註34〕同時，聯合開明之士在北京以「保國、保種、保教」爲宗旨，發起「保國會」。之後，康有爲連續向光緒皇帝上摺，對政治、經濟、軍事、文教諸方面都提出了改革建議，全力策劃推行新政。

儒學世家的薰陶，名師的孜孜教導，使康有爲樹立了強烈的自尊心，相信自己具有非凡的能力，這也表現在他對學問上的堅持。康有爲一生不斷呼籲政府和學者尊孔，不論時代的巨變，他都堅持孔子是最偉大的聖人，而自己是眞正理解孔子學問之人，以儒家經典作爲自己思想的源泉，全力推行自己的社會改制主張。

第二節　紛沓而至的近代知識

兩次鴉片戰爭之後，中國社會發生了深刻的變動，清朝政府結束了對外閉拒的歷史。中西交流日益密切，逐步崛起的地方勢力在相當範圍內開展洋務運動，開始大規模學習西方，啓動中國近代化事業。與此同時，邊疆危機、中法戰爭、中日戰爭接踵而至，直接加深民族生存危機。作爲反映，經世思潮、洋務思潮、改良思潮、維新思潮相繼出現。康有爲不是只求瑣碎考據、不問世事的俗儒，他從早年起，就逐步形成強列的經世意識和救亡圖存的精神。清朝內外環境日壞，使康有爲深信唯有及時改革才可挽救危局。爲此，康有爲寫了《新學僞經考》和《孔子改制考》，成爲當時思想界之颶風，巧妙地把學術經世與挽救民族危機密切聯繫起來。

一、文化交匯的嶺南

嶺南位於南疆邊陲的南海之濱，從六朝、唐、明、清到近代，廣州一直是中外文化交流的紐帶，嶺南也成爲西方文化來華的第一站。由此，嶺南這一地區與外國人接觸最早，交流持續時間最長，發生各種聯繫最多的地方。梁啓超指出：「吾粵之在中國，爲邊徼地，五嶺障之，文化常後於中原；故黃河流域、揚子江流域之地，開化既久，人物屢起，而吾粵無聞焉。數千年無

〔註34〕陳其泰：《晚清歷史文化認同的新格局》，《河北學刊》2006年第4期。

論學術事功，皆未曾有一人出，能動全國之關係者。……微乎眇哉，粵人之在中國也！然則其關係之所及最大而最遠者，固不得不自先生始。」〔註35〕地緣環境的特殊性，讓嶺南把握了這種天賜地造的機遇，賦予了文化生長發展的新生機，也可以說是內聯外引，接納八面來風，激活自己。因沒有積重難返的陳規陋習，沒有沿習傳承的重負，嶺南更容易養育新變。因而，從宏觀上看，近代社會在嶺南變動也最爲明顯。

康有爲所處的廣州沿海地區，接觸西方文化的地理環境優越，加之大力吸收西學爲己所用，使他認識西方制度、學術的先進性。由於康有爲長期浸潤於嶺南文化，其行事作文具有務實精神，不可避免地帶有廣東特色。梁啓超指出：「（康有爲）不肯遷就主義以徇事物，而每取事物以佐其主義，常有《六經》皆我注腳，群山皆其僕從之概。」〔註36〕體現出他爲人做事頗爲自信，不爲外力所屈。從康有爲的一生特別是其《公羊》經學思想看來，應當是很準確的。康有爲「《六經》皆我注腳」風範，便是學術不拘一格、爲我所用的嶺南文化「務實」特徵。

梁啓超認爲：「民族意識之發現與確立是民族成立的唯一要素，而嶺南民族意識始見於漢文帝時南越趙佗自稱蠻夷大長，由於言語異、風俗異、性質異等，廣東人頗有有進取之志，加之自香港隸屬於英，白人之足跡益繁，故廣東受西學影響最早，也最深。其民習與西人遊，故不惡之，亦不畏之，故中國各部之中，其具國民之性質，有獨立不羈氣象者，惟廣東人爲最。」〔註37〕廣東獨特的文化現象，對康有爲的思維模式，價值取向，寫作風格都產生了重要影響。

二、憂患天下的士大夫情懷

社會的劇烈變動，對康有爲地刺激有不同表現形式，以致很多學者認爲，變是康有爲思想的特徵。實際上，考察康有爲的心路歷程，康有爲雖具有強烈的危機意識和道德責任感，經學思想受不同學派影響，思想觀點看似龐雜的，其實始終不變其志，繼承孔子「一以貫之」精神。「一以貫之」是指孔子

〔註35〕康有爲著：樓宇烈整理：《康南海自修年譜（外二種）》，北京：中華書局，第239～240頁。

〔註36〕康有爲著：樓宇烈整理：《康南海自修年譜（外二種）》，北京：中華書局，第268頁。

〔註37〕梁啓超《飲冰室合集》專集之一，北京：中華書局，1986年，第29頁。

在生活、教學中正禮、正樂，以實現「天下有道」的至高追求〔註38〕。

　　康有爲所處的清代末年，國門被迫打開，政治壓力與日俱增，觸發了一系列現實難題。面對喪國辱權的條約，農民起義特別是太平天國掀起了反孔反儒的狂飆，致使儒學遭致極大地破壞。康有爲等力圖重建儒學體系。梁啓超曾指出：堅持己見是康有爲的特性之一，所以當他於光緒十三年哲學思想成熟時，便不再求進〔註39〕。其實，康有爲雖武斷，但是他的見解仍隨時而變，處理問題的哲學觀點和方法終身無大變，挽救時代危局成爲康有爲「一以貫之」的主軸。爲了實現自己的理想，康有爲採取多種方式投身政治實踐，承擔起社會歸「正」重任，挽救時代危局。

　　康有爲相信自己具有非凡的能力，從未放棄躋身聖賢之列的想法〔註40〕，十二歲時，就「是時岐嶷，能指揮人事」，並「日日以救世爲心，刻刻以救世爲事，舍生命而爲之」〔註41〕。1889 年，康有爲在《與沈刑部子培書》中說：「僕生於窮鄉，坐睹族人、鄉人困苦，年豐而無米麥，暖歲而無襦袴，心焉哀之。……十年講求經世救民之學，而日日睹小民之難……所經之地，所閱之民，窮困顓愚，幾若牛馬，慨然遂有召師之責，以爲四海困窮，不能復潔己拱手而空談性命矣。」〔註42〕對民衆的苦難，康有爲深爲哀痛，表達出：「曾誓大願不忍衆生之痛，而特來此濁世，則不能避痛苦……回視民物顚連困苦，是皆與吾同生於天者也。吾豈忍焉，則日以救民物爲職志，而又棄己之行樂。……因是一不忍之念，先不忍其所生之國，而思救之，遂遭奔播以至於今矣。」〔註43〕

　　接受西學以後，康有爲運用新的眼光看待經學，力圖使儒學經典中的「微言大義」顯現於世。所以，他在廣州長興里講學，「盡出其所學教授弟子，以孔學、佛學、宋明學爲體，以史學、西學爲用；其教旨專在激勵氣節，發揚精神，廣求智慧……其見於形式上者，如音樂至兵式、體操諸科，亦皆屬創

〔註38〕周寶銀、黃懷信：《從「一以貫之」到「天下有道」》，《甘肅社會科學》2016年第 6 期。

〔註39〕梁啓超：《清代學術概論》，第 149 頁。

〔註40〕康有爲：《我史》，北京：中國人民大學出版社，2011 年，第 7 頁。

〔註41〕康有爲：《我史》，北京：中國人民大學出版社，2011 年，第 11 頁。

〔註42〕康有爲：《與沈刑部子培書》，姜義華、張榮華編校：《康有爲全集》第 1 集，北京：中國人民大學出版社，2007 年，第 237 頁。

〔註43〕康有爲：《致子培書》，《康有爲全集》第 1 集，上海：上海古籍出版社，1987年，第 544～545 頁。

舉」〔註44〕，培養維新時務人才。1888年，康有爲首次以布衣上書，發動「公車上書」，創辦強學會，領導戊戌變法，他「轉巨石於危崖，遏之不可遏，必達其目的而後已」〔註45〕。政變之後，康有爲不改初衷，「復聯合海外同志，創一中國前此未有之大會」保皇會，「以圖將來」〔註46〕。康有爲對西方的先進性有著深切感受，堅持以西方爲嚮導。

近代西方的侵略，包括宗教文化侵略，在康有爲看來，使中國道德價值和文化傳統面臨極大威脅。他說：「今外夷交迫，自琉球滅、安南失、緬甸亡，羽翼盡剪，將及腹心……上下內外，咸知天時人事，危亂將至，而畏憚忌諱，箝口結舌，坐視莫敢發，臣所爲憂憤迫切……國事蹙迫，在危急存亡之間，未有今日之可憂也。」〔註47〕面對列強緊逼，中國步步走上絕境。因而，康有爲把孔子學說宗教化，樹立儒學正統。早在1888年，康有爲在《上清帝第一書》說：「法既得越南，開鐵路以通商，設教堂以誘眾，漸得越南之人心，又多使神父煽誘我民，今遍滇、粵間，皆從天主教者……以諸夷數十萬與我從教之民，內外並起，分兩路以寇滇、粵，別以舟師擾我海疆，入我長江，江楚教民從焉，不審何以禦之？」〔註48〕1898年6月19日，康有爲遞呈《商定教案法律摺》：「竊泰西以兵力通商，即以兵力傳教……教案之難，天下畏之。……偶有一教案，割削如此，彼教堂遍地，隨在可以起釁……致一案而天下憂亡焉。」〔註49〕1898年8月29日，在《請及時發憤速籌全域摺》中，康有爲寫道：「天主、耶穌各教橫行，中土士民爲其所誘者日多一日……故聖教微而外教得而乘之，木腐生蠹，滋爲可懼，故臚舉歷代帝王儒生所以尊孔子者，以告天下。」〔註50〕基於晚清社會政治需要對於孔子學說進行推補、闡釋，極力倡導「孔教」的康有爲，最終成爲「當時中國最具有世界意識的

〔註44〕梁啓超：《康南海先生傳》。康有爲：《我史》，北京：中國人民大學出版社，2011年，第112頁。

〔註45〕梁啓超：《康南海先生傳》。康有爲：《我史》，北京：中國人民大學出版社，2011年，第114頁。

〔註46〕梁啓超：《康南海先生傳》。康有爲：《我史》，北京：中國人民大學出版社，2011年，第115頁。

〔註47〕湯志鈞：《康有爲政論集》（上冊），北京：中華書局，1981年，第52～53頁。

〔註48〕湯志鈞：《康有爲政論集》（上冊），北京：中華書局，1981年，第54頁。

〔註49〕清華大學歷史系編：《戊戌變法文獻資料繫日》，上海：上海書店出版社，1998年，第717頁。

〔註50〕黃明同、吳熙釗主編：《康有爲早期遺稿述評》，廣州：中山大學出版社，1988年，第318頁。

人」〔註51〕。爲了國家富強，1898 年 8 月 21 日，康有爲上《興農殖民以富國本》摺，得到光緒皇帝到認可，諭內閣：「總理各國事務衙門代奏工部主事康有爲條陳請興農殖民以富國本一摺，訓農通商，爲立國大端。考求新法，精益求精，庶及農業興而生殖日蕃，商業盛而流通益廣，於以植富強之基。」〔註52〕清廷要求從中央到地方設立專門的農業機構總理農業之發展。然而，康有爲的政解使守舊派大爲惱怒，指責說：「如大逆康有爲等皆以中學兼通西學者……乃以所通之西學，變我祖法，亂我聖道，結黨謀叛，罪通天下。向使純務中學而不通西學，世間無此種全才，爲有此種非常之禍」。〔註53〕

康有爲上書言政不達，遭致守舊派迫害，不得不流亡海外。這使康有爲深受打擊，他開始思考今後的「著述」，即創立學說來影響大眾的道路。爲融入時代特色，康有爲先後「注有《禮運》、《中庸》、『四書』、《春秋》及《禮記》選，可以宣講，發明升平、太平、大同之義」〔註54〕。治《春秋》，康有爲運用進化論觀點，「首發改制之義，以爲孔子愍時俗之弊，思一革而新之」〔註55〕，爲此目標，康有爲不作學術上和人格上的讓步。張之洞不信孔子改制考，頻勸康有爲「勿言此學，必供養」〔註56〕。康有爲拒絕修改或放棄他的任何意見。即便政治失敗後，康有爲流亡日本，仍不忘自己的社會使命，「而曲線巧奇，曲曲生之，留吾身以有待，其茲中國不亡，而大道未絕耶？……行吾不忍之心，以救此萬民耳！」〔註57〕此後，康有爲繼續著書立說，發揮經典的微言大義，把自己的政治理想寓於對經典的詮釋中。康有爲通過對經典的新闡釋，援經議政，開展重建儒學體系的努力。

三、師友朋黨的相互啓迪

康有爲家族以理學傳家，自幼受正統教育。十歲時父親去世，他隨祖

〔註51〕 馬洪林：《康有爲評傳》，南京大學出版社 1998 年，第 307 頁。
〔註52〕 《德宗景皇帝實錄》，卷 423，第 3～4 頁。
〔註53〕 國家檔案局明清檔案館：《戊戌變法檔案史料》，北京：中華書局，1958 年，第 484 頁。
〔註54〕 康有爲：《與陳煥章書》，姜義華、張榮華編校：《康有爲全集》第 9 集，北京：中國人民大學出版社，2007 年，第 337 頁。
〔註55〕 梁啓超：《康南海先生傳》。康有爲：《我史》，北京：中國人民大學出版社，2011 年，第 119 頁。
〔註56〕 康有爲：《我史》，北京：中國人民大學出版社，2011 年，第 64 頁。
〔註57〕 康有爲：《我史》，北京：中國人民大學出版社，2011 年，第 104 頁。

父康贊修在連州讀書，十分勤奮。他閱讀範圍很廣，除了經、史、子、集以外，還有《瀛寰志略》《地球圖》等西方地理學譯著。康有爲的經學思想體系形成無疑是複雜的過程，但是受到朱次琦和廖平等影響和啓迪則不可忽視。

　　光緒二年（1876 年），康有爲 19 歲時拜廣東名儒朱次琦爲師。朱次琦，字稚圭，廣東省南海縣人，41 歲時中進士，主要是在國學影響了康有爲。朱次琦是嶺南著名碩學通儒，康有爲祖父的朋友、父親的老師。他具有中國傳統知識分子的經世致用思想，企圖借學問道德，開創良好地社會生活空間，在 33 歲時言：「天於此兆民之中，獨異一二人才。蓋兆民苦樂皆寄之矣。……吉凶與民同患，聖者出之安，賢者體之勉，當官舉其事，下士盡其心。」〔註58〕表達出只有不斷對政治、社會的關懷，才是聖人賢者，唯有知識分子才可以領到人民走安樂之路。道光 27 年，朱次琦中進士後又說：「科名適然耳，爲官談何容易，而今而後何以宣上德，何以達下情？」〔註59〕朱次琦的治學宗旨，也正如其弟子簡朝亮於其卒後所言：「蓋先生之學，志於用世，始不欲以著述竟其才，……庶幾乎文章報國之衷。」〔註60〕朱次琦先生「鑒明末、乾、嘉之弊，惡王學之猖狂，漢學之瑣碎，專尙踐履，兼講世用，可謂深切矣。」〔註61〕其讀書治學的目的就是「應天下國家之用」〔註62〕。朱次琦特別重視社會福利，次重教育，再次是管理族人，最後強調防止舞弊，防虧空。顯示其關注家族與政府之間的政治權利與經濟義務聯繫。面對晚清國內企業興起、國際貿易日盛，農業與工商業漸有衝突，傳播媒體的興起，各種社會團體的出現及政治與教育思想的種種巨變，朱次琦根據其傳統理論建構其社會文化事業。傳統的意義是規範與引導。因此，朱次琦是一位將變而未變的時代人物。

〔註58〕 簡朝亮：《朱九江集》（附朱九江年譜），臺北：臺灣商務印書館，1973 年，第8 頁。

〔註59〕 簡朝亮：《朱九江集》（附朱九江年譜），臺北：臺灣商務印書館，1973 年，第13 頁。

〔註60〕 簡朝亮：《朱九江集》（附朱九江年譜），臺北：臺灣商務印書館，1973 年，第41 頁。

〔註61〕 康有爲：《與沈刑部子培書》，姜義華、張榮華編校：《康有爲全集》第 1 集，北京：中國人民大學出版社，2007 年，第 238 頁。

〔註62〕 簡朝亮：《朱九江集》（附朱九江年譜），臺北：臺灣商務印書館，1973 年，第29 頁。

　　康有爲從師朱次琦後，在其講學的南海九江鎭禮山草堂苦讀「宋明理學著作以及經學、小學、史學掌故、辭章等等，還讀《錢辛楣全集》《廿二史箚記》《日知錄》《困學紀聞》等書，悉聞其師漢宋相融之學，學術視野大爲開闊」〔註63〕。在朱次琦的指導下，康有爲突破了帖括之學的藩籬，打下了深厚的國學基礎。朱次琦的學術特徵與教學方法，使康有爲在求學方面，乃至整個人生都充滿了希望。朱次琦強調社會關懷，標舉學術經世，追尋孔子精神，方法是：「孔子之學無漢學，無宋學，修身讀書，此其實也。」〔註64〕據此將學術分爲修身、讀書兩大項。朱九江的躬行、濟人經世、講求大義、兼容並蓄、以孔子爲歸等治學特徵，深深影響了康有爲，成爲其後來治學、教學的榜樣。

　　廖平對康有爲來說亦師亦友，也是康有爲學術道路上具有重要影響的人物。廖平字季平，號四益，四川省井研縣人，晚清著名今文經學者，一生著書多至百種。廖平少年專心古學，從事訓詁文字之學，治經論調先後六次改易，次數頻繁，內容大變，於清代經學關係影響巨大。42歲以前，廖平經學代表作是《今古學考》《古學考》二書，主要講經典異同、禮之沿革、書目類聚，以判明今古學不同，使不相混淆。其先後主張古文是周公、今文是孔子，今文是孔子之眞，古文是劉歆之僞。廖平說：「經在先秦已有二派，一主孔子，一主周公，如《三傳》是也。齊魯，今學；燕趙，古學。漢初儒生，達者皆齊魯，以古學爲異派，抑之故致微絕。」〔註65〕廖平區分了古今學派：周公爲古學，孔子爲今學；燕趙從周，齊魯從孔。廖平的根據是：「今古之分，魯篤守《王制》，於今學爲純。齊學本由魯出，閒居兩大之間，不能不小用古學，如《公羊》是也。」〔註66〕今古學區分的另一個標準是據孔子不同時期學說的重點不同：「今，孔子晚年之說；古，孔子壯年之說。」〔註67〕今古之學的

〔註63〕　康有爲：《我史》，北京：人民大學出版社，2011年，第9頁。參考宋志明：《從康有爲看中國近代歷史觀的轉向》，《廣東社會科學》2011年第1期。

〔註64〕　簡朝亮：《朱九江集》（附朱九江年譜），臺北：臺灣商務印書館，1973年，第25頁。

〔註65〕　廖平：《今古學考》，李耀先編：《廖平學術論著選集》，成都：巴蜀書社，1989年，第37頁。

〔註66〕　廖平：《今古學考》，李耀先編：《廖平學術論著選集》，成都：巴蜀書社，1989年，第60頁。

〔註67〕　廖平：《今古學考》，李耀先編：《廖平學術論著選集》，成都：巴蜀書社，1989年，第4頁。

另一個重點是禮制：「今異於古，皆孔子損因周制之事。今古相同，此孔子因仍周制不改者也。」〔註68〕爲進一步解除今古區分混亂，廖平又說：「今古兩家所根據，又多同出孔子，於是倡爲法古、改制，初年、晚年之說。」〔註69〕這樣來看，周公的地位消失，也造成經典解釋的分歧。但也從側面說明經典來源本就不一，儒家內部理論也存在分歧，儒家自始至終都不是單一的學派。可是視儒學「一以貫之」者，都忽略形成了儒家複雜的性格，特別在經典解釋上。

廖平經學初變「歷經通人指謫，不能自堅其說」〔註70〕。後又更易前說，指出古學乃劉歆僞造，今學是孔子傳承，師口相傳是今文經立論的依據。今文經家不完全不講古訓，只是不以之謂究竟而已。廖平認爲西漢無古學：「古學全由今生，非古在今前也。」〔註71〕爲確立孔子地位，廖平又說孔子完全是爲改制：「孔子受命制作，爲生知、爲素王，此經學微言、傳授大義。帝王見諸事實，孔子徒託空言，六藝即典章制度。」〔註72〕此說充分表現出廖平的社會關懷，認爲改制的基礎在六經，經典是改制的根本，聖人的微言大義存於典章制度。

廖平思想也受到中西交流日益密切的影響，在經學思想上體現爲：「《王制》專詳中國，《周禮》全球法治。」〔註73〕廖平進一步說：「小大既分，輕清者上浮爲天，重濁者下凝爲地，而後居中間之人物，得法天則地，以自成其業。孔子乃得全球之神聖，六藝乃得爲宇宙之公言。」〔註74〕以此確立孔子爲政治神聖人物。

〔註68〕 廖平：《今古學考》，李耀先編：《廖平學術論著選集》，成都：巴蜀書社，1989年，第46～47頁。

〔註69〕 廖平：《初變記》，李耀先編：《廖平學術論著選集》，成都：巴蜀書社，1989年，第46～47頁。

〔註70〕 廖平：《今古學考》，李耀先編：《廖平學術論著選集》，成都：巴蜀書社，1989年，第115頁。

〔註71〕 廖平：《今古學考》，李耀先編：《廖平學術論著選集》，成都：巴蜀書社，1989年，第124頁。

〔註72〕 廖平：《知聖篇》，李耀先編：《廖平學術論著選集》，成都：巴蜀書社，1989年，第175頁。

〔註73〕 廖平：《知聖篇續》，李耀先編：《廖平學術論著選集》，成都：巴蜀書社，1989年，第224頁。

〔註74〕 廖平：《三變記》，李耀先編：《廖平學術論著選集》，成都：巴蜀書社，1989年，第224頁。

　　廖平自始至終視孔子爲神聖的政治人物，垂法將來，遺範萬世，以爲六經宗旨是「以制度爲大綱」〔註75〕。並認爲孔子是定制度的聖者，經典是政教制度，儒者是行制度之人。廖平與朱次琦最大的不同，就是以結構性思想代替個人道德性思考。康有爲見到廖平書後，盡棄舊說，如康啓超所說：「有爲之思想，受其影響，不可誣也。」〔註76〕確切些說，「康先生之治《公羊》治今文也，其淵源出自井研」〔註77〕。廖平的《闢劉篇》《知聖篇》給康有爲的《孔子改制考》《新學僞經考》以強烈的影響，都致力於攻擊古文和尊崇孔子。假如康有爲的《新學僞經考》《孔子改制考》是思想界之颶風，則廖平之書是提供「強大的電力」〔註78〕。

　　朱次琦經世之學，採取方法是先已後人，以宗族爲其社會事業，呈現出社會結構思考的傾向。但是，對廖平來說，重在經學的發揮，以制度分別古今周孔，制度性思考已甚爲明顯。康有爲受教於朱氏，深受社會關懷思想影響，又承襲廖平的經學變化之說，面對社會，強調實踐建立起經學體系。

四、社會進化論的影響

　　進化論學說是英國人達爾文創立的一種生物進化理論體系。1896 年，嚴復先生譯赫胥黎著《進化論與倫理學》一書的前二章，附暗語，取譯名《天演論》，系統地把達爾文生物進化論介紹到中國，開創了近代中國先進知識分子世界觀變革的新時代，「適者生存」「優勝劣敗」和「自然選擇」等思想風靡一時。進化論的傳播適應了時人試圖挽救民族危亡的心理訴求，康有爲是最早接受進化論學說的先進中國人之一。

　　1896 年，康有爲看到嚴復的《天演論》譯稿後，深爲其中闡述的新道理所折服，進一步形成自己完整的進化論宇宙觀和自然觀。梁啓超寫信給嚴復言：「南海先生讀大著後，亦謂眼中未見此等人。」〔註79〕康有爲自己也認爲

〔註75〕廖平：《知聖篇》，李耀先編：《廖平學術論著選集》，成都：巴蜀書社，1989年，第 185 頁。
〔註76〕梁啓超：《清代學術概論》，上海：上海古籍出版社，2005 年，第 65 頁。
〔註77〕梁啓超：《論中國學術思想變遷之大勢》，上海：上海古籍出版社，2005 年，第 105 頁。
〔註78〕侯堮：《廖季平先生評傳》，《大公報》1932 年 4 月 1 日。
〔註79〕梁啓超：《論中國學術思想變遷之大勢》，上海：上海古籍出版社，2005 年，第 105 頁。

進化論是「千年用之，稱以文明，無有議其變古者而廢麼」〔註80〕。

1888 年，康有爲就開始用《呂覽》《易》來闡述他的「變易」理論：「《呂覽》曰：治國無法則亂，守而弗變則悖。《易》曰：『窮則變，變則通。』」〔註81〕說明康有爲已從中國古代經典《易傳》《春秋》《春秋繁露》《春秋公羊解詁》等獲得一些進化知識。換句話說，康有爲雖尋求社會更新，但仍然希望保存舊粹〔註82〕。他又說：「國勢貧弱，至於危機者，蓋法弊致然。」〔註83〕所以，康有爲借助西方的進化論融合「變易」思想，深度挖掘中國傳統文化，提出自然界和人類社會是不斷變易進化的過程。他說：「夫天久而不弊者，爲能變也。地不變者也，然滄海可以成田，平陸可以爲湖，火山忽流，川水忽涸，故至變者莫如地。夫地久而不弊者，爲能變也。夫以天地不變且不能久，而況於人乎？且人欲不變，安可得哉！自少至老，顏貌萬變，自不學而學，心智萬變，積微成智，悶若無端，而流變之微，無須臾之停也。……故千年一大變，百年一中變，十年一小變。」〔註84〕

康有爲在「國事蹙迫，危機存亡之間」〔註85〕，深感「海外略地已竟，合而伺我，眞非常之變局也」〔註86〕，因而大談進化論。在《意大利遊記》中，他說：「欲知大地進化者，不可不考西歐之進化，欲知西歐進化者，不可不考羅馬之舊跡。欲考羅馬之舊跡，則莫精詳於邦渒矣……天下之得失，固有反正兩例而各相成者。」〔註87〕在《大同書》中，他說：「蓋太平世無所競爭，其爭也必於創新乎，其競也必在獎智乎！智愈競而愈出，新愈爭而愈上，

〔註80〕康有爲：《禮運注》，姜義華、張榮華編校：《康有爲全集》第 5 集，北京：中國人民大學出版社，2007 年，第 568 頁。

〔註81〕康有爲：《上清帝第一書》，姜義華、張榮華編校：《康有爲全集》第 1 集，北京：中國人民大學出版社，2007 年，第 181 頁。

〔註82〕康有爲：《論語注》，姜義華、張榮華編校：《康有爲全集》第 6 集，北京：中國人民大學出版社，2007 年，第 390 頁。

〔註83〕康有爲：《上清帝第三書》，姜義華、張榮華編校：《康有爲全集》第 2 集，北京：中國人民大學出版社，2007 年，第 69 頁。

〔註84〕湯志均：《康有爲政論集》（上冊），北京：中華書局，1981 年，第 110 頁。

〔註85〕康有爲：《上清帝第一書》，姜義華、張榮華編校：《康有爲全集》第 1 集，北京：中國人民大學出版社，2007 年，第 180 頁。

〔註86〕康有爲：《上清帝第一書》，姜義華、張榮華編校：《康有爲全集》第 1 集，北京：中國人民大學出版社，2007 年，第 181 頁。

〔註87〕康有爲：《意大利遊記》（遊記卷），康有爲集（八卷十冊），珠海：珠海出版社，2006 年，第 133 頁。

則全地人道日見進化，而不患退化矣。」〔註88〕在《孔子改制考》中，又說：「凡物，積粗而後精生焉，積賤而後貴生焉，積愚而後智生焉，積土石而草木生，積蟲介而禽獸生，人爲萬物之靈，其生尤後者也……各因其受天之質，生人之遇，樹論語，聚徒眾，改制立度，思易天下。」〔註89〕隨著社會現實的激烈衝突和交聚變化，不斷刷新康有爲原有的認識觀念，使康有爲從錯綜複雜的社會變換中尋找規律。誠然，康有爲開拓了橫向對世界範圍的進化進程的認識，不再局限在中國歷史範圍之內〔註90〕。

五、社會科學知識的啓發

19世紀中葉以後，在進化論傳入中國的同時，西方近代地質學、天文學、生物學等學科伴隨著聲、光、化、電等自然科學陸續傳入中國，極大的豐富了康有爲的想像力，引起了康有爲的關注：「近者洋人智學之興，器藝之奇，地利之辟，日新月異。」〔註91〕開啓了康有爲研究學問的新境界。他把目光投向了西學世界，成爲有效利用西學的帶頭人。

在1890年至1894年間，康有爲與朱一新的學術論爭中，承認對西方文明的深刻印象〔註92〕，並十分嚮往西方的社會科學知識。在《上清帝第四書》中，康有爲請求國家鼓勵學者創新立說，鼓勵工人發明創造，製造新器，有新式機器出現。予以資金獎勵，國家要保護發明人的專利，明確專利的年限〔註93〕。流亡十六年的經歷，使康有爲有了更爲清醒的世界意識，意識到中國雖然地大物博，當充其量僅爲六十國中的一個國家而已〔註94〕。

康有爲談到近代西方自然科學的發展，大爲讚賞：「近世若哥白尼之天文學，斯密亞丹之資生學，奈端之重學，富蘭克令之電學，華戎之機器，皆轉

〔註88〕 康有爲：《大同書》，北京：北京古籍出版社，1956年，第274頁。

〔註89〕 康有爲：《孔子改制考》，北京：中國人民大學出版社，2010年，第10～11頁。

〔註90〕 徐光仁：《論康有爲的「公羊三世」說》，《華南師範大學學報》1989年第1期。

〔註91〕 康有爲：《上清帝第一書》，姜義華、張榮華編校：《康有爲全集》第1集，北京：中國人民大學出版社，2007年，第181頁。

〔註92〕 汪榮祖：《康有爲論》，北京：中華書局，2006年，第55頁。

〔註93〕 康有爲：《上清帝第四書》，姜義華、張榮華編校：《康有爲全集》第2集，北京：中國人民大學出版社，2007年，第87頁。

〔註94〕 康有爲：《日本書目志》卷九，姜義華、張榮華編校：《康有爲全集》第3集，北京：中國人民大學出版社，2007年，第390頁。

移世宙，利物前民，致遠甚矣。」〔註95〕在《實理公法全書》中，康有爲強調西方自然科學爲「專口之學」，大贊自然科學的優越性。康有爲指出：「專門之學，如詞章學、樂學、魂學、數學、化學、醫學、天文學、地學、格致學以及諸凡藝學之書皆是也。所謂推定者，每五年於推定聖經之後，則於各種專口之書，每門取其至精者舉出表章之，爲天下法式焉。庶習專門之學者，亦不至迷於所往也。」〔註96〕康有爲所談及的自然科學知識門類眾多，比如地質學、電學、地理學、醫學、化學、數學及機械學力學等。

在生物學領域，康有爲用達爾文進化論理論來論證生物之學。同時把西方的生物學與儒家的《論語》聯繫起來，這是利用西方生物學來重構儒學的一種可貴的努力〔註97〕。

對化學，康有爲也推崇備至。他說：「造化、神化、變化，道莫尊於他矣。凡百學皆由化學也。」〔註98〕

康有爲對數學原理有著很深的研究，利用數學的原理著成的《實理公法全書》等書籍。

對於機械學方面，康有爲指出：「方今新世界麼變異於舊世界者何在乎？歐美人之吞吐八表者何在乎自華或創機汽後，機汽之用增於人力王十餘倍，於是歐美新世界之宮室服用器械精奇華妙過於舊世界者亦幾十餘倍，有機汽之國與無機汽之國其力麼比較亦三十餘倍。」〔註99〕有關機器的重要性，康有爲有也多有論述：「機器之製，精速皆過於人製之器也遠矣。而華弐於乾隆互十四年正月五日創織布新機，又推行於他事，英國盡效而用之，機器大行，英遂大富。英人以正月五日爲重生日也。」〔註100〕康有爲以德國注重機械爲例，強調西方強盛之本在於機械之先進，機器之大行，他說：「觀國之強弱盛

〔註95〕康有爲：《論語注》，姜義華、張榮華編校：《康有爲全集》第6集，北京：中國人民大學出版社，2007年，第531頁。

〔註96〕康有爲：《實理公法全書》，姜義華、張榮華編校：《康有爲全集》第1集，北京：中國人民大學出版社，2007年，第160頁。

〔註97〕康有爲：《日本書目志》卷二，姜義華、張榮華編校：《康有爲全集》第3集，北京：中國人民大學出版社，2007年，第287～289頁。

〔註98〕康有爲：《日本書目志》卷二，姜義華、張榮華編校：《康有爲全集》第3集，北京：中國人民大學出版社，2007年，第283頁。

〔註99〕康有爲著：上海文物保管委員會編《德記稿》，《康有爲遺稿‧列國遊記》，上海：上海人民出版社，1995版年，第236頁。

〔註100〕康有爲：《日本書目志》卷九，姜義華、張榮華編校：《康有爲全集》第3集，北京：中國人民大學出版社，2007年，第381頁。

衰，以機汽爲覘乎？在道光二十年，德之汽馬力僅二萬匹，鐵道汽機馬力亦二萬匹，汽船且無之，曾幾何時而勃興至百餘萬倍。」〔註101〕

康有爲強調，歐洲國勢之所以如此興盛的原因在於他們注重對於國民的廣開民智之舉，注重科學研究、窮究事物的道理。他指出，造化所爲尊者，皆源於其創造的能力〔註102〕。西方強盛的原因就在於學校的教育，要想縮短與西方強國的差距，只有開辦學校。因此，康有爲指出：「日人之變法也，先變學校，盡譯泰西教育之書，學校之章程。倍根氏之《教育學》，爲泰西新變第一書，魯氏、如氏、麟氏條理尤詳矣。若《教育學新論》、《原論》、《普通學》諸書備哉粲然，無微不入矣。」〔註103〕日本之所以能夠突然變強主要源自於學校之教育，其學制、書器、譯書、遊學以及學會等五者都是以智其民的具體表現。

康有爲強調教育的重要性，他說「今天下治之不舉，由教學之不修也。」〔註104〕自秦之後，經學卻以虛名相傳，少有經世致用之訴求，指出：「當時士夫殆寡見，而今童子莫不誦讀。學非所用，用非所學，捨宜學之幼儀，而教以陰陽之秘籍，享爰居以鐘鼓，被犧牲以文繡，責其有效，豈不顚乎？」〔註105〕與此同時，他認爲西人之學校是「一切科學皆爲專口，惟詩、禮、樂爲普通之學，無人不習」〔註106〕。康有爲有云：「故知西人學藝，與其教絕不相蒙也。以西人之學藝政制，衡以孔子之說，非徒絕不相礙，而且國勢既強，教籍以昌也。」〔註107〕孔子之學能夠在歐美達到暢行無阻，在自己的國土上卻不能長足發展，令康有爲非常地痛心。

〔註101〕康有爲著：上海文物保管委員會編《德記稿》，《康有爲遺稿‧列國遊記》，上海：上海人民出版社，1995 版年，第 143 頁。

〔註102〕康有爲：《日本書目志》卷九，姜義華、張榮華編校：《康有爲全集》第 3 集，北京：中國人民大學出版社，2007 年，第 390 頁。

〔註103〕康有爲：《日本書目志》卷十，姜義華、張榮華編校：《康有爲全集》第 3 集，北京：中國人民大學出版社，2007 年，第 408 頁。

〔註104〕康有爲：《教學通義》，姜義華、張榮華編校：《康有爲全集》第 1 集，北京：中國人民大學出版社，2007 年，第 19 頁。

〔註105〕康有爲：《論幼學》，姜義華、張榮華編校：《康有爲全集》第 1 集，北京：中國人民大學出版社，2007 年，第 59 頁。

〔註106〕康有爲：《論語注》，姜義華、張榮華編校：《康有爲全集》第 6 集，北京：中國人民大學出版社，2007 年，第 438 頁。

〔註107〕康有爲：《與朱一新論學書牘》，姜義華、張榮華編校：《康有爲全集》第 1 集，北京：中國人民大學出版社，2007 年，第 324～325 頁。

　　康有爲大力倡導物質、商業、財經之學，認爲一個國家國勢之高下全依賴於國力的強弱，而國力之強弱的關鍵在「物質」之多寡〔註108〕。而今國家處在危難之中，號召國人「欲救國乎，專從事於物質足矣」〔註109〕。爲此，康有爲著有《金主幣救國論》、《財經救國論》等著作，對於財經之學有自己更爲獨到的見解。他認爲凡「六經」皆與經濟有關：「《春秋》經化先王之志，凡『六經』，皆經濟書也。後之『九通』，掌故詳矣。」〔註110〕

　　康有爲把心理學也看成是源於孔子，他指出：「心學固吾孔子舊學！顏子三月不違，《大學》正心，《孟子》養心，宋學尤暢斯理。」〔註111〕

　　天文諸書也不出孔子之道，「天文書甚略也。日本近改用俄曆，是爲建丑。泰西以冬至後十日爲歲首，是建子，仍不出孔子之三正也。」〔註112〕

　　這樣，康有爲就把西方近代科學知識歸入孔子六經範圍，因而，他把六經列爲政治之首，認爲：「政治之最美者，莫如吾《六經》也。嘗考泰西所以強者，皆暗合吾經義者也。泰西自強之本，在教民、養民、保民、通民氣、同民樂，此《春秋》重人、《孟子》所謂「與民同欲，樂民樂，憂民憂，保民而王」也。」〔註113〕

　　面對中國屢屢受西方欺凌，國家民族存亡日益局促之際，康有爲強烈地感受到：不變法不足以改變中國現狀，謀求進化與發展是中國唯一的出路。這是他的這種體會，當接觸到來自西方進化論和建立在近代科學基礎上的其他學說時，立即表示認同，產生了強烈的共鳴。通過中外、古今之別，不斷的闡釋一個道理：科學實爲救國之第一事，寧百事不辦，此必不可缺者也。所以，錢穆先生認爲康有爲「以尊西俗者爲尊孔」「尊孔實爲尊西洋」〔註114〕。

〔註108〕康有爲：《物質救國論序》，《康有爲集》序跋卷，珠海：珠海出版社，2006年，第253頁。

〔註109〕康有爲：《物質救國論序》，《康有爲集》序跋卷，珠海：珠海出版社，2006年，第514頁。

〔註110〕康有爲：《日本書目志》卷五，姜義華、張榮華編校：《康有爲全集》第3集，，北京：中國人民大學出版社，2007年，第340頁。

〔註111〕康有爲：《日本書目志》卷三，姜義華、張榮華編校：《康有爲全集》第3集，北京：中國人民大學出版社，2007年，第293頁。

〔註112〕康有爲：《日本書目志》卷二，姜義華、張榮華編校：《康有爲全集》第3集，北京：中國人民大學出版社，2007年，第284頁。

〔註113〕康有爲：《日本書目志》卷四，姜義華、張榮華編校：《康有爲全集》第3集，北京：中國人民大學出版社，2007年，第328頁。

〔註114〕錢穆：《中國近三百年學術史》，合肥：九州出版社，2011年，第782頁。

第三節　劇烈變革的世情國情

　　康有爲的《禮運注》《中庸注》《孟子微》《大學注》《論語注》都是在 1901
年至 1902 年間完成，這代表了康有爲重建儒學的努力，也彰顯了康有爲以儒
學爲基礎綜合佛學、西學，希圖透過注解儒學經典來落實「南海聖人」稱
號。五部作品的著成，是在中國危機日趨深重之時。戊戌失敗後，康有爲流亡海
外，清廷立憲遙遙無期，國內義和團爆發，國外列強蠶食鯨吞日甚一日。1898
年 3 月，俄國租借旅順大連 25 年。英、法、日各國也不甘示弱，紛紛跟進，
1898 年 4 月，日本以福建爲勢力範圍；7 月 1 日，英國租借威海衛；1899 年
11 月 16 日，法國租借廣州灣；1900 年 3 月 20 日，美國對華開放政策獲得各
列強贊許；同年，8 國聯軍攻入北京，《辛丑條約》簽訂，中國正式成爲半殖
民地。康有爲在詮釋經典的時候，也隨時中西對比，列舉歐美政治、經濟制
度、社會民俗等，表達憂國濟民。

一、內憂外患的國情

　　在 2000 多年的封建社會期間內，中國文化發展和物質文明都領先於世
界。但從 16 世紀明朝中後期到 19 世紀中葉的 300 餘年，統治階層閉目塞
聽、夜郎自大，拒絕對外交流，不斷強化閉關鎖國政策，隔絕了中外文化
和科技的交流，中國開始逐步落後於西方，中西方科技水平差距越來越大，
猶以清朝爲甚。清人入關後，多次頒佈禁海令。如順治四年（1647 年）七
月，清政府頒佈《廣東平定恩詔》，明確規定「廣東近海，凡係飄洋私船照
舊嚴禁〔註115〕，自此，清代的禁海令率先在廣東實行。順治十二年（1655），
清廷正式下達「禁海令」〔註116〕，實行海禁鎖國政策。

　　大清國繼續享受著「天朝上國」的美夢，漠視外面的一切變化，即便到
第一次鴉片戰爭之後，清朝上下仍脫離不了「華夷之別」思維，閉目塞聽，
沒有近代意義上的主權觀念。主持和談的耆英認爲：「該夷以通商爲性命，准
其貿易則恭敬如常，絕其貿易則驕蹇難制，故自有明至今，羈縻夷人，皆借
通商爲餌。」〔註117〕1856 年，英法發動了第二次鴉片戰爭，清政府被迫與列

〔註115〕劉惠君：《清朝禁海令略論》，《光明日報》2009 年 6 月 23 日 012 版。
〔註116〕《大清會典事例》，北京：中國藏學出版社，2006 年。轉引自喬瑞雪：《從多
　　　　元視角解析清朝閉關鎖國政策的產生根源》，《內蒙古大學學報》（哲學社會科
　　　　學版）2011 年第 3 期。
〔註117〕文慶等編：《籌辦夷務始末》（道光朝），北京：中華書局，1964 年，第 2649 頁。

強簽訂了《天津條約》、《北京條約》等一系列不平等條約。清王朝「經歷了四次對外戰爭，五次國內動亂及隨之而來的一系列強加條約之後，這種驕傲與舒適的世界已被粉碎」〔註118〕數次戰爭的結果使清王朝的威嚴掃地，清政府被迫割讓更多領土，開放更多口岸，出賣更多利權，加之國內風起雲湧的農民起義，清政府陷入了空前的「內憂外患」。

西方列強憑藉不平等條件所賦予的種種經濟特權，加速了中國自給自足自然經濟的解體過程。同治年間，洋務派興辦了一系列官辦、官督商辦的軍用企業和民用企業，如輪船招商局、礦務局、電報局等。這些新式企業的產生，機器生產工業出現，新生階級壯大，政府財政收入成分日益改變，海關稅收大幅度增加。到清末，海關稅收和田賦、鹽稅並稱爲財政的三大支柱。這些無情的動搖了中國傳統的以農爲本，自給自足的自然經濟體系。晚清統治者爲了應對連綿不斷的內憂外患，振興國勢，政治上進行自救變革，即洋務運動、戊戌變法、清末新政。這種自救改革破壞了原來的統治秩序，牽涉到統治階級內部權力分配及再分配，由此形成了統治階級內部激烈的權力之爭。在戊戌新政時期，原來累積的諸如國內滿、漢大臣之間、帝后之間，新舊之間；國外俄、法、德、英、日、美等對華策略不同導致矛盾尖銳化。維新派內部、康黨內部，中央與地方，地方內部，各軍事集團等等，多層次、多方位的各種矛盾逐漸爆發出來〔註119〕。

二、日益變小的世界

在清王朝內憂外患的同時，西方卻發生了翻天覆地的一系列變化，而此時的英國正在冉冉升起，18 世紀下半葉，具有劃時代意義的工業革命在英國首先發生，世界開始從農業文明向工業文明轉變。英國首先爆發資產階級革命，接著開啓了毛紡織業爲開端的工業革命，繼而迅速擴及交通、採礦、冶金、製造等各個工業部門，英國由此成爲世界上第一個工業化國家。繼英國之後，美國、法國分別在 1776 年、1789 年進行資產階級革命，並於 18 世紀末和 19 世紀初開始了工業革命。這一切使西方的政治、經濟力量大爲增強，使「資產階級在它的不到一百年的階級統治中所創造的生產力，比過去一切

〔註118〕柯文著，雷頤等譯：《在傳統與現代性之間——王韜與晚清改革》，南京：江蘇人民出版社，1994 年，第 7 頁。

〔註119〕張立勝：《晚清守舊派官僚集團研究》，《山東師範大學碩士論文》2004 年 04 月，第 10 頁。

時代創造的全部生產力還要多、還要大。自然力的征服，機器的採用、化學在工業和農業中的應用、輪船的行使、鐵路的通行、電報的使用、整個整個大陸的開墾、河川的通航、彷彿用法術從地下呼喚出來的大量人口，過去哪一個世紀料想到在社會勞動裏蘊藏有這樣的生產力呢？」〔註120〕資本主義時代的來臨需要更爲廣闊的市場和更廉價的勞動力，因而西方國家「不斷擴大產品銷路的需要，驅使資產階級奔走於全球各地。它必須到處落戶，到處開發，到處建立聯繫。」〔註121〕西方的發展，客觀上開創了世界歷史，加速了人類發展的歷史進程，就如馬克思所言：「資產階級，由於開拓了世界市場，使一切國家的生產和消費都成爲世界性的了。」〔註122〕

而當時清王朝上層依然茫然無知，依然把世界上許多其他國家稱爲「夷狄之邦」，自我陶醉於「天朝上國」的尊榮，社會裏足不前。所以，英國打敗清朝後，通過中英《南京條約》《虎門條約》等條約和章程，從中國割取了香港、獲得了巨額賠款和五口通商權，而且還得到了片面最惠國待遇、片面協定關稅、領事裁判權和軍艦進駐通商口岸等對中國危害巨大且深遠的侵略權益。稍後，美國和法國相繼以武力進行要挾，通過談判與清朝簽訂了中美《望廈條約》和中法《黃埔條約》，從中國獲得了除割地賠款以外的、同英國一樣甚至超過英國的種種特權。其間，清朝由於對外茫然無知，對歐美小國的外交，諸如瑞典、挪威、丹麥、比利時、西班牙、荷蘭等，按照傳統的「一視同仁」的原則，便讓這些小國享受了除割地賠款之外的與列強一樣的通商權、領事裁判權、片面最惠國待遇等種種特權〔註123〕。1845年，比利時、丹麥也獲准由耆英「將五口通商章程一體頒發，以廣聖主寬大之仁」〔註124〕。由此，「資產階級，由於一切生產工具的迅速改進，由於交通的極其便利，把一切民族甚至最野蠻的民族都卷到文明中來了。」〔註125〕

從此，中國對世界不再陌生，成爲近代世界史不可忽視的重要部分。在《資本論》中，馬克思提到了對中國貨幣理論學說有重大貢獻的戶部右侍郎

〔註120〕《馬克思恩格斯選集》第 1 卷，北京：人民出版社，1972 年，第 256 頁。

〔註121〕《馬克思恩格斯選集》第 1 卷，北京：人民出版社，1972 年，第 276 頁。

〔註122〕《馬克思恩格斯選集》第 1 卷，北京：人民出版社，1972 年，第 276 頁。

〔註123〕劉昊：《兩次鴉片戰爭期間清朝對歐美小國的外交》，《貴州文史叢刊》2005年第 4 期。

〔註124〕《籌辦夷務始末》（道光朝），第 6 冊，北京：中華書局，1964 年，第 2928頁。

〔註125〕《馬克思恩格斯選集》第 1 卷，北京：人民出版社，1972 年，第 276 頁。

王茂蔭〔註126〕。西方資本主義國家在全世界擴張，終於導致19世紀中英鴉片戰爭的爆發，把中國捲入了該體系之中〔註127〕。最終，「過去那種地方的和民族的自給自足和閉關自守狀態，被各民族的各方面的互相往來和各方面的互相依賴所代替。」〔註128〕

與此同時，中國的乾嘉學派沒落，西學影響越來越大。傳統知識分子面臨著中外融匯、今古相接的文化滌蕩，他們開始疾舊制之弊，言改革之宜，逐漸形成不同往昔的思維模式。他們或墨守傳統或注目西方，在傳統與現代，古典與新知中徘徊。博通總覽，統攝中西的新學術風格呼之欲出。

三、經學思想的形成

康有爲所處的晚清時期和嶺南地區的開放氛圍，優秀的家世傳承，很容易使他受莊存與、劉逢錄、凌署等公羊學家影響，與龔自珍、魏源等開創的變革公羊學說接續，進而形成自己獨特的經學思想體系。

就在結識張鼎華，瞭解近代社會風氣後，康有爲即找到《西國近事彙編》、李珪的《環遊地球新錄》等介紹西方國家的書籍閱讀。遊香港歸來，感於西方治國制度的先進，「乃復閱《海國圖志》、《瀛環志略》等書，購地球圖，漸收西學之書，爲講西學之基矣」〔註129〕。1882年，康有爲首次赴北京應試，南歸時，「道經上海之繁盛，益知西人治術之有本。舟車行路，大購西書以歸講求焉。十一月還家，自是大講西學，始盡釋固見」〔註130〕。次年，「又購《萬國公報》，大攻西學書，聲、光、化、電、重學及各國史志，諸人遊記皆涉焉。」〔註131〕於是欲輯《萬國文獻通考》，並及樂律、韻學、地圖學，是時絕意試事，專精問學、新識深思，妙悟精理，俯讀仰思，日新大進。」〔註132〕這一時期，康有爲不僅初步瞭解到歐美國家的制度，而且對於西方的近代社會科學知識如進化論、教育學、數學、機械學、物理系等有所瞭解。這已預示康有爲融合中西思想的趨勢。

〔註126〕 葉坦：《〈資本論〉爲何提到一位清朝官吏》，《北京日報》2004年11月15日。
〔註127〕 傅衣凌：《中國傳統社會：多元的結構》，《中國社會經濟史研究》1983年第3期。
〔註128〕 《馬克思恩格斯選集》第1卷，北京：人民出版社，1972年，第276頁。
〔註129〕 康有爲：《我史》，北京：中國人民大學出版社，2011年，第13頁。
〔註130〕 康有爲：《我史》，北京：中國人民大學出版社，2011年，第14頁。
〔註131〕 康有爲：《我史》，北京：中國人民大學出版社，2011年，第14頁。
〔註132〕 康有爲：《我史》，北京：中國人民大學出版社，2011年，第14頁。

　　1888 年春至 1890 年初，這是康有爲形成學術思想的關鍵時期。康有爲因
張鼎華多次邀請到京師，1888 年五月赴京參加鄉試。「在京城期間，他感受到
中法戰爭失敗後的危險時局，認爲中國若及時發奮變法，則尙有幾年時間爭
取主動，以支持局面，否則列強再度侵略，將萬分危殆。於是向時富盛名的
公卿潘祖蔭、翁同龢、徐桐致書責備，京師譁然，向光緒帝上萬言書，請求
變法」〔註 133〕。上書未達，使康有爲深受刺激。鑒於國勢日蹙，康有爲認爲
樹立新說能夠對民衆產生很大的影響力。於是他即批評程朱、陸王之學「近
代大宗師莫如朱、王，然朱學窮物理，而問學太多，流爲記誦。王學指本心，
而節行易簍，流於獨狂。」〔註 134〕又批評考據詞章之學：「今之學者，利祿之
卑鄙爲內傷，深入膏肓，而考據詞章，則其癰疽痔贅也。」〔註 135〕康有爲所
想創立的是同時局巨大變化相適應，不是「拘常守舊」的新學說。故云：「僕
最愛佛氏入門有發誓堅信之說，峭簍精緊，世變大，則教亦異，不復能拘常
守舊，惟是正之。」〔註 136〕

　　從其思想傾向來看，康有爲抱定救世、變革和吸收西方新鮮學說的邏輯
發展。康有爲因廖平的學問，曾在廣州兩次相訪。第一次康有爲贊同廖平的
《今古學考》觀點，可廖平此時卻由「平分今古」而變爲「尊今抑古」，以
致康有爲接受不了，遂「馳書相戒，近萬餘言，斥爲好名鶩外，輕變前說」
〔註 137〕。不久第二次見面，康有爲已信服廖平的觀點，其中既有學術上的成
分，又有政治上的考慮。否定古文經觀點，揭露古文經是劉歆僞造，而用今
文經觀點代替，宣揚孔子改制說，符合康有爲苦苦思索的「世變異，則教亦
異，不復拘常守舊」思想體系需要。

　　康有爲認爲《左傳》不傳經義，是劉歆纂僞所致，必借《公羊》《穀梁》，
才見孔子「明制作，立王道」的「微言大義」。他說：「《春秋》者，孔子感亂

〔註 133〕陳其泰：《19 世紀中國學者關於歷史演進的理論》，《史學史研究》2010 年第
　　　　3 期。

〔註 134〕康有爲：《與沈刑部子培書》，姜義華、張榮華編校：《康有爲全集》第 1 集，
　　　　北京：中國人民大學出版社，2007 年，第 238 頁。

〔註 135〕康有爲：《與沈刑部子培書》，姜義華、張榮華編校：《康有爲全集》第 1 集，
　　　　北京：中國人民大學出版社，2007 年，第 238 頁。

〔註 136〕康有爲：《與沈刑部子培書》，姜義華、張榮華編校：《康有爲全集》第 1 集，
　　　　北京：中國人民大學出版社，2007 年，第 238 頁。

〔註 137〕廖平：《經話甲編》，《廖平學術論著選集》，成都：巴蜀書社，1989 年，第 103
　　　　頁。

賊，酌周禮，據策書，明制作，立王道，筆則筆，削則削，所謂微言大義於是乎在。傳之子夏。《公羊》《穀梁》，子夏所傳，實爲孔子微言，質之於經、傳皆合。《左傳》但爲魯史，不傳經義。今欲見孔子之新作，非《公》、《穀》不可得也。……孔子答顏子問『爲邦』而論四代，答子張問『十世』而言『繼周』。孟子述舜、禹、湯、文、周公而及孔子，則曰：『王者之跡熄而詩亡，詩亡而後《春秋》作。』其闢許行，亦以孔子作《春秋》，繼堯、舜、周公之事業，以爲天子之事。孔子亦曰：『知我』以之，『罪我』以之。良以匹夫改制，無徵不信，故託之行事，然後深切著明。」〔註138〕在這裡，康有爲明確認識到，只有今文經的《公羊》《穀梁》二傳才是孔子眞傳所在，《公羊傳》中的譏世卿，立三等之爵、存三統之正等都顯示孔子制作一代政權的證據，是發明孔子撥亂世、制作一代大典的「微言大義」，同古文經尊周公之禮完全不同。

〔註138〕康有爲：《教學通議》，姜義華、張榮華編校：《康有爲全集》第 1 集，北京：中國人民大學出版社，2007 年，第 35 頁。

第七章　康有爲經學思想的特徵及其歷史地位

　　康有爲學術思想非常駁雜，不僅有深厚的國學修養，又善於從陸王心學、佛學、史學及諸子學中尋找思想資料，「既著《僞經考》而別其眞膺，又著《改制考》而發明聖作，因推公、穀、董、何之口說，而知微言大義之所存」〔註1〕，而且運用西學改造中學，創立自己獨特的思想學說。就其學術思想的主幹來說，乃是經其改造過的《春秋》公羊三世之說。蕭公權先生指出：「康有爲作爲一烏托邦哲學家，他是超越儒家的；但作爲一實際的改革家，他仍然在儒家的範圍之內。」〔註2〕康有爲「泯中西之界限，化新舊之門戶」〔註3〕的經學本質，最突出的是一貫地關注現實。康有爲在儒學名下，把學術與經世、挽救民族危機密切聯繫起來，爲儒學增添了大量西方近代學術思想，掀起了晚清政壇的變革之風，將今文經學的影響發展到了極致。

第一節　形式多樣的體系

　　康有爲學術來源雖雜，而尋求義理取向則貫穿其中。在清學氛圍中，康有爲治學承接乾嘉漢學的語言和手段，從考據學的外殼中尋找新的義理，構成了康有爲獨特的經學思想特徵。在祛除僞經，沖決舊學之羅網，傳播西學，經世致用的基礎上，康有爲經學表現形式多樣。

〔註1〕康有爲：《春秋筆削大義微言考》，姜義華、張榮華編校：《康有爲全集》第6集，北京：中國人民大學出版社，2007年，第4頁。

〔註2〕蕭公權：《近代中國與新世界──康有爲變法與大同思想研究》，南京：鳳凰出版傳媒集團，2007年，第33～35頁。

〔註3〕湯志鈞：《康有爲政論集》上冊，北京：中華書局，第295頁。

一、複雜的晚清經學

　　中國古代的主流思想是儒家思想，經學是儒家思想承載的主體。明末社會危機加重，憂時救世的士大夫反思心學弊端，倡導實用之學，在宋學之外另闢蹊徑，清代學術因而走上了回歸原典之路。清代經學家皮錫瑞指出：「國朝經學凡三變。國初，漢學方萌芽，皆以宋學爲根柢，不分門戶，各取所長，是爲漢宋兼採之學。乾隆以後，許、鄭之學大明，治宋學者已鮮。說經皆主實證，不空談義理，是爲專門漢學。嘉、道以後……學者不特知漢、宋之別，且皆知今、古之分。」〔註4〕從康雍年間青睞理學，到乾嘉年間經學繼漢代之後再次大盛，漢宋對立也更加凸顯。

　　顧炎武首倡經世之學，惠棟治《易》標舉漢學旗幟。考據之學逐步興起，從不同角度指責宋學空虛，摧毀宋學的基石。乾嘉之際，漢學盛極一時，陣營不斷擴大，政治地位不斷上升。正如焦循所說：「國初經學，萌芽以漸而大備。近時數十年來，江南千餘里中，雖幼學鄙儒，無不知有許、鄭者。」〔註5〕漢學逐步上升爲官方學說，被多數學者認同。就如姚瑩所言：「自四庫館啓之後，當朝大老皆以考博爲事，無復有潛心理學者，至有稱誦宋、元、明以來儒者，則相與誹笑。」〔註6〕汪中、閻若璩等漢學家通過考證辨僞，對《大學》《古文尙書》《河圖洛書》等宋學所依據的根本予以否定；戴震、焦循、凌廷堪等又對宋學的性、理、天道等進行重釋；錢大昕也在文章著述中尊漢抑宋。漢學如日中天，漢學家們對宋學多有反感，漢學、宋學關係日趨緊張，宋學同時開始譏評漢學，漢宋積怨益深。乾嘉年間，以桐城文派批評漢學的言論最爲激烈。乾隆朝的理學大臣翁方綱專門撰文駁斥戴震關於「性」「理」的考證〔註7〕。章學成言「六經皆史」，且極尊劉歆《七略》，與今文家異〔註8〕。方東樹撰成了《漢學商兌》，列舉漢學弊端，多爲宋學辯護，集中體現了護宋斥漢的激烈態度。

〔註4〕皮錫瑞：《經學歷史》，北京：中華書局，1959年，第341頁。

〔註5〕焦循：《與劉端臨教諭書》，《雕菰樓集》卷13，蘇州文學山房刊本，第25頁。

〔註6〕姚瑩：《復黃又圖書》，《中復堂全集・東溟文外集》卷1，《近代中國史料叢刊續編》（52），臺北：文海出版社，第34頁。轉引自羅檢秋：《從清代漢宋關係看今文經學的興起》，《近現代史研究》2004年第1期。

〔註7〕翁方綱：《理說駁戴震作》，《復初齋文集》卷7，光緒三年刊本，第19～20頁。轉引自羅檢秋：《從清代漢宋關係看今文經學的興起》，《近現代史研究》2004年第1期。

〔註8〕梁啓超：《清代學術概論》，上海：上海古籍出版社，2005年，第58頁。

　　漢學煩瑣考據而不講義理之弊的弊端，觸動一些文人的學術視野超越漢宋，進而轉變學術觀念和學術領域。道光、咸豐年間，由於社會動盪不安，「由環境之變化所促成」〔註9〕經世致用思潮逐步明顯，學術由虛返實之勢進一步發展。莊存與、劉逢祿、宋翔鳳等不斷深刻思考社會現實，倡導變革，大力復興今文經學，以揭露社會的種種嚴重弊端爲己任。他們獨崇《公羊傳》，闡發「微言大義」，求公羊學之正途。莊存與注重董仲舒和何休的學說，推衍「大一統」「通三統」「張三世」理論，用「據亂世至升平世至太平世」解釋三世說〔註10〕。劉逢祿的《論語述何》將《論語》與公羊學聯繫起來，更是擅長發揮義理，強調歷史經驗總結，主張以「變革」態度對待現實，把理想的新局面寄託於未來〔註11〕。龔自珍、魏源緊隨其後，倡導改革，如梁啓超言：「晚清思想之解放，自珍確與有功焉。光緒間所謂新學家者，大率人人皆經過崇拜龔氏之一時期……然今文學派之開拓，實自龔氏。」〔註12〕

　　然而，固守古文經學故壘，長於訓詁的章太炎對今文經學及龔、魏則大加貶損：「邵陽魏源誇誕好言經世，嘗以術奸說貴人，不遇；晚官高郵知州，益牢落，乃思治今文爲名高；然素不知師法略例，又不識字，作《詩、書古微》……仁和龔自珍，段玉裁外孫也，稍知書，亦治《公羊》，與魏源相稱譽。而仁和邵懿辰爲《尚書通義》、《禮經通論》……要之，三子皆好姚易摰之辭，欲以前漢經術助其文采，不素習繩墨，故所論支離自陷，乃往往如讕語。」〔註13〕接著指出：「魏源根柢漢學無用。其所謂漢學者，戴、程、段、王未嘗尸其名。而魏源更與常州漢學派同流。妖以誣民，誇以媚虜，大者爲漢奸劇盜，小者以食客容於私門。」〔註14〕所以，梁啓超認爲清代學術是以「復古爲解放」：第一步，復宋之古，對於王學而得解放；第二步，復漢唐之古，對於程朱而得解放；第三步，復西漢之古，對於許鄭而得解放；第四

〔註9〕周予同：《五十年來中國之新史學》，朱維錚編：《周予同經學史論著選集》（增訂本），上海：上海人民出版社，1996年，第519頁。

〔註10〕陳其泰：《清代公羊學》，上海：上海人民出版社，2011年，第55頁。

〔註11〕陳其泰：《清代公羊學》，上海：上海人民出版社，2011年，第98頁。

〔註12〕梁啓超：《清代學術概論》，上海：上海古籍出版社，2005年，第63頁。

〔註13〕章太炎：《檢論·清儒》，《章太炎全集》（三），上海：上海人民出版社，1984年，第476頁。

〔註14〕章太炎：《檢論·清儒》，《章太炎全集》（三），上海：上海人民出版社，1984年，第481頁。

步，復先秦之古，對於一切傳注而得解放〔註15〕。

　　康有爲繼承龔、魏的公羊學觀點，並與學習西方國家學說、民主思想相貫通，提出了一套改變中國封建專制政體、由君主立憲最終實現民主政治的學說，作爲維新變法的理論綱領，眞正把今文經學融入政治活動，最終把今文經學推向頂峰。

二、以現實爲中心的經學視角

　　康有爲對《論語》「一以貫之」的解釋反映出康有爲經學體系的現實情節，他說：「告曾子之一貫，就其道言；告子貢之一貫，就其學言。」〔註16〕然而，「聖人開示萬法，大小精粗無所不備，或並行而不悖，或相反而相成，然其用雖萬殊，本實一貫。」〔註17〕康有爲理解的「一以貫之」當是孔子行事、教學的一貫追求。康有爲自己的「一貫追求」也與孔子有著相似之處，他積極奔走呼喊，參與現實政治，既倡導民權，也反對革命，希望實現自己的政治理想。

　　光緒十七年（1891年），康有爲應梁啓超、陳千秋之請赴廣州長興里講學，著「《長興學記》，以爲學規」〔註18〕。次年遷至衛邊解鄘氏祠，後又遷至府學宮仰高祠，提名曰「萬木草堂」。在弟子陳千秋、梁啓超等人協助下，《新學僞經考》刻成。光緒二十年（1894年），在桂林講學時，康有爲作《桂學答問》，以爲桂省學子治學門徑，指出《春秋公羊》之學由「董子及胡毋生傳之。董子之學，長於《繁露》，胡毋生之說，傳於何休。故欲通《公羊》者，讀何休之注，董子之《繁露》。」〔註19〕著「《春秋董氏學》及《孔子改制考》」〔註20〕，他以《春秋繁露》《春秋公羊傳》《白虎通》《荀子》《孟子》五書「通其義，已通大孔律例，一切案情，皆可斷矣」〔註21〕。弟子根據康有爲講課筆記成《萬木草堂口說》。此期著作，可見康有爲學術規格及對傳統經學的理

〔註15〕　梁啓超：《清代學術概論》，上海：上海古籍出版社，2005年，第6頁。

〔註16〕　康有爲著，樓宇烈整理：《論語注》，北京，中華書局，1984年，第229頁。

〔註17〕　康有爲著，樓宇烈整理：《論語注》，北京，中華書局，1984年，第51頁。

〔註18〕　康有爲：《我史》，北京：中國人民大學出版社，2011年，第52頁。

〔註19〕　康有爲：《桂學答問》，姜義華、張榮華編校：《康有爲全集》第2集，北京：中國人民大學出版社，2007年，第18頁。

〔註20〕　康有爲：《我史》，北京：中國人民大學出版社，2011年，第58頁。

〔註21〕　康有爲：《桂學答問》，姜義華、張榮華編校：《康有爲全集》第2集，北京：中國人民大學出版社，2007年，第19頁。

解。康有爲重學，學的範圍是：「同是學人也，博學則勝於陋學矣；同是博學，通於宙則勝於一方矣，通於百業則勝於一隅矣。通天人之故，極陰陽之變，則勝於循常蹈故拘文牽義者矣。」〔註22〕此時，康有爲治學依然接受傳統，其治學目的也是「始於爲士，終於爲聖」〔註23〕，執著於「追孔子講學之舊」〔註24〕，孔子講學是以培養理想人格爲第一要務。馮友蘭先生認爲孔子「講學的目的，在於養成『人』」〔註25〕。而宋明理學對康有爲也有相當的影響，誠如蕭公權先生曾言宋明理學對康氏的影響，遠比他自己承認的多〔註26〕。重新闡釋孔子之道，一直是康有爲的追求。爲此，康有爲治學範圍廣泛，並頗具規模。

此時，康有爲已指出劉歆僞造經學，六經爲孔子所作，孔學重在改制，大義則在《公》《穀》，他說：「孔子之爲萬世師表，在於制作六經，其改制之意，著於《春秋》。」〔註27〕又說：「孔子經世之學，在於《春秋》。《春秋》改制之義，著於《公》《穀》。」〔註28〕作《桂學答問》時，康有爲經學有更確定的發展，他說：「天下之所宗師者孔子也，義理制度皆出於孔子，故學者學孔子而已。孔子去今三千年，其學何在？曰在『六經』，夫人知之，故經學尊焉。……然則，孔子雖有六經，而大道萃於《春秋》。若學孔子而不學《春秋》，是欲入而閉之門也。學《春秋》當從何人？……上折之於孟子，下折之於董子，可乎？……《春秋》公羊之學，董子及胡毋生傳之。董子之學見於《繁露》，胡毋生之說傳於何休，故欲通《公羊》者，讀何休之注、董子之《春秋繁露》。……《春秋》所以宜獨尊者，爲孔子改制之跡在也。」〔註29〕

〔註22〕康有爲：《長興學記》，姜義華、張榮華編校：《康有爲全集》第1集，北京：中國人民大學出版社，2007年，第341頁。

〔註23〕康有爲：《長興學記》，姜義華、張榮華編校：《康有爲全集》第1集，北京：中國人民大學出版社，2007年，第341頁。

〔註24〕康有爲：《長興學記》，姜義華、張榮華編校：《康有爲全集》第1集，北京：中國人民大學出版社，2007年，第342頁。

〔註25〕馮友蘭：《中國哲學史》，上海，華東師範大學出版社，2010年，第34頁。

〔註26〕蕭公權：《康有爲思想研究》，臺北：聯經出版事業公司，1988年，第57頁。

〔註27〕康有爲：《長興學記》，姜義華、張榮華編校：《康有爲全集》第1集，北京：中國人民大學出版社，2007年，第348頁。

〔註28〕康有爲：《長興學記》，姜義華、張榮華編校：《康有爲全集》第1集，北京：中國人民大學出版社，2007年，第349頁。

〔註29〕康有爲：《桂學答問》，姜義華、張榮華編校：《康有爲全集》第2集，北京：中國人民大學出版社，2007年，第18頁。

　　康有爲思想雖有承襲廖平之處，但此時確已建立了自己的理論。《新學僞經考》破斥僞學，《春秋董氏學》則指出孔學大義所在，《孔子改制考》則重定孔子地位。在此期間，即便康有爲對古文經極力攻擊，卻也並未完全抹殺，「注疏惟《公羊》何注、《儀禮》鄭注可讀。」〔註30〕對於漢學、宋學異同，康有爲持有：「宋學本於《論語》，而《小戴》之《大學》《中庸》及《孟子》佐之，朱子佐之，朱子爲之嫡嗣。……漢學則本於《春秋》之《公羊》《穀梁》，而《小戴》之《王制》及《荀子》輔之，而以董仲舒爲《公羊》嫡嗣，劉向爲《穀梁》嫡嗣。」〔註31〕康有爲承認戴震是集清朝漢學之大成，並認爲錢大昕、紀昀不能與之相比〔註32〕。《說文》《爾雅》《廣韻》，諸史、考定、目錄、兵學諸書均在所必讀，同時西學也未能忽略，法律、政俗、外交並列入之學範圍。梁啓超也曾言：「爲學方針，先生乃教以陸王心學而並及史學西學之概要。」〔註33〕如此龐雜的學問，若沒有「一以貫之」的主線，則會凌亂不堪。正如汪榮祖先生所言：「外在世界的開展，一直是康氏追求的目標，目的是在救世，而不是在說經。」〔註34〕

　　康有爲的學術思想主要體現爲理學傳統和經學傳統之中，正如康有爲自己所言：「孔子之後，所謂博大精深者，朱子近之。」〔註35〕梁啓超的《萬木草堂小學學記》乃依《長興學記》演變而成。其綱目有：立志、養心、讀書、窮理、經世、傳教、學文、衛生〔註36〕，從中依然可以看出朱子傳統。可見康有爲從朱學，也不廢王學，但康有爲「畢竟難以竟同於陸王心學，因陸王之學過分強調人的道德，而忽略了社會制度的探討。」〔註37〕經世濟民不能違逆人性，康有爲雖轉向經學，依然把兩者融合，他說：「凡言內學者，非無

〔註30〕 康有爲著，樓宇烈點校：《長興學記、桂學答問、萬木草堂口說》，北京：中華書局，1988 年，第 267 頁。

〔註31〕 康有爲：《長興學記》，姜義華、張榮華編校：《康有爲全集》第 1 集，北京：中國人民大學出版社，2007 年，第 347 頁。

〔註32〕 康有爲著，樓宇烈點校：《長興學記、桂學答問、萬木草堂口說》，北京：中華書局，1988 年，第 282 頁。

〔註33〕 梁啓超：《飲冰室文集》（第四冊），臺北：臺灣中華書局，1983 年，第 16～17 頁。

〔註34〕 汪榮祖：《康章合論》，臺北：聯經出版事業公司，1988 年，第 27 頁。

〔註35〕 康有爲著，樓宇烈點校：《長興學記、桂學答問、萬木草堂口說》，北京：中華書局，1988 年，第 272 頁。

〔註36〕 梁啓超：《飲冰室文集》（第二冊），臺北：臺灣中華書局，1983 年，第 33～35 頁。

〔註37〕 汪榮祖：《康章合論》，臺北：聯經出版事業公司，1988 年，第 28 頁。

外學也；言外學者，亦非無內學也，但宗旨在是耳。」〔註38〕又說：「孔子制度在《春秋》，義理也在《春秋》。」〔註39〕《春秋董氏學》《改制改制考》《新學偽經考》是康有為證明孔子本義，探作《春秋》之義的基礎，重鑄傳統，開啟新學的著作。「劉歆之偽不黜，孔子之道不著。」〔註40〕顯然，康有為的經學始終不離「孔子之學，專講人事」〔註41〕。真正使「聖人之言，並非義理之至也，在矯世弊，期於有益而已。」〔註42〕進一步說明康有為並非是在否定傳統，而是接受傳統，並重新解釋傳統。

三、返回原典的努力

　　晚清是文化巨變的時代，不斷引入的西方文化從外部衝擊中國，不斷被重估的傳統文化從內部衝擊中國。文化如何傳承，是康有為所面臨的中心問題。最初，康有為並不以孔子為核心，他在《教學通義》中說：「今修《禮案》，欲決諸經之訟，平先儒之爭，先在辨古今之學。……古學者，周公之制；今學者，孔子改制之作也。古學者，周公之制，以《周禮》為宗，《左》《國》守之。孔子改制之作，《春秋》《王制》為宗，而《公》《穀》守之。」〔註43〕《教學通義》表面上是在探討教育制度，試圖恢復古代的教學精神，而其核心理論卻是圍繞經學展開。其開篇便言：「善言古者，必切於今；善言教者，必通於治。……上推唐虞，中述周孔，下稱朱子，明教學之分，別師儒官學之條，舉『六藝』之意，條而理之，反古復始，創立法制。」〔註44〕從周從孔，尊古尊今，康有為並未顯露出明確的立場。

〔註38〕康有為著，樓宇烈點校：《長興學記、桂學答問、萬木草堂口說》，北京：中華書局，1988年，第78頁。

〔註39〕康有為：《萬木草堂口說》，姜義華、張榮華編校：《康有為全集》第2集，北京：中國人民大學出版社，2007年，第135頁。

〔註40〕康有為：《新學偽經考》。姜義華、張榮華編校：《康有為全集》第1集，北京：中國人民大學出版社，2007年，第353頁。

〔註41〕康有為：《萬木草堂口說》，姜義華、張榮華編校：《康有為全集》第2集，北京：中國人民大學出版社，2007年，第139頁。

〔註42〕康有為：《康子內外篇》，姜義華、張榮華編校：《康有為全集》第1集，北京：中國人民大學出版社，2007年，第109頁。

〔註43〕康有為：《教學通義》，姜義華、張榮華編校：《康有為全集》第1集，北京：中國人民大學出版社，2007年，第50頁。

〔註44〕康有為：《教學通義》，姜義華、張榮華編校：《康有為全集》第1集，北京：中國人民大學出版社，2007年，第19頁。

　　既然以現實爲中心，康有爲對傳統的理解必然是變動的模式：「後世不知守先王之道在於通變以宜民，而務講於古禮制度之微，絕不爲經國化民之計，言而不行，學而不用。」〔註45〕文化、社會的危機，逼使康有爲深入思考「變」的意義，他引朱子言：「古禮必不可行於今，如有大本領人出，必掃除更新之。」〔註46〕

　　春秋戰國之際，其時知識分子也處於傳統文化崩潰之際，他們也是在積極思考社會問題，尋找文化出路。在康有爲從周從孔的徘徊中，因爲孔子開創新學的時代，與康有爲的時代特徵頗有相似，這讓康有爲看到了選擇孔子的希望。康有爲轉向今文經後，對東漢以來的經學表現出了不滿：「非清談孔、孟即清談許、鄭；經學瑣碎，無當經世；古今遞嬗，不知更易。」〔註47〕爲此，康有爲希望從原典出找出經世濟民、變法改制的依據，採「西漢之說，以定孔子之本經；亦附『新學』之說，以證劉歆之僞經」〔註48〕。康有爲想以此說明：「秦火雖焚而六經無恙，博士之職不改，孔氏世世不絕，諸儒師師相受，微言大義至今具存。」〔註49〕康有爲期望建立的是「爲革新制度立下一哲學基礎」〔註50〕。變有堅實的基礎，變的內容根據時勢要求，微言大義是孔子的必然：「《春秋》既改制度，戮及當世大人，自不能容忍於世，故以微文見義。……《春秋》之學，專以道名分，辨上下，以定民志，其大義也。」〔註51〕

　　至此，康有爲已開始用《公羊傳》作爲孔子改制變法之義的經典。1886年，康有爲開始用《公羊》「三世說」解釋國史。他說：「自晉至六朝爲一世，其大臣專權，世臣在位，猶有晉六卿、魯三家之遺風，其甚者則爲田常、趙

〔註45〕康有爲：《教學通義》，姜義華、張榮華編校：《康有爲全集》第1集，北京：中國人民大學出版社，2007年，第51頁。

〔註46〕康有爲：《教學通義》，姜義華、張榮華編校：《康有爲全集》第1集，北京：中國人民大學出版社，2007年，第45頁。

〔註47〕康有爲：《教學通義》，姜義華、張榮華編校：《康有爲全集》第1集，北京：中國人民大學出版社，2007年，第45、51頁。

〔註48〕康有爲：《新學僞經考》，姜義華、張榮華編校：《康有爲全集》第1集，北京：中國人民大學出版社，2007年，第356頁。

〔註49〕康有爲：《新學僞經考》，姜義華、張榮華編校：《康有爲全集》第1集，北京：中國人民大學出版社，2007年，第378頁。

〔註50〕蕭公權：《康有爲思想研究》，臺北：聯經出版事業公司，1988年，第39頁。

〔註51〕康有爲：《教學通義》，姜義華、張榮華編校：《康有爲全集》第1集，北京：中國人民大學出版社，2007年，第39頁。

無恤、魏罃矣。自唐至宋爲一世，盡行《春秋》譏世卿之學，朝寡世臣，陰陽分，嫡庶辨，君臣定，篡弑寡，然大臣猶有專權者。自明至本朝，天子當陽，絕出於上，百官靖共聽命於下，普天率土，一命之微，一錢之小，皆決於天子。」〔註52〕

康有爲的「三世說」，是依據實際社會情況變換不斷做出新解釋，進一步把微言大義與「三世說」相結合。這樣，微言大義、變法改制、三世說已緊密結合在一起，這便是康有爲所認爲的經典意義所在。經學不彰，即是因爲不知經典的意義。他說：「夫先王改制，修訂禮樂，本是常事，而二千年之中，不因創業之未暇，則泥儒生之陋識，有王者作，掃除而更張之，亦何足異乎？」〔註53〕眞正的孔學在於《春秋》，而《春秋》則在於董子。他認爲：「孔子改制，統於春秋；仲舒傳《公羊》，向傳《穀梁》，皆博極群書，兼通『六藝』，得孔子之學者也。然考孔子眞經之學，必自董子爲入門，考劉歆僞經之學，必以劉向爲親證，二子者各有宜焉。」〔註54〕

《六經》經過秦火刼後餘生，不斷演化，以致經各異說。康有爲以六經爲孔子所作，六經不僅用於教化，更是政治準則，進而是整體的文化精神。康有爲所欲回歸的原典即是：「今之學者，尊聖人之經而不求經緯天人，體察倫物之際，而但講『六書』，動成習氣，偶設名物，自負《蒼》《雅》，叩以經典大義，茫乎未之聞也。」〔註55〕康有爲重通經致用，以經義治國的傳統。正如侯外廬先生所言：「《新學僞經考》，此書十四篇，其意圖在另尋一種新道統。」〔註56〕經學重在經世，康有爲在《新學僞經考》中以考據的方式達成義理的使命，指責劉歆佐莽篡位，以證明《左傳》之僞，進而證明《公羊》之眞。在其背後是一個思想的過程，以更古的傳統反其時的傳統，爲的只是開創新的傳統，建立新的經學、新的文化。

〔註52〕康有爲：《教學通義》，姜義華、張榮華編校：《康有爲全集》第1集，北京：中國人民大學出版社，2007年，第39～40頁。

〔註53〕康有爲：《教學通義》，姜義華、張榮華編校：《康有爲全集》第1集，北京：中國人民大學出版社，2007年，第49頁。

〔註54〕康有爲：《新學僞經考》，姜義華、張榮華編校：《康有爲全集》第1集，北京：中國人民大學出版社，2007年，第545頁。

〔註55〕康有爲：《新學僞經考》，姜義華、張榮華編校：《康有爲全集》第1集，北京：中國人民大學出版社，2007年，第428頁。

〔註56〕侯外廬：《近代中國思想學說史》，北京：生活書店，1947年，第692頁。

四、重定孔子地位的嘗試

重新解釋孔子，是時代的投射。康有爲的經典新注，正是文化變革的產物。在《孔子改制考》中，康有爲首先指出上古茫然無稽，歷史無法考究，諸子紛紛創教，改制立度，在學術上開啓重新審查古籍的風氣和治史的方法，破除「尊古」「泥古」「嗜古」陋習。

孔子創教，大致與諸子相同，也是經由改制託古，但是孔子更是擁有神聖的地位，超出其他諸子。康有爲說：「乃上古昔，尚勇竟力，亂萌慘黷。天閔振救，不救一世而救百世，乃生神明聖王，不爲人主，而爲制法主，天下從之，民萌歸之。」〔註57〕孔子神聖的地位是上天所賦予。康有爲堅持「六經爲孔子所作，然後孔子之爲大聖，爲教主，範圍萬世而獨稱尊者」〔註58〕，背後是重塑孔子地位的努力。康有爲認爲孔子創作六經的目的是改制，而改制的方法是託古，諸如：

「《春秋》以新王受命，而文王爲受命之王，故假之以爲王法，一切制度皆從此出。」〔註59〕

「孔子以布衣而改亂制，加王心，達王事，不得不託諸行事，以明其義。」〔註60〕

「改制者孔子之隱志，法先王者孔子之託詞，在當時莫至其故。」〔註61〕

孔子改制的內容則是「撥亂世升平，託文王以行君主之仁政，尤注意太平，託堯舜以行民主之太平。」〔註62〕孔子改制不僅僅是現實層面，而是進一步指向民主大同。康有爲認爲孔子即是教主，也是聖王。他說：「儒是孔子教號，以著孔子爲萬世教主」〔註63〕，《詩》《書》《禮》《樂》《易》《春

〔註57〕康有爲：《孔子改制考》，姜義華、張榮華編校：《康有爲全集》第3集，北京：中國人民大學出版社，2007年，第101頁。

〔註58〕康有爲：《孔子改制考》，姜義華、張榮華編校：《康有爲全集》第3集，北京：中國人民大學出版社，2007年，第128頁。

〔註59〕康有爲：《孔子改制考》，姜義華、張榮華編校：《康有爲全集》第3集，北京：中國人民大學出版社，2007年，第141頁。

〔註60〕康有爲：《孔子改制考》，姜義華、張榮華編校：《康有爲全集》第3集，北京：中國人民大學出版社，2007年，第141頁。

〔註61〕康有爲：《孔子改制考》，姜義華、張榮華編校：《康有爲全集》第3集，北京：中國人民大學出版社，2007年，第142頁。

〔註62〕康有爲：《孔子改制考》，姜義華、張榮華編校：《康有爲全集》第3集，北京：中國人民大學出版社，2007年，第150頁。

〔註63〕康有爲：《孔子改制考》，姜義華、張榮華編校：《康有爲全集》第3集，北京：中國人民大學出版社，2007年，第86頁。

秋》是經典，「儒者傳道，不爲其國，但以教爲主，……務欲人國之行其教也」〔註64〕，教不僅有學術目的，更有宗教意味。就聖王而言，孔子是新王，以《春秋》寓政治理想；是素王，爲弟子尊稱，示與人主無異；是文王，改質統爲文統；是聖王，乃孔子之道；是先王，孔子借其表明制度；是後王，即孔子本人。

重定孔子門傳，對孔子不斷的詮釋，讓康有爲深入傳統的源頭，重新理解傳統，使傳統與時代合流，建立經學理論基礎。康有爲主要以漢儒說法，解釋天、人、性、禮諸觀念，又運用西學賦予新意，最後目標都是指向現實社會，運用傳統三世說貫穿《禮運》《孟子》《論語》的注解之中，最後導向大同理想。最終康有爲回到孔子，社會福利、人民生計、公共文化等近代社會特徵都可以從孔子那裡找到源頭，期望由此更新文化，達到社會政治改革的目的。

第二節　繼承傳統與研究現實的廣闊視野

清代今文經思潮的興起，讓動盪的社會現實不斷向傳統儒學發出挑戰。儒學根基深厚的康有爲承擔社會大任，積極回應挑戰，將西學注入儒學，又以儒學闡釋西學，以「泯中西之界限，化新舊之門戶」〔註65〕。康有爲既積極推崇西學，又忠實維護儒學；既構建新學，又主張復古。蕭公權先生認爲康有爲思想並不衝突，是伴隨著對於中學思考深入和對於西學研究的推進而逐步發展所致〔註66〕。康有爲發揮公羊學議政的特點，推演、闡發公羊「三世」說，於是如梁啓超先生所言，對「漢學、宋學，皆所吐棄，爲學界別闢一新殖民地」〔註67〕。

一、《春秋》「一以貫之」的主線

清代今文經學者不滿宋明理學空言義理，無益於經世，於是轉向實學。然而實學同樣無補於經世，於是學術開始觸及公羊學。此時的公羊學「亦爲

〔註64〕康有爲：《孔子改制考》，姜義華、張榮華編校：《康有爲全集》第3集，北京：中國人民大學出版社，2007年，第89頁。
〔註65〕湯志鈞：《康有爲政論集》上冊，北京：中華書局，第295頁。
〔註66〕蕭公權：《康有爲思想研究》，北京：新星出版社，2005年，第29頁。
〔註67〕梁啓超：《清代學術概論》，上海：上海古籍出版社，2005年，第67頁。

漢學，而無訓詁之瑣碎；亦言義理，而無理學之空疏」〔註68〕。1895 年，在
《上清帝第二書》（即《公車上書》）中，康有爲第一次援用《公羊》，說是「《公
羊》之義，臣子之例，用敢竭盡其愚，惟皇上採擇焉。」〔註69〕

　　康有爲承清代今文學之續，十分贊同《春秋》，主張治經「先通《春秋》」
〔註70〕，以知孔子之改制。選擇《春秋》爲主線貫串群經，認爲孔子「微言
大義，則在《公羊》、《穀梁》二傳，及《春秋繁露》等書」〔註71〕。康有爲
的《春秋》學是綜合《公羊傳》《春秋繁露》《春秋公羊傳解詁》而來，由「董
子以通《公羊》，因《公羊》以通《春秋》，因《春秋》以通『六經』，而窺孔
子之道本」〔註72〕，目的是要改制。其著《春秋筆削大義微言考》十一卷，
旨在說明孔子之道「其本在仁，其理在公，其法在平，其制在文，其體在各
明名分，其用在於是進化」〔註73〕。梁啓超指出康有爲「以改制言《春秋》，
以三世言《春秋》」〔註74〕。在《春秋董氏學》一書中，體現了康有爲「通
三統」「張三世」的今文經學思想。

　　康有爲重新解釋孔子的原因與時代相關，以返古的方法實現學術的通
今，他說：「其傳《春秋》改制，當新王繼周之義，乃見孔子爲教主之證。尤
要者據亂、升平、太平三世之義，幸賴董、何傳之，口說之未絕，今得一線
之僅明者，此於今治大地升平太平之世，孔子之道猶能範圍之，若無董、何
口說之傳，則布於諸經率多據亂之義，孔子之道不能通於今世矣。」〔註75〕
《春秋》辨是非，故長於治人（《史記·太史公自序》）。中國的知識分子，治

〔註68〕 陸寶千：《清代思想史》，臺北：廣文書局，1978 年，第 223 頁。

〔註69〕 康有爲：《上清帝第二書》，湯志鈞：《康有爲政論集》（上冊），北京：中華書
　　　　局，1981 年，第 136 頁。

〔註70〕 康有爲：《長興學記》，姜義華、張榮華編校：《康有爲全集》第 1 集，北京：
　　　　中國人民大學出版社，2007 年，第 349～350 頁。

〔註71〕 梁啓超：《康南海先生傳》，康有爲：《我史》，北京：中國人民大學出版社，
　　　　2011 年，第 119 頁。

〔註72〕 康有爲：《春秋董氏學》，姜義華、張榮華編校：《康有爲全集》第 2 集，北京：
　　　　中國人民大學出版社，2007 年，第 307 頁。

〔註73〕 張伯楨：《康南海先生傳》，康有爲：《我史》，北京：中國人民大學出版社，
　　　　2011 年，第 194 頁。

〔註74〕 梁啓超：《論中國學術思想變遷之大勢》，上海：上海古籍出版社，2006 年，
　　　　第 105 頁。

〔註75〕 康有爲：《春秋筆削大義微言考》，姜義華、張榮華編校：《康有爲全集》第 6
　　　　集，北京：中國人民大學出版社，2007 年，第 6～7 頁。

學的目的多是面對社會，期望能改變社會政治，使之達到理想的境界。正如余英時所言：「中國思想的主流卻是安排世界秩序。」〔註76〕

在晚清巨變時代，《公羊》三世說提供了改制變法的基礎，「禮時爲大」的觀念與「三世說」結合，體現出不同時代需要不同的社會制度。中國不應該停在「據亂世」，而是應該變革。康有爲說：「漢世家行孔學，君臣士庶，劬躬從化，《春秋》之義，深入人心。撥亂世之道既昌，若推行至於隋、唐，應進化至升平之世。至今千載，中國可先大地而太平矣。」〔註77〕對此，康有爲歎息：「中國之治教，遂以據亂世終，絕流斷港，無由入於升平太平之域。」〔註78〕沉痛地指責古文經：「若無僞學之變，《公羊》不微，則魏晉十六國之時，即可進至升平，則今或至太平久矣。自劉歆作《左傳》，功《公羊》，而微言絕。」〔註79〕

康有爲對「三世」思想所作之詮釋與其宣稱「孔子作《春秋》當新王」和「託三統以寓改制之義」有一以貫之的闡釋模式，即將一種政治變革、漸進的理念巧妙體現在《春秋》的字裏行間，這也是康有爲經學的特質及其思想源泉。其實，康有爲著《新學僞經考》目的在於證明《公羊傳》之眞，從而進一步說明變法改制之眞。中西文化交流的現實，使中國必須改變自己的世界觀。康有爲用中西方政治、法律、外交的異同，來作改制張本。康有爲雖經過湖南改革的失敗、戊戌變法的挫折、辛亥革命的巨變，而其思想追究求則至晚年未變，創辦《不忍雜誌》，籌建孔教會，繼續爲中國奔走呼喊。

二、《公羊》學的「三世」理論

康有爲「三世」思想之闡發，其主要有《論語注》《中庸注》《孟子微》《大學注》《禮運注》《春秋董氏學》《春秋筆削大義微言考》等7種經典注釋中，較爲全面地呈現出康有爲對傳統公羊「三世」說的改造與新詮。

〔註76〕 余英時：《歷史與思想》，臺北「聯經出版事業公司，1982年，第138頁。
〔註77〕 康有爲：《春秋筆削大義微言考》，姜義華、張榮華編校：《康有爲全集》第6集，北京：中國人民大學出版社，2007年，第4頁。
〔註78〕 康有爲：《春秋筆削大義微言考》，姜義華、張榮華編校：《康有爲全集》第6集，北京：中國人民大學出版社，2007年，第7頁。
〔註79〕 康有爲：《春秋筆削大義微言考》，姜義華、張榮華編校：《康有爲全集》第6集，北京：中國人民大學出版社，2007年，第18頁。

康有爲極其推重《春秋》學，主張治經「先通《春秋》……《禮》學咸有條理……《禮》學既治，《詩》、《書》亦歸軌道矣。」〔註80〕但除《春秋董氏學》和《春秋筆削大義微言考》二部《春秋》學著作外，康有爲每部經典注疏「三世」思想較爲連貫，一以貫之。康有爲以「三世」思想爲綱，納入很多「公羊學」議題進行闡發，認爲不通「三世」即不能理解《公羊》。同時，他把西方進化論灌注到「三世說」，與《禮運》篇中的「大同、小康」相聯繫，論證出「據亂世」必先進化到「升平世」，由「升平世」再進化到「太平世」的理論，其過程不可飛躍，最終完成民主共和。

康有爲對諸夏、夷狄也有「三世」模式詮釋，認爲《論語》中也有「三世」思想的理論淵源。如：「齊一變，至於魯；魯一變，至於道」（《論語·雍也》）康有爲注曰：「此言治法三世之進化也。……蓋齊俗急功利，有霸政餘習，純爲據亂之治。魯差重禮教，有先王遺風，庶近小康。據亂世雖變，僅至小康、升平，小康、升平能變，則可至太平大同也矣。禮運稱大道之行，與三代之英，丘未之逮。而有志於大道者，大同之道也。孔子志之久也，故望之當世，惟齊、魯二國可次第進化，由據亂而升平，由升平而太平也。孔子期望之殷至矣。」〔註81〕

《中庸注》多將「小康」與「據亂」並舉〔註82〕，視爲同意層次的概念；《孟子微》不僅將「小康」與「據亂」並舉，還提出「平世」「亂世」的二分法；《禮運注》將「小康」與「升平」並舉，與《春秋董氏學》中的「小康——升平世」「大同——太平世」極爲相似，《論語注》基本沿襲了「小康——升平世」「大同——太平世」的觀點，用「據亂世、升平世、太平世」彰顯社會的治亂。

爲了應付時代難題，康有爲將「世」進一步細化，由「三統」明「三世」，由「三世」推及「百世」，他說：「孔子之道有三統、三世，此蓋籍三統以明三世，因推三世而及百世也。夏、殷、周者，三統遞嬗，各有因革損益，觀三代之變，則百世之變可知也。蓋民俗相承，故後王之起，不能因於前朝，

〔註80〕 康有爲：《長興學記》，姜義華、張榮華編校：《康有爲全集》第 1 集，北京：中國人民大學出版社，2007 年，第 349～350 頁。

〔註81〕 康有爲：《論語注》，姜義華、張榮華編校：《康有爲全集》第 6 集，北京：中國人民大學出版社，2007 年，第 422 頁。

〔註82〕 康有爲：《中庸注》，姜義華、張榮華編校：《康有爲全集》第 9 集，北京：中國人民大學出版社，2007 年，第 379 頁。

弊化宜革，故一代之興，不能不損益爲新制。人道進化皆有定位，自族制而爲部落，而成國家，由國家而成大統。由獨人而漸立酋長，由酋長而漸正君臣，由君主而漸爲立憲，由立憲而漸爲共和。由獨人而漸定夫子，由夫子而兼錫而類，由錫類而漸爲大同，於是復爲獨人。蓋自據亂進爲升平，升平據爲太平，進化有漸，因革有由，驗之萬國，莫不同風，觀嬰兒可以知壯夫及老人，觀萌芽可以知合包至參天，觀夏、殷、周三統之損益，亦可推百世變革矣。孔子之爲春秋，張三世：據亂世則內其國而外諸夏，升平世則內諸夏外夷狄，太平世則遠近大小若一。蓋推進化之理而爲之。孔子生當據亂世，今者，大地既通，歐美大變，蓋進至生平之世矣。異日，大地大小遠近如一，國土既盡，種類不分，風化齊同，則如一而太平矣。孔子已預知之。然世有三種：有亂世中升平、太平，有太平中之升平、據亂。故美國之進化，有紅皮土番，中國之文明，亦有苗、猺、獞、黎。一世之中可分爲三世，三世可推爲九世，九世可推爲八十一世，八十一世可推爲千萬世，爲無量世。」〔註83〕

　　在康有爲的一些詩作中，也頗能體現康有爲對《春秋》「三世」思想的重視，如：「聞吾談《春秋》，三世志太平。其道終於仁，乃服孔教精。」「折節不自足，來問《春秋》旨。商榷三世義，講求維新」「素王道統張三世，皇帝神靈嗣萬秋。」〔註84〕這些詩句把素王改制、三世、維新等並陳，共同視爲《春秋》「微言大義」，明確指出素王道統就是「張三世」。

　　康有爲基於《春秋》對「三世」進行闡發，「專求其微言大義」〔註85〕，其學術研究本意是「借經術以文飾其政論」〔註86〕。如梁啓超言：「有爲所謂改制者，則是一種政治革命，社會改造的意味也，故喜言『通三統』。『三統』者，謂夏、商、周三代不同，當隨時因革也。喜言『張三世』。『三世』者，謂據亂世、升平世、太平世，愈改愈進也。有爲政治上『變法維新』之主張，實本於此。」〔註87〕康有爲「公羊三世」說以「進化之理，釋經世之志」〔註88〕，

〔註83〕康有爲：《論語注》，姜義華、張榮華編校：《康有爲全集》第6集，北京：中國人民大學出版社，2007年，第393頁。
〔註84〕康有爲：《康南海先生詩抄》，姜義華、張榮華編校：《康有爲全集》第12集，北京：中國人民大學出版社，2007年，第218、219、308頁。
〔註85〕梁啓超：《清代學術概論》，上海：上海古籍出版社，2005年，第66頁。
〔註86〕梁啓超：《清代學術概論》，上海：上海古籍出版社，2005年，第66頁。
〔註87〕梁啓超：《清代學術概論》，上海：上海古籍出版社，2005年，第67頁。
〔註88〕梁啓超：《論中國學術思想變遷之大勢》，上海：上海古籍出版社，2005年，第105頁。

認爲社會「進化有次第」，〔註89〕應該「先求小康，而後徐導大同……而徐推於天下之太平」〔註90〕。陳其泰先生評價康有爲的「三世」說：「從不同角度，闡釋人類文明按照一定階梯有序進步的情景。」〔註91〕表面上康有爲發揮今文經學的「微言大義」，推演古奧的傳統學說理論，而實質上是代表維新派提出建立君主立憲，變法救國的時代要求，是中國人向外部學習的一種有益嘗試。

康有爲強調社會變革，理論邏輯緊隨改制議題，最終指向都是闡釋維新變法理論，匡正社會。誠如梁啓超所言：「有爲所謂改制者，則是一種政治革命、社會改造的意味也。」〔註92〕康有爲將「三世」歷史演變模式解讀爲孔子改制立法，孔子改制的目的也在於彰顯「三世」，核心思想確是用西方學說調整儒學的社會適應性，論述變法的必要，利用儒家經典的語言和框架宣傳歷史進化論和民權平等思想。

三、中國在「三世」中的定位

在維新變法前，康有爲就對西方進化思想予以相當的關注。《日本書目志》所收關於進化的書籍即有：《進化原論》《進化新論》《進化要論》《通俗進化論》《動物進化論》《社會進化論》等〔註93〕。康有爲根據傳統《公羊》「三世說」爲其倡導的政治改革提供了歷史的理論根據，具有重要理論與實踐意義。

康有爲以「三世」大義概括《春秋》全經，其目的是「變通宜民」，「孔子之道無定，但以仁民爲主」，根據不同時事「各因其時世以施之，至其窮則又變」〔註94〕。對於中國處於何世的問題，是康有爲首要論證的問題，但是他並未完全論述清楚，定位也不同。首先，康有爲將中國定位在「亂世」的範疇。他說：「今校地球未通之前，則今爲太平而昔爲升平，太古草昧爲亂世

〔註89〕康有爲：《論語注》，姜義華、張榮華編校：《康有爲全集》第6集，北京：中國人民大學出版社，2007年，第424頁。

〔註90〕康有爲：《論語注》，姜義華、張榮華編校：《康有爲全集》第6集，北京：中國人民大學出版社，2007年，第380頁。

〔註91〕陳其泰：《清代公羊學》，上海：上海人民出版社，2011年，第247頁。

〔註92〕梁啓超：《清代學術概論》，上海：上海古籍出版社，2005年，第67頁。

〔註93〕康有爲：《日本書目志》，姜義華、張榮華編校：《康有爲全集》第3集，北京：中國人民大學出版社，2007年，第287、294、335、375、376、517頁。

〔註94〕康有爲：《春秋筆削大義微言考》，姜義華、張榮華編校：《康有爲全集》第6集，北京：中國人民大學出版社，2007年，第16頁。

矣；若就將來太平言之，則今亦爲據亂也。」〔註95〕又說：「且據亂之中，又有升平、太平。如中國之中，有苗、瑤、番、黎，爲據亂之據亂；蒙古、西藏、青海，爲據亂之升平；內地行省，爲據亂之太平。」〔註96〕康有爲對中國的現狀十分不滿，希望改變，認爲若無「僞古學」，中國於魏晉十六國或隋、唐可進入升平世，晚清可進入太平世〔註97〕。

康有爲先作歷史敘述，將中國歷史皆歸於小康之世，將此前之道歸結爲小康之道。在《禮運注》中指出：「二千年之中國，安於小康，不得蒙大同之澤。」「中國兩千年來，凡漢、唐、宋、明，不別其治亂興衰，總總皆小康之世也。」〔註98〕在此，康有爲明確指出中國一直處於「小康」社會。而小康就是據亂世，他說「小康之道，撥亂世以禮爲治，故可以禮括之」〔註99〕。實際上，小康社會也包括「三代」，他說：「三代之英，升平世小康之道也。」〔註100〕即是「禹、湯、文、武、周公皆小康之道」。〔註101〕

在《孔子改制考》中，康有爲說：「堯、舜爲民主，爲太平世，爲人通之世。……孔子據亂、升平，託文王以行君主之行政，尤注意太平，託堯、舜以行民主之太平。」〔註102〕

但是康有爲指出，中國雖處於據亂世向升平世發展的階段，確有進至「升平世」的趨勢：「故知將來必入升平、太平之世。」〔註103〕「我國從前尙守孔子據亂之法，爲據亂之世，然守舊太久，積久生弊，積壓既甚，民困極矣。

〔註95〕康有爲：《春秋筆削大義微言考》，姜義華、張榮華編校：《康有爲全集》第6集，北京：中國人民大學出版社，2007年，第248頁。

〔註96〕康有爲：《春秋筆削大義微言考》，姜義華、張榮華編校：《康有爲全集》第6集，北京：中國人民大學出版社，2007年，第310頁。

〔註97〕康有爲：《春秋筆削大義微言考》，姜義華、張榮華編校：《康有爲全集》第6集，北京：中國人民大學出版社，2007年，第4、17頁。

〔註98〕康有爲：《禮運注》，姜義華、張榮華編校：《康有爲全集》第5集，北京：中國人民大學出版社，2007年，第553頁。

〔註99〕康有爲：《禮運注》，姜義華、張榮華編校：《康有爲全集》第5集，北京：中國人民大學出版社，2007年，第554頁。

〔註100〕康有爲：《禮運注》，姜義華、張榮華編校：《康有爲全集》第5集，北京：中國人民大學出版社，2007年，第554頁。

〔註101〕梁啓超：《清代學術概論》，上海：上海古籍出版社，2005年，第69頁。

〔註102〕康有爲：《孔子改制考》，北京：中國人民大學出版社，2010年，第257～258頁。

〔註103〕康有爲：《春秋筆削大義微言考》，姜義華、張榮華編校：《康有爲全集》第6集，北京：中國人民大學出版社，2007年，第310頁。

今當進至升平，君與臣不隔絕而漸平，貴與賤不隔絕而漸平，男與女不壓抑而漸平，良與奴不分別而漸平，人人求自主而漸平，人人求自立而漸平，人人求自由而漸平。其他一切進化之法，以求進此世運者，皆今日所當有事也。」〔註 104〕

但是又認爲立憲而君民共治是最適合的政體，人民自治則是未來的政治目標：「孔子之爲《春秋》也。陳三世之法，始於據亂，中於升平，而終於太平。據亂之世，君主專制；升平之世立憲法而君民同治焉；太平之世，去君主，人民自治而行共和焉。」〔註 105〕

接下來康有爲說：「國朝禁親王不得入軍機，蓋用此法，其升平之義，比歐洲世爵之風，殆更過之。」〔註 106〕「若今則漸入升平世，無復有野蠻亂文明者，只有以文明兼野蠻。」〔註 107〕總體看來，康有爲認爲中國高於據亂世，即將進入升平世。

對《論語》「子見南子」的注解，康有爲也承大同、小康思路而來。康有爲解釋道：「篤守小康者，見大同之舉動無不怪也。舊注以爲疑，亦泥於小康之道，故不能明。」〔註 108〕中國若不知變，其害無窮，他說：「若泥守舊方而不知變，永因舊曆而不更新，非徒不適於時用，其害亦足以死人。」〔註 109〕

在《大同書》中，康有爲對中國的理想社會進行了構思，然而「秘不示人，亦不以此義教學者，謂方今爲『據亂』之世，只能言小康，不能言大同」〔註 110〕。康有爲明白，社會進化歷程漫長，需要遵循漸進，「凡世有進化，仁有軌道，世之仁有大小，即軌道大小，未至其時，不可強爲。孔子非不欲在

〔註 104〕 康有爲：《春秋筆削大義微言考》，姜義華、張榮華編校：《康有爲全集》第 6 集，北京：中國人民大學出版社，2007 年，第 17 頁。
〔註 105〕 康有爲：《共和建設討論會雜誌發刊詞》，姜義華、張榮華編校：《康有爲全集》第 9 集，北京：中國人民大學出版社，2007 年，第 288 頁。
〔註 106〕 康有爲：《春秋筆削大義微言考》，姜義華、張榮華編校：《康有爲全集》第 6 集，北京：中國人民大學出版社，2007 年，第 138 頁。
〔註 107〕 康有爲：《春秋筆削大義微言考》，姜義華、張榮華編校：《康有爲全集》第 6 集，北京：中國人民大學出版社，2007 年，第 236 頁。
〔註 108〕 康有爲：《論語注》，姜義華、張榮華編校：《康有爲全集》第 6 集，北京：中國人民大學出版社，2007 年，第 423 頁。
〔註 109〕 康有爲：《禮運注》，姜義華、張榮華編校：《康有爲全集》第 5 集，北京：中國人民大學出版社，2007 年，第 553 頁。
〔註 110〕 梁啓超：《清代學術概論》，上海：上海古籍出版社，2005 年，第 69 頁。

撥亂之世遽行平等、大同、戒殺之義，而實不能強也。」〔註111〕妄圖超越社會進化規律是不可行的，只能「循序依級」。〔註112〕所以，康有爲始終謂當以小康義救今世，對於政治問題，對於社會道德問題，皆以維持舊狀爲職志。不管從「小康—大同」的角度，還是從「據亂世—升平世—太平世」的角度，康有爲都意在說明「今世」未至「太平世」，所以不能驟行「太平之制」，只有「君主立憲」是最適合中國國情的，越級而行只能導致社會混亂不堪。

第三節　歷史地位

　　康有爲不是一個只求瑣屑考據，不聞政事的儒者。「有爲之治《公羊》也，不斷斷於其書法義律之小節，專求微言大義。」〔註113〕從早年起，康有爲就形成強烈的經世致用和救亡圖存精神，以「經營天下爲志，則時時取《周禮》、《王制》、《太平經國書》、《文獻通考》、《經世文編》、《天下郡國利病全書》、《讀史方輿紀要》，緯畫之俯讀仰思，筆記皆經緯世宇之言」〔註114〕。其懷著救亡圖存的憂憤心情從事教學的情景：「每語及國事杌隉，民生憔悴，外侮憑臨，輒慷慨唏噓，或至流涕。」〔註115〕由於西方文化在此時期與中國傳統文化交匯日深，康有爲批判古文經，對孔子重新定位，本欲推尊孔子，卻帶來相反的結果，開出了疑古史學一派。康有爲在中國經學上的歷史地位，不乏稱讚者，也不乏貶損者。

　　讚揚的學者主要從傳統學術解放角度，認爲康有爲經學思想對清代以來正統派經學研究起到「矯正」作用，提供了一種重新審視、考訂、批判經典的視角。

　　康有爲弟子梁啓超高度讚揚其師，喻康有爲「孔教之馬丁·路德」〔註116〕，「使當時的思想界也跟著發生激烈的搖動」，「打倒神聖不可侵犯的古經，尤

〔註111〕康有爲：《孟子微》，姜義華、張榮華編校：《康有爲全集》第5集，北京：中國人民大學出版社，2007年，第415～416頁。

〔註112〕康有爲：《孟子微》，姜義華、張榮華編校：《康有爲全集》第5集，北京：中國人民大學出版社，2007年，第480頁。

〔註113〕梁啓超：《清代學術概論》，上海：上海古籍出版社，2005年，第65頁。

〔註114〕康有爲：《我史》，北京：中國人民大學出版社，2011年，第13頁。

〔註115〕梁啓超：《南海先生七十壽言》，《飲冰室合集》文集四十四（上），北京：中華書局，1989年，第28頁。

〔註116〕梁啓超：《康南海先生傳》，《飲冰室合集·文集之六》，北京：中華書局，1989年，第67頁。

其使人心不能不變。清末更無人可以和他比較了。」〔註117〕進而稱讚康有爲是「今文經文學運動的中心」〔註118〕。是「先時之人物也。如雞之鳴，先於群動；如長庚之出，先於群星，故人多不聞之不見之」。「而每熔取事物以佐其主義，常有六經皆我注腳，群山皆其僕從之概。」〔註119〕康有爲在經學上的貢獻，確實「把西漢迄清今古文之爭算了一個總帳」〔註120〕。梁啓超先生更是推崇其師治《公羊》，他說：「（康有爲）不齗齗於書法義例之小節，專求其微言大義」〔註121〕。在梁啓超看來，康有爲的經學重現了眞正的儒學，確是眞正的儒者〔註122〕。

五四運動後，古史辨派崛起後，康有爲的疑古思想又重放光彩，康有爲的著作成爲古史辨派建立學術提下的思想前驅之一〔註123〕。古史辨一派從整體上，肯定康有爲《孔子改制考》和《新學僞經考》中所體現的疑古精神和考證方法，非常推崇其考證方法和疑古精神，特別是那些用來批判和拋棄臆說、附會、政治說教及對孔子無限制信仰主義的態度。

康有爲《新學僞經考》《孔子改制考》深刻影響顧頡剛先生「層累地造成的古史說」理論〔註124〕。顧頡剛更加敬佩康有爲學識：「我的推翻古史的動機固是受了《孔子改制考》的明白指出上古茫然無稽的啓發，到這時更傾心於長素先生的卓識。」〔註125〕顧頡剛說：「《僞經考》的論辨的基礎完全建立於歷史的證據上」，《改制考》「『論上古事茫昧無稽』，『彙集諸子託古改制的事實』，『更是一部絕好的學術史』」〔註126〕。顧頡剛還表示：「對於長素先生這般的銳敏的觀察力，不禁表示十分的敬意。」〔註127〕

〔註117〕 梁啓超：《梁啓超全集》（第 1 冊），北京：北京出版社，1999 年，第 5028 頁。
〔註118〕 梁啓超：《清代學術概論》，上海：上海古籍出版社，2005 年，第 65 頁。
〔註119〕 梁啓超：《梁啓超全集》（第 1 冊），北京：北京出版社，1999 年，第 497 頁。
〔註120〕 梁啓超：《梁啓超全集》（第 1 冊），北京：北京出版社，1999 年，第 5028 頁。
〔註121〕 梁啓超：《清代學術概論》，上海：上海古籍出版社，2005 年，第 66 頁。
〔註122〕 梁啓超：《論中國學術思想變遷之大勢》，上海：上海古籍出版社，2004 年版，第 105～106 頁。
〔註123〕 陳其泰：《清代公羊學》，上海：上海人民出版社，2011 年，第 240 頁。
〔註124〕 楊朝明、宋立林：《孔子家語通解·代前言》，濟南：齊魯書社，2009 年，第 27 頁。
〔註125〕 顧頡剛：《古史辨自序》（上冊），石家莊：河北教育出版社，2000 年，第 59 頁。
〔註126〕 顧頡剛：《古史辨》（第 1 冊），上海：上海古籍，1982 年，第 26 頁。
〔註127〕 顧頡剛：《古史辨》（第 1 冊），上海：上海古籍，1982 年，第 43 頁。

　　錢玄同先生站在歷史學的角度稱《新學僞經考》是一部「極重要極精審的辨僞專著」〔註128〕，稱讚《新學僞經考》：「全用清儒的考證方法，這考證方法是科學的方法。」〔註129〕錢玄同先生認爲《僞經考》中的《秦焚六經未嘗亡缺考》「所舉的證據沒有一條不是確鑿的，所下的斷語沒有一條不是極精審的。『書缺簡脫』或『秦焚《詩》《書》，《六藝》從此缺焉』這類話，經康氏的一番考證，根本打到，決不能再翻案了。」〔註130〕

　　周予同先生認爲：「(《僞經考》)是晚清今文經學的總結，在經學史上有地位，鬥爭性強，……康有爲是清今文經學最後的大師，以後就沒有大師了，作爲經學，至此完結。」〔註131〕《孔子改制考》使學者「從孔學中解放出來而自由研究」，具有「不無促成的微功」〔註132〕

　　劉節先生寫道：「康老先生所做的《孔子改制考》，把孔、墨以下幾位哲人的苦心孤詣和盤托出。他雖自命爲今文學家，但這種工作已經拆穿今文家的西洋鏡而有餘了。至於他的《新學僞經考》，對古文家的陣地下一場總攻擊，更有價值。於是乎我們才明白自孔子以下直到劉歆，其間學者很少有幾個人沒有造過謠的。」〔註133〕

　　陳其泰先生認爲，康有爲學說比舊傳統思想具有重大的進步意義，是近代哲學史上非常重要的理論成果。進一步指出：「康有爲的新公羊三世說，實具有遠比前人豐富得多的內容，並具有向西方學習、要求在中國實現資本主義的強烈的時代氣息。」〔註134〕

　　楊向奎先生言：「晚清的經學特點，在於他們都是要『通經致用』。今文學派如康有爲的說經是『發古文經之僞，明今文經之正』，以《公羊》三世說爲政治上變法維新的張本，並以《大同書》說太平世。在公羊學派的發展史

〔註128〕錢玄同：《重論經今古文學問題》，《錢玄同文集》第四卷，北京：中國人民大學出版社，1999年，第141頁。

〔註129〕錢玄同：《重論經今古學問題》，《錢玄同文集》(第4卷)，北京：中國人民大學出版社，1999年，第138頁。

〔註130〕錢玄同：《重論經今古文學問題》，《錢玄同文集》：第四卷，北京：中國人民大學出版社，1999年，第142頁。

〔註131〕朱維錚：《周予同經學史論》，上海：上海人民出版社，2010年，第627頁。

〔註132〕周予同：《周予同經學史論著選集》，上海：上海人民出版社，1996年，第34頁。

〔註133〕顧頡剛：《古史辨》(第5冊)，上海：上海古籍，1982年，第5頁。

〔註134〕陳其泰：《清代公羊學》，上海：上海人民出版社，2011年，第248頁。

上，康有爲的作用達到一個高峰。」〔註135〕

蕭公權先生指出康有爲是「努力救世的聖人」〔註136〕，「在他心目中，儒學仍是根本，西方思想只作爲擴充、修正或取代傳統觀點之用。他的制度觀常常違背了西方的影響，他的道德價值基本上是儒家的。」〔註137〕

方克立先生指出：「有的研究者把現代新儒學的發端追溯到上世紀末康有爲的儒學改良運動，則似乎忽略了一些重要的時代和思想特徵的差異……康有爲企圖通過『託古改制』把孔子近代化、資產階級化，現代新儒家則力圖保持孔子和儒家學說的眞精神『返本』來接引現代科學民主『開新』。」〔註138〕

由於康有爲的經學的獨特，詮釋經典「必欲強之以從我」〔註139〕的一貫作風引起同時期學者不滿，不喜歡他的人就說他武斷、執拗和專制〔註140〕。諸如張之洞、文悌、朱一新、蘇輿、葉德輝、王先謙、王國維、章太炎、劉師培等紛紛批評康有爲，或批評其經學、或指責其孔教說、或是不滿其政治立場。孫詒讓、章太炎等不滿康有爲的治學作風，就連梁啓超也一度「時時病其師之武斷」，認爲康有爲「往往不惜抹殺證據或曲解證據，以犯科學家之大忌」〔註141〕。

蘇輿認爲康有爲經學是：「緣引傅會，以自成其曲說……沿訛襲謬，流爲隱怪，幾使董生純儒蒙世詬厲，豈不異哉！」〔註142〕

朱一新閱覽《新學僞經考》後，與康有爲反覆辯難，指出康有爲尊漢儒之不當，駁其以「己意治經」〔註143〕，提倡「學術在平澹不在新奇」〔註144〕。對「僞經」和「改制」之說，朱一新也大加批駁，前後七次致信與康有爲討

〔註135〕楊向奎：《試論章太炎的小學和經學》，《繙經室學術文集》，濟南：齊魯書社，1989年，第27頁。

〔註136〕蕭公權：《康有爲思想研究》，北京：中國人民大學出版社，2014年，第59頁。

〔註137〕蕭公權：《康有爲思想研究》，北京：中國人民大學出版社，2014年，第59頁。

〔註138〕方克立：《現代新儒學的發展歷程》，《現代新儒家學案》上冊，北京：中國社會科學出版社，1995年，第5頁。

〔註139〕朱維錚：《梁啓超論清學史二種》，上海：復旦大學出版社，1985年，第64頁。

〔註140〕陸乃翔、陸敦騤：《康南海先生傳》，轉引自蕭公權：《康有爲思想研究》，北京：中國人民大學出版社，2014年，第14頁。

〔註141〕梁啓超：《清代學術概論》，上海：上海古籍出版社，第66頁。

〔註142〕蘇輿：《春秋繁露義證》，北京：中華書局，1992年，第1～2頁。

〔註143〕於梅舫：《以董生正宋儒：朱一新品析〈新學僞經考〉旨趣》，《廣東社會科學》2014年第1期。

〔註144〕康有爲：《朱侍御答長孺第三書》，蔣貴麟：《萬木草堂遺稿外編》，臺北：文史哲出版社，1977年，第804頁。

論，敏銳地抓住康有爲觀點的薄弱環節，通過嚴謹的考據指出《左氏》「書之晚出，自不待辯。但張禹以言《左氏》爲蕭望之所薦，其事實不能僞造。尹更始、翟方進、賈護、陳欽之傳授，魯國桓公、趙國貫公、膠東庸生之講習，耳目相接，不能鑿空。歆是時雖貴倖，名位未盛，安能使朝野靡然從風，群訟習其私書耶」〔註145〕。

孫欽善更是認爲康有爲學術是主觀武斷，強辯古文經之僞，把「把《春秋》義例之說附會到無以復加的程度」〔註146〕。康有爲的著作「不過是一個幌子，並無多少貨眞價實的成就」〔註147〕。

光緒十七年（1891）《新學僞經考》刻成後，立刻遭致一片斥責之聲。文悌斥責康有爲：「欲將中國數千年相承大經大法，一掃刮絕。」〔註148〕光緒二十年六月十七日，安維峻最早提出請禁燬康有爲《新學僞經考》〔註149〕。

葉德輝著有《明教》一文，從維護傳統的角度指出：「康、梁之說不中不西，學使之書非今非古，庶二千年之正學，不得淆亂於異端。」〔註150〕又說：「數年以來，康、梁倡爲僞經改制、平等民權之說，於是六經去其大半，而學不必一年而成，民無論智愚，人人得申其權，可以犯上作亂。」〔註151〕指責康有爲「其貌則孔也，其心則夷也」〔註152〕，是「假素王之名號，行張角之密謀」〔註153〕。

〔註145〕 康有爲：《與朱一新論學書牘》，姜義華、張榮華編校：《康有爲全集》第 1集，北京：中國人民大學出版社，2007 年，第 318 頁。

〔註146〕 孫欽善：《中國古文獻學史簡編》，北京：北京大學出版社，2008 年，第 582頁。

〔註147〕 孫欽善：《中國古文獻學史簡編》，北京：北京大學出版社，2008 年，第 633頁。

〔註148〕 文悌：《嚴參康有爲摺》，翦伯贊：《戊戌變法》（第二冊），上海：上海人民出版社，1961 年，第 464 頁。

〔註149〕 孟永林：《安維峻首請毀禁康有爲〈新學僞經考〉補正》，《歷史檔案》2014年第 3 期。

〔註150〕 葉德輝：《〈長興學記〉駁義》，蘇輿：《翼教叢編》卷四，上海：上海書店出版社，2002 年，第 97 頁。

〔註151〕 葉德輝：《〈長興學記〉駁義》，蘇輿：《翼教叢編》卷四，上海：上海書店出版社，2002 年，第 102 頁。

〔註152〕 葉德輝：《與劉先端黃鬱文兩生書》，蕭公權：《康有爲思想研究》，北京：中國人民大學出版社，2014 年版，第 27 頁。

〔註153〕 葉德輝：《〈長興學記〉駁義》，蘇輿：《翼教叢編》卷四，上海：上海書店出版社，2002 年，第 98 頁。

後來，錢穆認為康有為《偽經考》是剽竊廖平，康有為也是「強辯曲解，徒亂後生耳目也」﹝註154﹞，形容康有為是「領袖欲至高」﹝註155﹞之人。

張之洞《勸學篇》即為批判康有為而作。張氏推崇陸王之學，指出「宋代學術之中正，風俗之潔清，遠過漢唐。」﹝註156﹞所以，張之洞推崇程朱陸王之學：「明尚朱學，中葉之後，並行王學，要旨皆以扶持名教，砥礪氣節為事。」﹝註157﹞其《勸學篇·宗經》云：「假如近儒公羊之說，是孔子作《春秋》而亂臣賊子喜也。」這顯然是針對康有為的公羊「三世」改制之說。這與康有為尊崇西漢今文經迥然不同。辜鴻銘指出：「文襄之作《勸學篇》，又文襄之不得已也，絕康、梁並以謝天下耳。」﹝註158﹞辜鴻銘也是把康有為看成是「極端派、自私自利而具野心，但又缺乏經驗、判斷力和方向。」﹝註159﹞

光緒三十年（1904 年），劉師培作《論孔教與中國政治無涉》，光緒三十二年（1906 年），再作《論孔子無改制之事》，兩文均批評康有為的孔教學說，指出孔子之前已有宗教，分為多神、拜物、祀先﹝註160﹞；接著又指出孔子之教指教化與教育，以宗教視孔子之學，始於東漢，盛於六朝。至李贄「三教同源」說，孔子為教主﹝註161﹞；以素王當孔子，出於讖緯，本於神權思想，前此無徵﹝註162﹞。

蔡元培在維新變法中同情變法，但是在讀了梁啟超的《讀西學書法》後，他說：「末篇立意本正，而竄入本師康有為悖謬之言，為可恨也。」﹝註163﹞

﹝註154﹞ 錢穆：《近三百年學術史》（下冊），北京：商務印書館，1997 年，第 713 頁。
﹝註155﹞ 錢穆：《近三百年學術史》（下冊），北京：商務印書館，1997 年，第 709 頁。
﹝註156﹞ 張之洞：《勸學篇》，沈雲龍主編：《近代中國史料叢刊》第九輯，臺北：文海出版社，1966 年，第 11 頁。
﹝註157﹞ 張之洞：《勸學篇》，沈雲龍主編：《近代中國史料叢刊》第九輯，臺北：文海出版社，1966 年，第 11 頁。
﹝註158﹞ 辜鴻銘著、黃興濤譯：《辜鴻銘文集》上，海口：海南出版社，1996 年，第 419 頁。
﹝註159﹞ 轉引自蕭公權：《康有為思想研究》，北京：中國人民大學出版社，2014 年，第 15 頁。
﹝註160﹞ 劉師培：《劉申叔先生遺書》第 3 冊，臺北：華世出版社，1978 年，第 1745 頁。
﹝註161﹞ 劉師培：《劉申叔先生遺書》第 3 冊，臺北：華世出版社，1978 年，第 1640～1641 頁。
﹝註162﹞ 劉師培：《劉申叔先生遺書》第 3 冊，臺北：華世出版社，1978 年，第 1693 頁。
﹝註163﹞ 梁啟超：《戊戌政變記》《飲冰室合集·飲冰室專集之一》（第六冊），北京：中華書局，1989 年，第 85 頁。

　　1913 年，康有爲再度倡議建立孔教，於《不忍》雜誌先後發表《以孔教爲國教配天議》《孔教會序》等文，立義在於建立孔教以指導風俗民心。章太炎撰《駁建立孔教議》，認爲「宗教至鄙」，只能遠古愚民行之，所以如此，在於宗教是鬼神迂怪之談，孔子不語神怪，未能事鬼，豈能以此建立孔教？章太炎指出，孔子於中國「爲保民開化之宗，不爲教主」〔註164〕。章太炎作《翼教叢編書後》批判康有爲經說「未當不中窾要」，「說經之是非，與其行事，固不必同」〔註165〕。光緒二十八年（1902 年），在《答南北美洲諸華僑論中國只可行立憲不可行革命書》中，康有爲依據「公羊三世說」反對革命，論證由君主專制、民主共治到民主平等，須循序漸進〔註166〕。次年，章太炎作《駁康有爲論革命書》，指出「啓迪民智，正有賴革命以開之」〔註167〕。

　　顯然，以中立的態度，全面研讀康有爲經學是評價康有爲思想地位的前提。康有爲作爲晚清經學的殿軍，對經學有強烈的自信，所撰儒學的一系列注釋，皆以闡揚光大儒學傳統爲宗旨，使儒學在中西思潮激蕩中獲得新的意義與價值〔註168〕。同時，康有爲開啓了學術新的研究方向，重解傳統經學。考察其經學思想，對於正確理解近代中國社會文人思想的艱難抉擇，具有典型意義。誠如蕭公權先生指出，康有爲經學研究的貢獻不在經學本身，而在對後來歷史發展的實際影響〔註169〕。可以說，康有爲是一個新時代的開創者。在其之後，儒學開始轉型，學者們重新討論孔子，論定儒家地位。

〔註164〕湯志鈞：《章太炎政論選集》，北京：中華書局，1977 年，第 688、692 頁。
〔註165〕湯志鈞：《章太炎政論選集》，北京：中華書局，1977 年，第 96 頁。
〔註166〕康有爲：《不幸而言中不聽則國亡》，蔣貴麟編：《康南海先生遺著彙刊》，臺北：宏業書局，1977 年，第 54 頁。
〔註167〕湯志鈞：《章太炎政論選集》，北京：中華書局，1977 年，第 202 頁。
〔註168〕黃俊傑：《中國孟學詮釋史論》，北京：社會科學文獻出版社，2004 年，第 330 頁。
〔註169〕《A Mordern China and a New World》，轉引汪榮祖：《康有爲論》，北京：中華書局，2006 年，第 44 頁。

結　語

　　康有爲是中國近代史上的重要人物，政治上開啓維新變法，學術上承啓
經學今古之爭，兩者相互聯接，以經學面對時代，以學術引領政治。康有爲
對經典的注解不同以往，在注傳統經典之時，契於西方進化論，解讀社會，
建立經學新解，詮釋社會變革。解讀康有爲的經學新體系，可以瞭解到近代
經學與政治的相互關聯，也可探尋在文化巨變的時代，傳統文化價値的體現。

　　康有爲批判傳統儒學，是因爲孔子後學過於尊曾子之故，而荀子、劉歆、
朱熹同樣是孔學之罪魁，孔學「始誤於荀學之拘陋，中亂於劉歆之僞謬，末
割於朱子之偏安」〔註1〕。因而，康有爲從宋學轉向漢學，從古文轉向今文，
以《公羊》爲孔子眞傳，以孔子爲教主，對孔子進行重新定位。這體現出康
有爲以勇猛進取的精神，期望社會改制，故在儒學上體現出更新願望。

　　康有爲認爲傳統儒學的文字訓詁妨礙了孔子之道的傳承。他說：「後世
泥一二訓詁文字以求《詩》者，必不足與言《詩》矣；泥一二文字經典以求
孔子者，必不足與知孔子矣。」〔註2〕因而學者「不得執一言而泥守之也。」
〔註3〕批判的態度，反省的精神，促使康有爲以「三世」說爲其經學主線而窺
孔子之道，結合《禮運》「大同小康」之道發「三世」之說，拓寬視野，構建
理想社會藍圖。因而，三世說是康有爲《公羊》學核心，據以改革政治社會
的理論基礎，以康有爲理論而言，中國介於據亂與升平之間。

〔註1〕康有爲：《禮運注》，姜義華、張榮華編校：《康有爲全集》第5集，北京：中
　　　國人民大學出版社，2007年，第553頁。

〔註2〕康有爲：《論語注》，姜義華、張榮華編校：《康有爲全集》第6集，北京：中
　　　國人民大學出版社，2007年，第386頁。

〔註3〕康有爲：《論語注》，姜義華、張榮華編校：《康有爲全集》第6集，北京：中
　　　國人民大學出版社，2007年，第407頁。

　　總體而言，康有爲以通變與實踐爲解經的方法，任意性很大。原本欲推崇孔子，然而卻帶來相反的結果，古文經眞僞的問題導出上古史眞僞問題，開出疑古史學一派。然而，對於儒家經典的解讀，康有爲思想中佔有重要的一席，卻難以抹去。總之，富民強國，建立理想的社會制度始終是康有爲經學思想的一貫宗旨，康氏經學在傳統中求變，學術上反映的「古今迴異」，實質上是儒學對時代思潮驟變的折射。

參考文獻

一、經類、史類

〔1〕 〔漢〕司馬遷，史記〔M〕，北京：中華書局，1963。

〔2〕 〔漢〕班固，漢書〔M〕，杭州：浙江古籍出版社，2002。

〔3〕 〔唐〕陸德明，經典釋文〔M〕，北京：中華書局，1983。

〔4〕 〔唐〕魏徵，隋書〔M〕，北京：中華書局，1973。

〔5〕 〔宋〕朱熹，四書章句集注〔M〕，北京：中華書局，1983。

〔6〕 〔宋〕朱熹，論語集注〔M〕，臺北：臺灣商務印書館，1986。

〔7〕 〔宋〕程頤、程顥，二程集〔M〕，北京：中華書局，2004。

〔8〕 〔宋〕程頤、程顥，二程集〔M〕，北京：中華書局，1985。

〔9〕 〔清〕阮元，十三經注疏〔M〕，上海：上海古籍出版社，1993。

〔10〕 〔清〕皮錫瑞，經學歷史〔M〕，北京：中華書局，1959。

〔11〕 〔清〕方東樹，漢學商兌〔M〕，北京：三聯書店，1988。

〔12〕 〔清〕戴震，孟子字義疏證〔M〕，北京：中華書局，1961。

〔13〕 〔清〕王夫之，讀四書大全說〔M〕，北京：中華書局，1975。

〔14〕 梁啟超，飲冰室合集〔M〕，北京：中華書局，1989。

〔15〕 劉鄂培，孟子大傳〔M〕，北京：清華大學出版社，1998。

〔16〕 馬宗霍，中國經學史〔M〕，北京：商務印書館，1936。

〔17〕 周予同，中國經學史講義〔M〕，上海：上海文藝出版社，1999。

〔18〕 龐樸，中國儒學（1～4卷）〔M〕，北京：東方出版社，1997。

〔19〕 中國史學會主編，洋務運動〔C〕，上海：上海人民出版社，2000。

〔20〕 中國史學會主編，戊戌變法〔C〕，上海：上海人民出版社，2000。

〔21〕故宮博物院明清檔案部，清末籌備立憲檔案史料〔C〕，北京：中華書局，1979。

〔22〕胡其光、方環海，爾雅譯注〔M〕，上海：上海古籍出版社，2004。

〔23〕程樹德，論語集釋〔M〕，北京：中華書局，1990。

〔24〕陳大齊，論語輯釋〔M〕，北京：華夏出版社，2010。

〔25〕朱華忠，清代論語學〔M〕，成都：巴蜀書社，2008。

〔26〕唐明貴，論語學史〔M〕，北京：中國社會科學出版社，2009。

〔27〕黃懷信、周海生、孔德立，論語彙校集釋〔M〕，上海：上海古籍出版社，2008。

〔28〕黃懷信，論語新校釋〔M〕，西安：三秦出版社，2006。

〔29〕黃懷信，尚書譯注〔M〕，濟南：齊魯書社，2009。

〔30〕黃懷信，大學 中庸講義〔M〕，北京：清華大學出版社，2013。

〔31〕黃懷信，周易本經匯校新解〔M〕，北京：清華大學出版社，2014。

〔32〕黃懷信，尚書古文疏證〔M〕，上海：上海古籍出版社，2010。

〔33〕黃懷信，老子匯校新解〔M〕，南京：江蘇鳳凰出版有限公司，2016。

〔34〕楊朝明、宋立林，孔子家語通解〔M〕，濟南：齊魯出版社，2009。

〔35〕楊朝明，論語詮釋〔M〕，濟南：山東友誼出版社，2013。

〔36〕楊天宇，禮記譯注〔M〕，上海：上海古籍出版社，2004。

〔37〕楊樹達，春秋大義述〔M〕，上海：上海古籍出版社，2007。

〔38〕康有爲，論語注〔M〕，北京：中華書局，1984。

〔39〕康有爲，孟子微 中庸注 禮運注〔M〕，北京：中華書局，1987。

〔40〕康有爲，春秋董氏學〔M〕，北京：中華書局，1990。

〔41〕康有爲，新學僞經考〔M〕，北京：中華書局，2012。

〔42〕楊伯峻，論語譯注〔M〕，北京：中華書局，2006。

〔43〕楊伯峻，左氏春秋專注〔M〕，北京：中華書局，1981。

〔44〕〔漢〕許慎，說文解字〔M〕，北京：中華書局，1985。

〔45〕〔漢〕劉向，說苑〔M〕，北京：中華書局，1987。

〔46〕皮錫瑞，經學通論〔M〕，北京：中華書局，1982。

二、文集、專著

〔1〕毛澤東，毛澤東選集〔M〕，北京：人民出版社，1991。

〔2〕姜義華、張榮華編校，康有爲全集〔C〕，北京：中國人民大學出版社，2007年。

〔3〕 湯志鈞，戊戌變法論叢〔C〕，武漢：湖北人民出版社，1957。

〔4〕 湯志鈞，戊戌變法史〔C〕，北京：人民出版社，1983。

〔5〕 湯志鈞，康有爲政論集（上下冊）〔C〕，北京：中華書局，1981。

〔6〕 康有爲，孔子改制考〔M〕，北京：中華書局，2012。

〔7〕 康有爲，康南海自編年譜（外二種）〔M〕，北京：中華書局，1992。

〔8〕 黃懷信、李景明，儒家文獻研究〔C〕，濟南：齊魯書社，2004。

〔9〕 楊朝明、修建軍師，孔子與孔門弟子研究〔C〕，濟南：齊魯書社，2004。

〔10〕 張秋生、王洪軍，孔子與孔門弟子研究〔C〕，濟南：齊魯書社，2004。

〔11〕 梁樞，光明日報 國學博士論壇 徵文集〔C〕，北京：中國書籍出版社，2014。

〔12〕 胡繩武，戊戌變法運動史論解〔M〕，湖北：湖北人民出版社，1983。

〔13〕 北師大學近代史組，中國近代史資料選編（上冊）〔M〕，北京：中華書局，1977。

〔14〕 朱華忠，清代論語學〔M〕，成都：四川出版集團巴蜀書社，2008。

〔15〕 湯志鈞，康有爲與戊戌變法〔M〕，北京：中華書局，1984。

〔16〕 梁啓超，清代學術概論〔M〕，上海：上海古籍出版社，2000。

〔17〕 梁啓超，儒家哲學〔M〕，上海：上海世紀出版集團，2009。

〔18〕 梁啓超，國學要籍研讀法四種〔M〕，北京：北京圖書館出版社，2008。

〔19〕 錢穆，孔子與論語〔M〕，臺北：聯經出版事業公司，1974。

〔20〕 錢穆，中國近三百年學術史〔M〕，上海：商務印書館，1997。

〔21〕 李澤厚，中國思想史論〔M〕，合肥：安徽文藝出版社，1999。

〔22〕 李學勤，走出疑古時代〔M〕，長春：長春出版社，2007。

〔23〕 梁漱溟，東西文化及其哲學〔M〕，濟南：山東人民出版社，1989。

〔24〕 蔡仁厚，孔門弟子志行考述〔M〕，臺北：臺灣商務印書館，1969。

〔25〕 王茂，清代哲學〔M〕，合肥：安徽人民出版社，1992。

〔26〕 廖名春，孟子的智慧〔M〕，延吉：延邊大學出版社，1992。

〔27〕 林存光，中國古典和諧政治理念與治國方略研究〔M〕，北京：中國社會科學出版社，2003。

〔28〕 姜林祥，中國儒學史〔M〕，廣州：廣東教育出版社，1998。

〔29〕 胡楚生，清代學術史研究〔M〕，臺北：臺灣學生書局印行，1988。

〔30〕 張豈之，中國思想史〔M〕，西安：西北大學出版社，1989。

〔31〕 張越，中國清代思想史〔M〕，北京：人民出版社，1994。

〔32〕 崔大華，儒學引論〔M〕，北京：人民出版社，2001。

〔33〕 董洪利，孟子研究〔M〕，南京：江蘇古籍出版社，1997。

〔34〕 孔德立，早期儒家人道思想的形成與演變—以子思爲中心〔M〕，成都：巴蜀書社，2010。

〔35〕 〔美〕孫隆基，中國文化的深層結構〔M〕，南寧：廣西師範大學出版社，2004。

〔36〕 康有爲，萬木草堂論藝〔M〕，北京：榮寶齋出版社，2011。

〔37〕 蕭公權，康有爲思想研究〔M〕，北京：人民大學出版社，2014。

〔38〕 房德鄰，儒學的危機與嬗變——康有爲與近代儒學〔M〕，臺北：臺灣文津出版社，1992。

〔39〕 馬洪林，康有爲大傳〔M〕，瀋陽：遼寧人民出版社，1988。

〔40〕 孫春在，清末的公羊思想〔M〕，臺北：臺灣商務印書館，1985。

〔41〕 張錫勤，儒學在中國近代的命運〔M〕，北京：人民出版社，2011。

〔42〕 張錫勤，中國近代思想文化史稿〔M〕，哈爾濱：黑龍江教育出版社，2004。

〔43〕 董士偉，康有爲評傳〔M〕，南昌：百花洲文藝出版社，1994。

〔44〕 鄺柏林，康有爲的哲學思想〔M〕，北京：中國社會科學出版社，1980。

〔45〕 周桂鈿，中國儒學講稿〔M〕，北京：中華書局，2008。

〔46〕 路新生，中國近三年疑古思潮〔M〕，上海：上海人民出版社，2001。

〔47〕 王翬森，古史辨運動的興起〔M〕，臺北：臺北允晨文化，1987。

〔48〕 李澤厚，康有爲譚嗣同思想研究〔M〕，上海：上海人民出版社，1958。

〔49〕 張耀鑫，康有爲大傳〔M〕，武漢：華中科技大學出版社出版，2012。

〔50〕 馬洪林，康有爲評傳〔M〕，南京：南京大學出版社，2009。

〔51〕 汪榮祖，康有爲論〔M〕，北京：中華書局，2006。

〔52〕 （韓）李春馥，戊戌時期康有爲議會思想研究〔M〕，北京：人民出版社，2010。

〔53〕 黃晶，康有爲傳〔M〕，北京：北京聯合出版公司，2013。

〔54〕 董士偉，康有爲評傳〔M〕，北京：百花洲文藝出版社，2015。

〔55〕 何朋，論康有爲文學〔M〕，香港：香港中文大學崇基學院書店，1968。

〔56〕 干春松，康有爲與儒學的「新世」〔M〕，上海：華東師範大學出版社，2015。

〔57〕 鍾賢培，康有爲思想研究〔M〕，廣州：廣東高等教育出版社，1988。

〔58〕 丁亞傑，清末民初公羊學研究〔M〕，臺北：萬卷樓圖書有限公司，2002。

〔59〕 朱憶天，康有爲的改革思想與明治日本〔M〕，上海：上海人民出版社，2011。

〔60〕常超，「託古改制」與「三世進化」：康有爲公羊學思想研究〔M〕，上海：北京大學出版社，2015。

〔61〕餘音，康有爲睿語〔M〕，合肥：黃山書社，2011。

〔62〕汪榮祖，康章合論〔M〕，臺北：聯經出版事業公司，1988。

〔63〕湯志鈞，改良與革命的中國情懷——康有爲與章太炎〔M〕，香港：香港商務印書館，1990。

〔64〕張緒峰、李智，康有爲易學思想研究〔M〕，北京：知識産權出版社，2013。

〔65〕唐文明，康有爲孔教思想申論〔M〕，北京：中國人民大學出版社，2012。

三、碩博論文

〔1〕張欣，康有爲今文經思想與晚清變局〔D〕，南開大學博士論文，2014。

〔2〕王海霞，康有爲儒家經典詮釋研究〔D〕，山東師範大學碩士論文，2011。

〔3〕趙慶偉，清代孟學研究〔D〕，華中師範大學博士論文，2002。

〔4〕解頡理，《中庸》詮釋史研究〔D〕，山東大學博士論文，2010。

〔5〕李想，康有爲對今文經的利用與改造〔D〕，四川師範大學碩士論文，2009。

〔6〕彭春凌，儒教轉型與文化革命——以康有爲、章太炎爲中心（1898～1927）〔D〕，北京大學博士論文，2011。

〔7〕譚寶剛，老子及其遺著研究〔D〕，河南大學博士論文，2008。

〔8〕李強，康有爲與蘇輿〈春秋繁露〉研究之比較〔D〕，湖南大學博士論文，2013。

〔9〕周靜，韓愈經學考〔D〕，曲阜師範大學博士論文，2013。

〔10〕李強，康有爲和蘇輿《春秋繁露》研究之比較〔D〕，湖南大學博士論文，2013。

〔11〕張朝松，儒學早期近代轉型的一個側面——從戊戌到五四的孟子觀〔D〕，上海師範大學博士論文，2008。

〔12〕王小華，康有爲社會整合思想研究〔D〕，重慶師範大學碩士論文，2009。

〔13〕王金鳳，《論語》「樂」之方法論研究〔D〕，南京大學碩士論文，2012。

〔14〕李強，《論語》「樂」辨及其管理思想研究〔D〕，青島大學碩士論文，2001。

〔15〕楊成香，孔子音樂思想研究〔D〕，山東師範大學碩士論文，2005。

〔16〕鄭擁凱，康有爲《論語注》研究〔D〕，湖北大學碩士論文，2011。

〔17〕 張立勝，晚清守舊派官僚集團研究〔D〕，山東師範大學碩士論文，2004。

〔18〕 劉霞，從《大戴禮記·保傅》看周代保傅制度〔D〕，曲阜師範大學碩士論文，2012。

〔19〕 張衛靜，莊子天下篇研究〔D〕，煙台大學碩士論文，2008。

〔20〕 付瑞瑞，《孟子微》思想研究〔D〕，黑龍江大學碩士論文，2013。

〔21〕 熊雯，啓蒙時期福澤諭吉與康有爲的民權思想比較〔D〕，湖南大學碩士論文，2006。

四、學術期刊論文

〔1〕 黃懷信，清華簡《耆夜》句解〔J〕，文物，2012（01）。

〔2〕 黃懷信，孔子儒學研究與《論語》校讀〔N〕，光明日報，2011 年 12 月 30 日。

〔3〕 黃懷信，清華簡《保訓》補釋〔J〕，考古與文物，2013（02）。

〔4〕 黃懷信，八卦名義說〔J〕，齊魯學刊，2012（05）。

〔5〕 黃懷信，何晏的《論語》學研究〔J〕，南京師大學報（社會科學版），2008（06）。

〔6〕 黃懷信，近百年來《論語》語言研究述評〔J〕，山西師大學報（社會科學版），2009（05）。

〔7〕 黃懷信，譙周與《古史考》〔J〕，古籍整理研究學刊，2001（05）。

〔8〕 黃懷信，清華簡《金縢》校讀〔J〕，古籍整理研究學刊，2011（03）。

〔9〕 黃懷信，譙周與《古史考》〔J〕，古籍整理研究學刊，2001（05）。

〔11〕 黃懷信，《孟子》誤解孔子語四則〔J〕，中國典籍與文化，2008（02）。

〔11〕 黃懷信，清華簡《程寤》解讀〔J〕，魯東大學學報（哲學社會科學版），2011（04）。

〔12〕 黃懷信，今本《論語》傳本由來考〔J〕，西北大學學報（哲學社會科學版），1989（03）。

〔13〕 黃懷信，關於儒家經典文獻的現代整理與詮釋〔J〕，古籍整理研究學刊，2008（06）。

〔14〕 黃懷信，從內容與結構看《論語》成書〔J〕，中國典籍與文化，2005（01）。

〔15〕 黃懷信，關於《大戴禮記》源流的幾個問題〔J〕，齊魯學刊，2008（06）。

〔16〕 黃懷信，《逸周書》時代略考〔J〕，西北大學學報，1990（01）。

〔17〕 黃懷信，試說《管子》三《匡》命名之故〔J〕，西北大學學報（哲學社會科學版），1997（02）。

〔18〕黃懷信，《逸周書》經濟思想初探〔J〕，西北大學學報（哲學社會科學版），1994（03）。

〔19〕黃懷信，《逸周書》各家舊校注勘誤舉例〔J〕，西北大學學報（哲學社會科學版），1991（03）。

〔20〕黃懷信，「訓詁」的由來及含義〔J〕，西北大學學報（哲學社會科學版），1993（04）。

〔21〕黃懷信，周人月相紀日法探實〔J〕，文博，1999（05）。

〔22〕黃懷信，一部很有價值的古典辭書——《小爾雅》〔J〕，辭書研究，1988（04）。

〔23〕傅永聚，20世紀中國儒學研究的回顧與反思〔J〕，孔子研究，2003（01）。

〔24〕傅永聚，形中「生活儒學」與儒學的重構〔J〕，文史哲，2014（03）。

〔25〕傅永聚，經學發展視域下儒學的「漢宋之變」〔J〕，中國哲學史，2014（01）。

〔26〕傅永聚，儒家治政文化精神與當代治國理政實踐〔J〕，理論學習，2016（06）。

〔27〕傅永聚，儒家「天人合一」的政治學闡釋〔J〕，煙台師範學院學報（哲學社會科學版），2002（02）。

〔28〕楊朝明，從《窮達以時》看孔子的「時遇思想」〔J〕，易學與儒學國際學術研討會論文集，2005年8月。

〔29〕楊朝明，鄒魯文化品格及其歷史地位〔J〕，中原文化研究，2014（06）。

〔30〕楊朝明，魯國「一繼一及」繼承現象再考〔J〕，東嶽論叢，1996（05）。

〔31〕楊朝明，《孔子家語》「層累」形成說考辨〔J〕，古籍整理研究學刊，2009（01）。

〔32〕楊朝明，《孔子家語・致思》篇研究〔J〕，東嶽論叢，2009（02）。

〔33〕楊朝明，《論語・鄉黨》末章的意蘊〔J〕，燕山大學學報（哲學社會科學版），2014（01）。

〔34〕楊朝明，「清華簡」《保訓》與「文武之政」〔J〕，管子學刊，2012（02）。

〔35〕楊朝明，《逸周書・寶典篇》與儒家思想〔J〕，現代哲學，2005（05）。

〔36〕楊朝明，《逸周書》所見滅商之前的周公〔J〕，河南科技大學學報，2008（01）。

〔34〕楊朝明，「中道」觀念與中國史學傳統〔J〕，古代文明，2014（03）。

〔38〕楊朝明，《中庸》成書問題新探〔J〕，河南科技大學學報，2006（05）。

〔39〕楊朝明，芻議儒家的教化文化〔J〕，孔子研究，2008（05）。

〔40〕楊朝明，從《武王踐阼》〔J〕，管子學刊，2005（03）。

〔41〕楊朝明，從孔子弟子道孟、荀異途〔J〕，齊魯學刊，2005（03）。

〔42〕楊朝明，孔子「出妻」說及相關問題〔J〕，齊魯學刊，2009（02）。

〔43〕楊朝明，孔子「女子難養」說新論〔J〕，管理學刊，2010（02）。

〔44〕楊朝明，孔子的「中道」哲學及其意義〔J〕，邯鄲學院學報，2013（03）。

〔45〕楊朝明，孟子的《春秋》觀與儒學「道脈」〔J〕，管子學刊，2011（03）。

〔46〕修建軍，論《中庸》之「和心」思想〔J〕，中國哲學史，2014（01）。

〔47〕修建軍，論「和」爲儒學之精義〔J〕，孔子研究，2005（03）。

〔48〕修建軍，從儒法之對比談先秦儒學官學化的失敗原因〔J〕，臨沂師範學院學報，2001（01）。

〔49〕修建軍，儒家「和心」思想的「天人」向度析義〔J〕，青島科技大學學報，2013（02）。

〔50〕修建軍，儒家思想與中國農民戰爭的關係探究〔J〕，齊魯學刊，2012（06）。

〔51〕馬士遠，荀子與《書》學關係考論〔J〕，求索，2011（04）。

〔52〕馬士遠，司馬遷《尚書》學研究〔J〕，齊魯學刊，2013（03）。

〔53〕馬士遠，《尚書·虞書》「克諧」思想摭談〔J〕，社會科學家，2005（04）。

〔54〕馬士遠，《書》「在文學史上的地位摭談〔J〕，社會科學家，2005（04）。

〔55〕曹峰，《太一生水》下半部分是一個獨立完整的篇章〔J〕，清華大學學報（哲學社會科學版），2014（02）。

〔56〕張昭軍，援西入儒——康有爲對傳統儒學的改造與重構〔J〕，社會科學輯刊，2005（01）。

〔57〕孔祥驊，論康有爲的《論語》學〔J〕，上海交通大學學報（社會科學版），1999（04）。

〔58〕唐明貴，康有爲對《論語》和《孟子》的創造性解釋〔J〕，陰山學刊，2004（01）。

〔59〕唐明貴，康有爲的古經新解與經學的近代轉型〔J〕，孔子研究，2003（06）。

〔60〕唐明貴，康有爲對傳統儒家經典的新闡釋〔J〕，聊城大學學報（社會科學版），2008（01）。

〔61〕張錫勤，論康有爲對儒學的改造〔J〕，哲學研究，2004（5）。

〔62〕柳宏，康有爲《論語注》詮釋特點論析〔J〕，廣東社會科學，2008（6）。

〔63〕陳寒鳴，《孟子微》與康有爲對中西政治思想的調融〔J〕，燕山大學學報（哲學社會科學版，2006（04）。

〔64〕朱鬆美，創新以經世：康有爲對《孟子微》的詮釋〔J〕，山東師範大學學報（人文社會科學版），2005（02）。

〔65〕任劍濤，經典解讀中的原創思想負載——從《孟子字義疏證》與《孟子微》看〔J〕，中國哲學史，2002（01）。

〔66〕孫建偉，論康有爲《中庸注》立教改制思想〔J〕，暨南學報（哲學社會科學版），2014（06）。

〔67〕劉濤，以公羊學解《大學》——康有爲論朱熹《大學章句》〔J〕，燕趙學刊，2012（01）。

〔68〕汪學群，康有爲《禮運注》的禮學思想〔J〕，國際儒學研究（第二十輯），2012。

〔69〕楊全順，康有爲學術中的西學〔J〕，寧夏社會科學，2006（03）。

〔70〕曲洪波，《孔子改制考》中的「董氏學」思想探析〔J〕，魯東大學學報（哲學社會科學版，2010（01）。

〔71〕李宗桂，康有爲《春秋董氏學》雜議〔J〕，中山大學學報（社會科學版），2005（04）。

〔72〕錢益民，回歸傳統：《春秋董氏學》初探〔J〕，學術研究，2002（05）。

〔73〕張翔，康有爲經學思想調整芻議——以《春秋董氏學》與《春秋筆削大義微言考》的比較爲例〔J〕，中國哲學史，2014（02）。

〔74〕張榮華，文明本質及其發展的探索與構造——康有爲《春秋筆削大義微言考》述論〔J〕，學術月刊，1994（07）。

〔75〕郭祥貴、楊和爲，《論語》「吾道一以貫之」解〔J〕，史志學刊，2013（05）。

〔76〕沈茂駿，「吾道一以貫之」新釋〔J〕，廣東社會科學，1991（06）。

〔77〕高書文，仁德的成就——「孔子之道一以貫之」命題的闡釋〔J〕，理論月刊，2012（06）。

〔78〕李澤厚，漫說康有爲〔J〕，明報月刊，2006（05）。

〔79〕姜廣輝，晚清公羊學案〔N〕，光明日報，2008 年 8 月 18 日。

〔80〕朱維錚，重評《新學僞經考》〔J〕，復旦學報（社會科學版），1992（02）。

〔81〕張勇，也談《新學僞經考》的影響一兼及戊戌時期的「學術之爭」〔J〕，近代史研究，1999（05）。

〔82〕楊君、田海林，康有爲早期禮學思想發微〔J〕，山東師範大學學報（人文社會科學版），2004（02）。

〔83〕湯志鈞，再論康有爲與今文經學〔J〕，歷史研究，2000（06）。

〔84〕田海林、楊君，試析康有爲「黃金時期」的禮學思想〔J〕，東方論壇，2003（05）。

〔85〕錢穆，康有爲學術評述〔J〕，清華大學學報（自然科學版），1936（03）。

〔86〕李文義，康有爲經世思想及其特點〔J〕，齊魯學刊，1992（06）。

〔87〕李宗桂，康有爲《春秋董氏學》雜議〔J〕，中山大學學報（社會科學版），2005（04）。

〔88〕張翔，康有爲經學思想調整芻議──以《春秋董氏學》與《春秋筆削大義微言考》的比較爲例〔J〕，中國哲學史，2014（02）。

〔89〕錢益民，回歸傳統：《春秋董氏學》初探〕〔J〕，學術研究，2002（05）。

〔90〕黃俊傑，德川時代日本儒者對孔子「吾道一以貫之」的詮釋──東亞比較思想史的視角〔J〕，文史哲，2003（01）。

〔91〕楊向奎，康有爲與今文經學〔J〕，中國哲學史研究，1983（01）。

〔92〕王齊州，「君子謀道」：中國古代文學觀念的主體意識〔J〕，中山大學學報（社會科學版），2009（01）。

〔93〕彭華，「太一」臆解〔J〕，社會科學研究，2014（06）。

〔94〕梁立勇，《保訓》的「中」與「中庸」〔J〕，中國哲學史，2010（03）。

〔95〕湯仁澤，「大同學」和《禮運注》〔J〕，史林，1997（04）。

〔96〕馬永康，康有爲的《中庸注》與孔教〔J〕，中山大學學報，2014（04）。

〔97〕房德鄰，論康有爲從經古文學向經今文學的轉變〔J〕，近代史研究，2012（02）。

〔98〕鄭軍，康有爲對傳統儒學的改造與維新變法理論的構建〔J〕，煙台大學學報，2004（05）。

〔99〕范玉秋，康有爲孔教運動芻議〔J〕，孔子研究，2003（06）。

〔100〕朱漢民、張國驥，兩宋的《論語》詮釋與儒學重建〔J〕，中國哲學史，2008（04）。

〔101〕劉濤，顛倒大同與小康──康有爲《禮運注》解〔J〕，漢語言文學研究，2012（02）。

〔102〕李文義，康有爲經世思想及其特點〔J〕，齊魯學刊，1992（06）。

後　記

　　回首三年博士研究生生活，不得不歡時間過隙白駒。看看走過的路，良師益友，古卷青燈。隨著論文寫作即將結束，懷念往昔與書爲伴的時光，慶幸自己能在曲阜這一方寧靜的天空下，踏實地思考和寫作，其中或沉重或歡喜的時刻，依然清晰地鑴刻在我的腦海之中。

　　回想恩師黃懷信教授給我們講《論語》時，講到孔子「吾道一以貫之」時，讓我能否就此寫一篇關於「一貫之道」的文章作爲功課作業，由此涉及到康有爲《論語注》，進而擴展到康有爲經學，加之我碩士是近現代史專業，在恩師的幫助下確定選題爲《康有爲經學考論》。之後，我對這個課題興趣日濃，進入整理資料階段，我用雙眼、用心穿梭在曲師大圖書館、南京圖書館、南京第二檔案館等之中，在淘寶網、孔夫子舊書網、京東商城等搜索著相關論著，感受著黎明的曙光抑或落日的餘暉，孜孜追尋著課題的輪廓。2016年3月，我很榮幸地收到香港中文大學中國研究中心協理主任楊凱里教授的邀請，有幸作爲訪問學者赴港中大圖書館查閱資料，由此，我的視野更加開闊。從資料收集，整理，歸類，歷時近10個月。期間，恩師不斷爲我解惑釋疑，在寫作過程中，更是不辭勞苦地爲我指導，方才完成近日的答卷。此文從撰寫到修改再到定稿，再到最後完稿，蘊含了恩師太多的心血。恩師深厚的國學理論素養，紮實的文字功底，嚴謹的治學態度，縝密的科學思維，隨和的對人態度，高尚的人格魅力以及和藹授業方法使我終生受益。這將是我人生中所得到的最寶貴財富，並將指引我學業一路向前。

　　三年中，曾經無數次往返於沈陽、曲阜之間，每次路過徐州，我總是想起我的碩士導師、江蘇師範大學姜新教授。我能順利完成博士學業，與姜老

師的啓蒙是分不開。2004 我渾渾噩噩地從宿遷師範學校數學專業畢業，理應服從分配安分做好中學老師。直到 2006 年，我第一次在江蘇師大校園見到姜新教授，在他的鼓勵下，開始奮發考研。至 2008 年，當我踏入江蘇師範大學時，姜新教授對我的第一句話就是：「你不是智商低，也不是不努力，只是接觸歷史學有點晚。」這也就是要求我在專業上必須比別人付出更多的努力。於是，除了研究生課程之外，我選修了歷史學本科生的主幹課程。碩士一路走來，發覺姜老師就像領著蹣跚學步、呀呀學語的孩子，伸出雙手鼓勵我大膽前行、放聲去說。在姜老師如此用心良苦下，我逐步具備學術研究的基本素質。令我感動的是，我讀博期間姜老師依然不斷給我鼓勵，修改我的論文，直至最終發表，如此之恩則必然不能相忘。

在兩位導師的辛勤付出和引導鼓勵下，我有幸成爲博士，因爲是在職讀書，單位的很多工作我都要參與。所以，我很多學習、寫作時間都是在周末或者晚上，辛苦是在所難免。但是，當看到兒子陪我一起讀《論語》，內子把家裏的一切都收拾利落，父母按時爲我準備三餐，這樣我的疲勞變成了寧靜與祥和，讓我有了再努力的源泉。

博士學習生涯即將悄然逝去，我慶幸自己堅持走了下來，期間所經歷的點點滴滴，我定會細細珍藏。所以，我要感謝給予我幫助的老師、朋友、同學和同事們。感謝傅永聚教授、楊朝明院長、楊樹增教授、馬士遠教授無私的教誨和指導，感謝歷史文化學院的成積春院長、李建副院長等各位領導老師的關照。也要感謝內子殷閃女士對我默默的支持。正是因爲有了他們，所以我的人生才如此之充實而無悔。我必將背負著殷切期望、眞誠囑託，繼續努力前行。

因爲學術水平不足，加之時間與精力的限制，論文雖經修改，但因內容龐雜，或有疏漏之處，心中甚爲忐忑，然博士論文並非我學業的終止，而是一種新開始，我會在今後學習中不斷進行完善。

周寶銀

2017 年 3 月 27 日書於沭陽縣圖書館大樓辦公室